徐刚 / 著

巴尔干联合思想与实践

1797~1948

THE IDEA AND PRACTICE OF
BALKAN UNITING : 1797-1948

社会科学文献出版社
SOCIAL SCIENCES ACADEMIC PRESS (CHINA)

多种文化、厚重历史和复杂政治叠加的萨拉热窝（代序）

孔寒冰

　　十年前，徐刚在我指导下完成了《巴尔干联合思想与实践研究》的博士学位论文并顺利通过答辩。毕业后，徐刚入职中国社会科学院俄罗斯东欧中亚研究所，继续从事包括巴尔干地区在内的中东欧问题研究，其间于2015~2017年作为外交官到中国驻波黑使馆工作了近三年。如果说十年前的博士学位论文由于学术积累不足和缺少田野调查而显得比较稚嫩的话，那么，经过十年的学术磨炼和在巴尔干工作的经历，徐刚这部以博士学位论文为基础的学术专著就比较成熟了，甚至在某种程度上可以说是一部力作。不仅如此，长期以来，由于"巴尔干是欧洲的火药桶"这种思维定式，国内外学者多从大国博弈、民族矛盾、文明冲突的角度研究巴尔干的历史与现实，而徐刚的这部新著探讨和研究的却是巴尔干地区民族与国家的联合问题，其尝试从另外一条线索书写巴尔干的历史与现实，新意满满，值得肯定。2021年晚些时候，徐刚告诉我在其博士学位论文基础上修订的《巴尔干联合思想与实践：1797~1948》一书将要出版，希望我能写个序。我非常愉快地答应了。但由于突如其来的人生变故，我未能如期交稿。眼见再拖下去就会影响这本书的出版，而我呆呆地坐在电脑前却打不出一个字。无奈之下，我在电脑上查看自己以前写过的东西，看到了一篇2016年写的有关波黑的文字。我突然觉得，何不将它作为徐刚这本书的"代序"呢？在欧洲，巴尔干地区是最复杂的；在巴尔干地区，波黑是最复杂的；在波黑，萨拉热窝是最复杂的。萨拉热窝的历史与现实就是巴尔干的特征"精华"所在，因而，这篇文字可以为这本书提供一个背板，有助于读者更为深刻地理解本书的内容。更为重要的是，我不用或虚情假意或居高临下地评判这本书，而只须借助原始资料帮助读者更好地阅读这部著作。

我曾走遍巴尔干半岛，到过这里每个国家的许多有名和无名的地方。若问我最喜欢哪儿，我会不假思索地说："萨拉热窝。"若再问我为什么，我也会不假思索地说："有文化，有历史啊。"萨拉热窝不仅有文化，而且有多种文化。所以，萨拉热窝有"巴尔干的耶路撒冷"之称。形容波黑首都萨拉热窝的这种说法，虽然不一定准确，却也反映了萨拉热窝多种宗教并存和信奉不同宗教的民族之间有过冲突的事实。文化有时是柔性的，表现得很缠绵；但有时又是暴躁的，表现得很血腥。缠绵和血腥又往往处于东西大国的阴影里，在萨拉热窝写就了既厚重又驳杂的历史。萨拉热窝的文化和历史就是过去与现在、和平与战争、民族与宗教、人文与风景的层层相叠。

一　城市和民族

我第一次到波黑是 2010 年 4 月。飞临萨拉热窝上空，我迫不及待地从机窗向外望去：两山之间有一座狭长的城市，一条河顺山势将这座城市分为两部分；两边的山不高，山坡上泛绿不久的树木与密集的红瓦、白色或淡黄色墙体的房子交汇在一起；城市中心则显得有些拥挤，倒是清真寺的宣礼塔和教堂的尖顶十分突出。萨拉热窝位于萨拉热窝河谷当中，那条河叫米利亚兹卡（Miljacka river），从东向西穿城而过。环绕萨拉热窝的是属于狄那里克（Dinaric）山脉的五座山峰，海拔高度都在 2000 米左右。

如今的萨拉热窝是波斯尼亚和黑塞哥维那（以下简称波黑）的首都。波黑是 1992 年才独立的年轻国家，可萨拉热窝却是一座古老的城市。资料显示，早在新石器时代，萨拉热窝就有人居住，形成了布特米尔文化、伊利里亚文化。罗马帝国统治过这里，之后又有哥特人进入。自公元 7 世纪起，南下的斯拉夫人成了萨拉热窝的主要居民。中世纪的时候，萨拉热窝属于东罗马波斯尼亚省，1415 年时称弗尔赫博斯纳。15 世纪中叶，奥斯曼帝国征服了巴尔干并在此统治了四百余年。1461 年，奥斯曼帝国在波斯尼亚的第一任统治者将萨拉热窝及与其邻近的一些村镇统合在一起。萨拉热窝是塞尔维亚—克罗地亚语的称呼，在土耳其语中叫萨拉伊波斯纳。奥斯曼统治者修建起清真寺、封闭的市场、公共浴室、客栈和总督府，萨拉热窝很快发展成波斯尼亚地区最大的城市。1878 年，被奥匈帝国所占后，萨拉热窝成为奥匈帝国在巴尔干半岛的行政中心。第一次世界大战之后，萨拉热窝并入南斯拉夫王国（1918～1929 年叫塞尔维亚人—克罗地亚人—斯洛文尼亚人王国），成为德里纳河省的首府。第二次世界大战之后，萨拉热窝成为南斯拉夫社会主义联邦共和国的波斯尼亚和黑塞哥维那社会主义共和国的首府。

虽然远古时期有罗马人、哥特人等，现代有犹太人、罗姆人等，但是，自斯拉夫人南下进入巴尔干地区后，波黑这里的主要民族就是南部斯拉夫人。斯拉夫人是操印欧语系斯拉夫语族语言的各族统称，是欧洲各民族和语言集团中人数最多的一支，主要居住在中欧和东欧的广袤平原地带。公元 1 世纪末 2 世纪初，受哥特人南下的冲击，斯拉夫人向东西两个方向迁徙，形成了俄罗斯、乌克兰、白俄罗斯等东斯拉夫人，波兰、捷克、斯洛伐克等西斯拉夫人。受公元 4～5 世纪民族大迁徙的影响，一部分斯拉夫人南下到巴尔干地区，与当地的土著居民相融合，形成了塞尔维亚、克罗地亚、斯洛文尼亚、马其顿等南部斯拉夫人。

生活在波黑的南斯拉夫人主要有塞尔维亚人、克罗地亚人和穆斯林。塞尔维亚人势力最强，广泛地分布在巴尔干西部，1217～1459 年还建立了塞尔维亚王国。与塞尔维亚人相邻的有另外一支南部斯拉夫民族——克罗地亚人。他们 7 世纪时居住在原罗马帝国的行省潘诺尼亚和达尔马提亚一带，9 世纪末也建立过统一的王国并且存在了两百多年。虽然都是南部斯拉夫人，但塞尔维亚人和克罗地亚人在历史发展过程中则受到不同宗教文化的影响。

公元 1 世纪，罗马帝国占领巴尔干，基督教随之传入。基督教公元 4 世纪初成为罗马的国教之后其内部就分为东西两派，前者在希腊语区广泛传播，后者则盛行于拉丁语区，而两者的分界线就在巴尔干半岛的西北部。4 世纪末罗马帝国分裂后，东罗马（也称拜占庭帝国）控制了巴尔干大部分地区，只有西北少部分土地被西罗马控制。与此相适应，基督教内的两派也分道扬镳，1054 年，基督教分裂成为拉丁语区的天主教和希腊语区的东正教，前者影响着巴尔干的西北部，而后者则控制着巴尔干大部分地区。克罗地亚人居住在拉丁语区的边缘，受天主教影响；塞尔维亚人居住在希腊语区的边缘，受东正教的影响。

波黑的穆斯林原本不是一个民族，穆斯林泛指信奉伊斯兰教的各民族人民，全世界各地都有。波黑穆斯林的出现并最终成为一个民族经历了一个相当长的过程。早在10～15世纪，巴尔干的基督教中就出现了一个主张改革教会，反对教阶制、礼拜仪式、洗礼，倡导将教会的财产分给民众，同时又反对世俗政权的"鲍格米勒"教派，其成员主要是塞尔维亚人和克罗地亚人。由于对东正教和天主教都提出了挑战，他们被视为异教徒，受到打压和迫害。奥斯曼帝国征服了巴尔干之后，为了彻底征服所占地区的居民，宣布："任何一种宗教的信仰者只要愿意接受伊斯兰教的最高统治并自愿地生活在一个伊斯兰国家，他就将受到保护。"在这种情况下，许多"鲍格米勒"派教徒皈依了伊斯兰教，成了穆斯林。在奥斯曼帝国统治的几百年里，这些穆斯林逐渐地接受了伊斯兰文化，形成了自己的风俗习惯，建立了一些穆斯林聚居区。到16世纪初的时候，穆斯林已占波斯尼亚人口的46%。不过，他们也没有完全改变原有的民族特征，如仍然使用塞尔维亚—克罗地亚语，保留斯拉夫人的姓名，等等，只是语言中夹杂有大量土耳其语的词汇，姓名中也加上了诸如"哈桑""穆罕默德"等词，作为自己名字的一个组成部分。虽然在宗教信仰、风俗习惯等诸多方面其与塞族和克族渐行渐远，但是在很长时期内波黑的穆斯林仍被归于塞族或克族，直到南联邦时期的1974年，波黑穆斯林才被承认为一个独立的民族。然而，作为如今波黑三大主体民族之一的波什尼亚克族的称谓则始于波黑独立后的1993年，其历史不足三十年。

二　清真寺和教堂

在萨拉热窝，民族、宗教和城区紧紧地联系在一起，其重要的载体就是清真寺和教堂。走在萨拉热窝的大街小巷，映入眼帘最多的是那些由宣礼塔和一个或几个大小不等的圆顶建筑构成的清真寺，还有"身体高大"并且色彩明快的东正教堂和尖顶直入云霄的天主教堂。此外，也有几座犹太教堂低调地躲在拥挤的建筑物中间。对于在萨拉热窝并存的这四种宗教，1961 年诺贝尔文学奖得主伊沃·安德里奇（Ivo Andrić）有这样一段经典的描述：在夜晚的萨拉热窝，天主教大教堂的钟声坚定而洪亮地敲响了两声，一分钟之后你会听见东正教堂的钟声，再过一会儿贝格清真寺的钟敲响了十一下，犹太人没有报时的钟声，只有上帝才知道他们那里这会儿究竟是几点钟。

穆斯林举行礼拜和其他宣教活动的场所叫清真寺，通常由圆顶大殿、门廊、尖尖的宣礼塔和院落组成。在萨拉热窝，最多的是伊斯兰教的清真寺，全市大大小小共有 100 多座，比较有名的是建于 1532 年的格兹·胡色雷·贝格清真寺（Gazi Husrev – beg Mosque）、建于 1560～1561 年的阿里·帕夏清真寺（Ali Pasha Mosque）和费尔哈蒂亚清真寺（Ferhadija Mosque）。绝大多数清真寺允许游客参观，但参观者要将鞋脱在外边，个别清真寺需要买门票进入。清真寺里的装饰清新典雅，铺着地毯，既无圣像也没有供俸，但有少许《古兰经》放置在地上，也有一些信徒留在墙边地上的手链之类的小饰物。每座清真寺的宣礼塔上都有大喇叭，每天五次定时响起似唱似说的祈祷声。每当这时，特别是在晚祷的时候，许多穆斯林或站或跪地在寺外门廊处做礼拜。由于在波黑战争期间被损毁，萨拉热窝的清真寺在战后都进行了不同程度的重新修建，此外，新建造的清真寺更多。几个有名的清真寺的修建是由美国国际开发总署提供的资助，因此，在它们门前的简介上都有美国国际开发总署的标志。

萨拉热窝有名的清真寺多在老城区。萨拉热窝老城叫作巴什察尔希亚（Bascarsija），土耳其语就是"主要市场"的意思，最早形成于 15 世纪中后期。有人说它表现的是伊斯兰风情，有人称它是浓缩的阿拉伯世界，也有人说它是波斯尼亚民俗与土耳其风格的完美结合。其实，很难准确地界定，因为它们的文化底色是一致的，或许这就是所谓的波斯尼亚民俗和土耳其风情的完美结合吧。巴什察尔希亚有一个不大的广场，周边一家挨一家的是经营小商品和土耳其风味小吃的店铺。这些店铺建筑错落有致，绝无重复，但共同之处是都比较低矮，都有暗红色的砖瓦、近于黑色的门窗和白色的墙。广场中间高坡处有一个像大信箱的饮水处（另一说是喷泉），叫作塞比利（Sebilj），含义是"建在水流经过地方的建筑"，这是巴什察尔希亚甚至萨拉热窝的标志性建筑。塞比利也是 16 世纪从奥斯曼帝国引进的，主要是供穆斯林净身和饮水之用。萨拉热窝曾有几百个塞比利，广场中间的这个始建于 1753 年，主体部分为八角形，上面是圆形的穹顶，水通过前后两个石头水槽流出。离广场不远处还有一条始建于 1489 年的铜匠街，石板路两旁一家挨一家的是打造伊斯兰风格茶炊器皿及其他产品的店铺。铜匠街最有名的是建立于 1542～1543 年的格兹·胡色雷·贝格巴扎。巴扎就是带有屋顶的集市、农贸市场的意思。这个巴扎不大，长度只有 109 米，但有 50 多家卖金属工艺品和陶瓷器、宝石和丝织品的商户。据说巴什察尔希亚有上万家店铺，曾是巴尔干半岛上最大的商贸中心，但 17 世纪后期因天灾人祸而衰败。

从老城区向西走不远就是费尔哈蒂亚步行街，景色已然完全不同，街道变得笔直和宽阔起来，两边的楼房不仅高大，而且都是西欧古典风格的建筑。临街的不仅有现代的商店和餐厅，还有不少银行、航空公司等。那街道、那楼房、那门窗和种种装饰，都使你感到仿佛行走在维也纳、布达佩斯或圣彼得堡的大街上。在这里，清真寺少了，教堂多了。教堂是天主教徒、东正教徒举行弥撒和其他宗教活动的场所。与低矮和圆顶的清真寺不同，教堂一般高大恢宏，尖顶高耸入云。萨拉热窝有不少天主教堂和东正教堂，其中，以中心城区的天主教堂和东正教堂最有名。在中心城区一个不大的广场上，矗立着天主教圣心大教堂（Katedrala Srca Isusova）。这是一座正面带双塔的哥特式高大建筑，屋顶和塔尖呈绿黑色，墙体是浅灰色，显得淡雅，建于 1884～1889 年。东正教的圣母诞生大教堂（Cathedral Church of the Nativity of the Theotokos）离这儿不远，在一个小公园旁边，正面是有元宝顶的主塔，中间和后面还有几个圆顶。它的墙体色彩是浅蓝和浅黄色相间，线条清晰明快，建于 1863～1868 年。参观教堂时，我特别注意到了一个细节，那就是在天主教堂和东正教堂门前简介标牌的下方有这样的话："国家纪念碑保护委员会通过决议，将此处认定为历史建筑，作为波黑的国家纪念物。对它的强占、损毁、破坏和未经允许的勘察都被视为一种犯罪行为。"在这些话语的背后，人们是否可以感受到什么别样的滋味呢？

除了清真寺、天主教堂和东正教堂之外，萨拉热窝还有三个犹太教堂。

犹太教堂是犹太教徒聚集祈祷的场所，通常由一个主要的祈祷房间和几个小的研习《圣经》的房间组成，称"希纳高哥"（Synagogue）。在这三所犹太教堂中，有一座始建于16世纪末的犹太教堂位于老城区里，如今也是一个博物馆，里面有许多反映波斯尼亚犹太人生活的实物和照片。尽管在萨拉热窝的犹太人数量有限，远远少于基督教徒和穆斯林，但这个坚守文化传统的族群还是用独特的建筑物彰显了自己的存在。

在很大程度上，萨拉热窝宗教文化的多样性不是自生的，而是被大国或强国统治和影响的结果。清真寺和各种教堂不仅展示了各种宗教文化，更折射出了东西方大国的影子，是大国将它们承载的文明从四面八方汇集到了萨拉热窝。由于波黑的居民在宗教上被划分成与西欧联结密切的天主教徒、与东欧联结密切的东正教徒和与土耳其联结密切的穆斯林，汇聚到萨拉热窝的就不仅仅是信仰或价值观念，还有高高遮蔽着它们的大国阴影。这种阴影影响着萨拉热窝、波黑乃至整体巴尔干的发展。

三　桥名的变迁

波黑多水，水是波黑得天独厚的资源。波黑因此也多桥，桥是波黑社会曲折发展的见证。比如，内雷特瓦（Neretva）河上的莫斯塔尔古桥，始建于1566年，毁于1993年，2004年修复，2005年连同周边穆斯林和克罗地亚人居住的老城被联合国教科文组织列为世界文化遗产。不过，这里要讲的却是另一座桥。这座桥虽不如莫斯塔尔古桥那样古老和雄伟，但承载的历史却比莫斯塔尔古桥更为沉重。这座桥连接了河的两岸，却阻碍了不同文明和不同民族之间的沟通。它就是萨拉热窝市米利亚兹卡河上的拉丁桥（Latin Bridge）。在萨拉热窝生活的日子里，我每天都会驻足桥头，仔细阅读凝化在它身上的故事。

东西走向的米利亚兹卡河不宽也不深，但横穿萨拉热窝市区。南北走向的拉丁桥是一座极为普通的三墩四孔石拱桥，河中的两个桥墩上还各有一个圆形泄洪孔。不算太宽的桥面由石块铺成，两边的护墙也都是石板。拉丁桥位于中心城区边上，离老城区很近。拉丁桥建成于1799年，比莫斯塔尔古桥晚建233年。然而，它却是波黑历史上一个里程碑式的桥。从15

世纪中期开始，波黑便处于奥斯曼土耳其帝国的统治之下，时间长达三百余年。占领巴尔干之后，奥斯曼土耳其帝国企图向西、向北进一步扩张。此时神圣罗马帝国中势力最强的奥地利则想向西、向东扩张。于是，两大帝国从17世纪后半叶开始在巴尔干半岛北部展开争夺，这一争夺持续了近百年。1788～1790年第四次奥土战争之后，由于奥斯曼土耳其帝国被打败，包括波斯尼亚在内的巴尔干北部地区转控到奥地利手中。也就是从这时起，奥地利开始按照近代西欧模式改造萨拉热窝这个曾经是土耳其人曾经的"总督领地"。于是，在萨拉热窝，由那些奥地利式的政府大楼、剧院、博物馆、法院和商业街构成的中心城区形成了。在诸多改造举措中，奥地利当局还在米利亚兹卡河上修建了几座桥，拉丁桥便是其中之一。文献上说，在修建拉丁桥这个地方，从15世纪中叶起就有过一座桥，先是木桥，后又建成石桥，但在1791年桥被洪水冲毁。1798～1799年，奥地利为了缓解交通压力，重修了这座桥，起名为拉丁桥，或许从一个独特角度标明了这个神圣罗马帝国的主要传承者向巴尔干的扩张不仅是物质层面的事物，还有精神层面的影响，那就是流行在欧洲拉丁语区的天主教。它表明，继拜占庭帝国、奥斯曼土耳其帝国的统治之后，波黑又进入了奥地利（1866年后为奥匈帝国）统治的时期。

然而，拉丁桥闻名于世是在1914年6月28日这一天。当日，奥匈帝国王储斐迪南大公偕妻子索菲亚来到萨拉热窝检阅针对塞尔维亚的军事演习。一些激进的塞尔维亚青年策划了谋杀行动。他们在斐迪南夫妇途经的多处地方设下埋伏。当斐迪南夫妇检阅完军事演习在波斯尼亚总督和萨拉热窝市市长的陪同下返回市政厅时，埋伏在路边的塞族青年查卜林诺维奇（Nedeljko Čabrinović）向他们乘坐的汽车投了一颗炸弹，由于投迟了一会儿，只伤了斐迪南的一个随从。不过，事情并没有到此结束。当斐迪南夫妇从市政厅返回经过拉丁桥头时，另一名塞族青年加弗利洛·普林西普（Gavrilo Princip）飞身上前开枪击毙了他们。这就是震惊世界的萨拉热窝事件。

表面上看，这不过是一起简单的谋杀事件，但实际上有着极为复杂的国际政治背景。一方面，受18世纪末法国大革命和19世纪上半期欧洲革命的影响，巴尔干半岛的民族复兴运动兴起。1878年以后获得自治公国地位的塞尔维亚成为南部斯拉夫人反抗外国统治、争取民族独立的核心。波黑的塞尔维亚人强烈要求摆脱奥匈帝国的统治，然后与塞尔维亚合并成为统一的南斯拉夫国家。为了实现这个目的，波黑一些激进的塞尔维亚青年建立了秘密武装组织，专门从事以奥匈帝国政治人物为袭击对象的恐怖活动。另一方面，奥匈帝国则一心想并吞塞尔维亚，建立一个奥地利—匈牙利—塞尔维亚三元制的帝国，以巩固自己在巴尔干半岛上的地位。需要指出的是，19世纪与土耳其争夺巴尔干的除了奥匈帝国之外，还有沙皇俄国。后者打着支持被压迫民族反抗土耳其人的旗号，通过一次又一次的俄土战争将自己的势力扩展到巴尔干半岛的东部。随着奥斯曼土耳其帝国力量的式微，奥匈帝国和沙皇俄国成为巴尔干半岛上新的竞争对手。俄国选择的支持对象就是塞尔维亚民族主义者，同为斯拉夫人和共同信仰东正教是这种支持的客观基础。不难看出，波黑塞族青年的秘密恐怖组织实际上有塞尔维亚和沙皇俄国支持的背景。

正因如此，拉丁桥头枪声响后，德国公开鼓动奥匈帝国立即"彻底清算"塞尔维亚，俄国和法国则以军事总动员的方式表示支持塞尔维亚。一个月之后，第一次世界大战全面爆发。

刺杀了斐迪南夫妇之后，普林西普及其同伴共7人都被萨拉热窝警察当局抓获。同年10月，萨拉热窝法院对他们进行审判，其中两人无罪获释，普林西普和另外四人被判有期徒刑。普林西普虽然是谋杀的主犯，但因不满20岁只是被判有期徒刑二十年。入狱后不久，普林西普患上骨结核，动过手术后未能治愈，1918年4月28日他在监狱里去世。普林西普死了几个月之后，第一次世界大战也宣告结束。然而，对普林西普功过是非的不同评价及背后不同文明之间的冲突在很大程度上通过桥名的变更在延续着。

在第一次世界大战结束的同时，巴尔干半岛上诞生了第一个除保加利亚人之外的南部斯拉夫人统一的国家，开始时称塞尔维亚人—克罗地亚人—斯洛文尼亚人王国，1929年改称南斯拉夫王国。其虽然是多民族国家，但塞尔维亚人在这个国家处于主导地位。正因如此，1920年，刺杀斐迪南的普林西普成了塞尔维亚的爱国主义英雄，他的尸骨也被迁入萨拉热窝的荣誉公墓。为了纪念他的壮举，拉丁桥更名为普林西普桥（Princip bridge）。"大塞尔维亚主义"在这个王国中盛行，国家政治、经济发展的重心是维护塞尔维亚人的利益，克罗地亚和斯洛文尼亚虽然与塞尔维亚地位相同，但在宗教文化上属于西方，即信奉天主教，而在国家中社会地位最低的就是穆斯林，所以，给予普林西普如此殊荣并非各民族的共识，甚至还存有很大分歧。南斯拉夫王国在第二次世界大战中被德意法西斯肢解后，一些克罗地亚人甚至在德意法西斯的支持下屠杀塞尔维亚人。在这样的背景下，萨拉热窝一切与普林西普有关的历史痕迹都被清除，普林西普甚至被视为"叛国者"。第二次世界大战之后，除保加利亚之外的南部斯拉夫民族重新统一，建立了南斯拉夫社会主义联邦共和国，走上了社会主义道路。但是，南联邦中仍存在各民族事实上的不平等和对统一国家的认同问题。比如，塞尔维亚在很大程度上仍在主导国家生活，穆斯林等所谓少数民族仍受着不公正的待遇。或许就是为了增强对统一国家的认同度，1977年南联邦政府决定，在这座桥的西北角上竖起一个纪念碑，在当年普林西普埋伏的地方安放了一块用水泥浇筑而成的脚印印模，据说这双脚印就是普林西普当时留下的。有的文献说，印模旁边的铭文是："正是从这个地方，普林西普用枪声表达了人民对暴虐的反抗和多少世纪以来对自由的追求。"然而，由于民族问题的复杂性，这座被强化上"普林西普含义"的石桥依旧打不开各民族的心结。

20世纪80年代末90年代初，当大多数东欧国家以和平的方式改变社会制度的时候，南联邦却烽烟四起。斯洛文尼亚、克罗地亚、北马其顿于1991年宣布独立，塞尔维亚和黑山于1992年组建了南斯拉夫共和国联盟。在这种背景下，1992年，由波黑穆斯林族和克罗地亚人主导的议会宣布波黑独立。但是，塞尔维亚人却在南联盟的支持下宣布成立塞尔维亚共和国并试图以武力方式从波黑分离出去，波黑战争由此爆发。萨拉热窝是波黑战争的主战场之一，塞族武装居高临下地包围了萨拉热窝，打死了许多穆斯林，也炸毁了不少清真寺。作为报复行为之一，穆斯林破坏了普林西普桥头的纪念物，那个印模也不知去向。如今，它的复制品陈列在桥头马路对面"1878～1918年萨拉热窝博物馆"中的一个进门处，上面提及的那句铭文也变成了这样的解说词："1914年6月28日，加弗利洛·普林西普在此刺杀了奥地利皇储斐迪南和王妃索菲亚。"这座博物馆在一幢三层楼把角处的底层，窗上有英文博物馆的字样。说是博物馆，其实不大，只有一名工作人员。里边展示的主要有以下几方面的内容：一是 1878～1918 年波斯尼亚的社会发展及其与奥匈帝国的关系，主要是文字和图片，也有几件旗帜和服装等实物；二是当年参与刺杀斐迪南夫妇的七个人的照片、刺杀地点示意图和当时使用的手枪；三是斐迪南夫妇访问萨拉热窝的一些照片和与真人大小相同的蜡像。1995 年战争结束后，根据《代顿协议》，波黑成为一个由穆克联邦和塞尔维亚共和国两个分治实体组成的统一国家，萨拉热窝大部分为穆克联邦控制。普林西普桥又改回拉丁桥的老名，需要注意的是，这时的波黑已走在按西方模式重新构建统一国家的道路上了。

萨拉热窝和米利亚兹卡河上的这座桥承载了太多的历史记忆，让人百感交集。

四　内战的遗痕

对前南地区的南斯拉夫人来说，不同的民族与宗教在相当大的程度上影响了对统一国家及其历史的认同，而大国之间的反向拉扯更加剧了他们相互敌视的程度。在南斯拉夫解体的时候，塞族、克族和穆族因在波黑的前途和领土划分等方面存有巨大分歧而大打出手，造成近 35 万人的伤亡，80% 的经济设施和一半以上的住房毁于战火，这便是 1992～1995 年的波黑内战。二十多年过去了，如今的波黑基本上已经步入正常发展的轨道，只是这场战争的痕迹仍然随处可见，它们以不同的方式诉说着战争的残酷，用伤痕累累的实物和惨烈逝去的生命警示后人。

有记者把访问萨拉热窝戏称为"战争游"，对于这种说法，我还真深有同感。到达这里之后，我参观的第一个与战争有关的景点是地道博物馆。它就坐落在离萨拉热窝市区不远的国际机场旁边一个名叫布特米尔（Butmir）的小村子里，说是博物馆，其实就是一幢二层楼的普通民房，它的主人姓拉科尔（Lakor）。我到此参观那天，接待游人的是艾丁·拉科尔（Edin Lakor）和他的奶奶希达·拉科尔（Šida Lakor）。

1992 年 4 月波黑战争开始后，塞族武装在南联盟军队的支持下很快就占据了萨拉热窝周边的制高点，包围了萨拉热窝并切断了其与外界的联系。这样一来，萨拉热窝的穆斯林失去了生活必需品的来源，更不用说对抗塞族所需的武器了。萨拉热窝机场刚好处于被围困的萨拉热窝市区和未被围困的布特米尔之间，穆斯林想得到食物和武器弹药必须穿过机场。战争开始时，机场也被塞族武装占领，后来交给联合国维和部队管理，但条件是只能由联合国使用。穆斯林居民试图趁夜色穿越机场偷运食物，但能成功穿越的人不多而且代价很大。于是，1992 年底，穆斯林武装指挥官决定秘密修建一条穿越机场的地下通道。挖掘工作从 1993 年 1 月开始，挖掘起点就是科拉尔家的车库。150 多人大约用了四个月挖成了一条近 800 米的地道。地道大约 1.6 米高、1 米宽，两边和顶部都由方形原木搭建。这么大的工程是在塞族武装眼皮底下神不知鬼不觉地进行的，这也算是一个奇迹。波黑穆斯林自己说："这个地道是人类自信和勇敢的象征。"地道修好后，萨拉热窝的穆斯林每天有几千人出入这个地道，或背或扛地从外部运进了上万吨的粮食和其他物资。因此，这个地道有"萨拉热窝生命线"之称。我参观的时候，主人给游客播放了一盘录像片，记录的就是当时穆斯林运送物资的场景。

布特米尔虽然不是被包围区，但是，拉科尔家的这幢房子和村中其他房屋一样时常受到塞族武装的枪炮袭击，弹痕累累，一间屋子的地面上至今还嵌着一枚没有爆炸的炮弹。在拉科尔家附近，有许多饱受战争摧残的房子早已空无一人，杂草丛生，十分凄凉。波黑战争结束后，拉科尔一家决定将修建地道时用过的一切保留下来，开办一个私人博物馆。现在，二楼由他们家人居住，一楼和地下室的几间屋子成为展室，墙上挂着塞族武装围困萨拉热窝时的示意图，地上和墙边摆放着当年挖掘地道所用的各种工具，以及波黑穆斯林使用过的枪支、弹药和军装等。这里还有一段保存完好的地道，游客可以进去参观。脸上布满岁月沧桑的希达·拉科尔坐在地道出口的一个长条凳上，游客可以坐在她旁边与她拍照留念。

在参观地道博物馆时，我遇到了这样一位女导游，在艾丁·拉科尔给客人讲解时，她坐在一旁泪流满面，甚至还哭出声来。我不解地问陪同我去的波黑朋友，她这是为什么？朋友告诉我，这位导游是波什尼亚克族人，她家原来就在布特米尔村，她的两个兄弟和一些好朋友在战争中遇难，触景生情，她自然难掩内心的悲伤。这位导游的经历在波黑绝不是个别现象，不用说斯雷布雷尼察那座公墓，单是萨拉热窝的大小墓地、墓碑和大街墙上的死者名单就不知给活下来的人留下多少痛苦的回忆。

萨拉热窝最大的墓地在 1984 年曾举办冬季奥运会的体育场辅助运动场上。波黑战争期间，许多被打死的人无处掩埋，于是，这个运动场就成了墓地。墓地中央有一座高高的尖塔，塔的下端四周刻着死于 1992～1995 年战争中人的名字。在塔的周围，是一排排白色的墓碑，长眠者也大多死于战争期间。在离我所住旅馆不远的山坡上，也有一处穆斯林墓地，其中相当多人也是死于波黑战争期间。在离中心城区不远的一条主要街道旁边，有一个像是森林公园的地方，在其低矮处的中心广场上有一个像喷水池似的纪念碑，圆形底座外边写着纪念 1992～1995 年萨拉热窝死难者的文字，里面是一高一低两块绿色的石头。在周边长满大树的小山坡上，有许多墓碑，其中有的很小，上面什么字都没有写，据当地朋友说，这样的墓碑都是给死于波黑战争中的儿童立的。

波黑战争中死难者的标识不仅仅是墓碑。在萨拉热窝中心城区，有另外两类特殊的死亡标识。第一，在一些欧式建筑的墙上钉着许多金黄色的匾牌，上面只有人名和生卒年月。这些死者的出生年月差别很大，而死亡的时间则很近，即都在 1992～1995 年。第二，在中心城区繁华商业区的步行街上有多处爆炸过的遗迹，如今都用暗红色的油漆标记出来。由于很像盛开的花朵，因此，有人称其为"萨拉热窝的玫瑰"。殊不知，这种"玫瑰"的"绽放"则意味着许多人生命的凋零。于是，在它们旁边的建筑物上又有另一类死亡标识：上面的一块标牌写着某年某月某日此处遭到了炮击，有多少人遇难；下面的另一块波浪形的石板上刻着遇难者的名字，但没有生卒年月。再比如，在萨拉热窝市中心的马尔卡莱市场（Markale market）旁边的墙壁上刻有几十个人的名字，他们都是在此购物时被从远处飞来的炮弹炸死的。在参观地道博物馆时，我买了一张战争示意图，标题是"萨拉热窝：1984 年奥林匹克城市，1992～1995 年被围困的城市"。在波黑战争中，仅萨拉热窝就有 1.1 万人遇难，而当时这里的总人口不过 30 万人。

然而，不仅在萨拉热窝，甚至在整个波黑随处可见的战争遗痕还是那些饱经战火的建筑。在萨拉热窝，老城区的建筑都比较矮小，修复起来比较容易，如今已经很难看到战争的痕迹了。但是，中心城区和新城区的许多高大的建筑和城边的低矮建筑或居民区则不同，零零星星的或非常密集的大小弹痕分布在其石头的或砖的外墙上。如今，在这些楼房里，该住人的住人，该办公的办公，该经营的经营，战争显然已远去，可外面的累累弹痕则被永恒地留了下来。萨拉热窝人似乎也不想将它们除掉，或许有意让它们成为萨拉热窝一种别致的景色，用不堪回首的过去警示可期待的未来。萨拉热窝市周围，被战火损坏或损毁的建筑物非常多，其中主要是二三层的居民小楼，色彩多为灰色和红色。或者因为主人远走他乡，或者因为主人遇难，或者因为主人无钱重修，这样的小楼有的满目疮痍，有的只剩下残缺不全的房架子。在青草、绿树的衬托下，它们显得那样苍凉。

五 期待多样性文明与繁荣的萨拉热窝

看到萨拉热窝那些带给人们无限悲痛回忆的战争遗迹，我感慨万分。在波黑，不同文明的交汇由来已久，大国干涉也长期存在。即便如此，在历史的长河中，波黑塞尔维亚人、克罗地亚人和穆斯林（现为波什尼亚克族）三大民族还是有较长时间和睦相处的日子，当然，也有反目为仇的时候。其中，1992～1995 年的波黑内战就是后者的典型，建筑物上的累累弹痕和数以千计的穆斯林墓地无不记载着波黑三大民族之间的恩仇。当然，他们之间的相互仇杀有内外多重因素。但毋庸置疑的是，他们在宗教文化上的排他性和自我优越感是其中的主要原因，而这些又与大国争霸的影响分不开。

其实，文化或文明只有不同，绝无优劣，基督教和伊斯兰教的基本教义都是劝人向善，和睦相处。然而，当以宗教为载体的文化成为大国或强国对外扩张的工具时，当大国和强国为争夺地区和世界霸权而战的时候，不同文明之间的矛盾和冲突就出现了。这些国家都强调自己文化的优越性，由其支撑的不同宗教也显现出严重的排他性，它们之间的争斗在一定程度上也就变成了"圣战"。处于天主教、东正教和伊斯兰教交汇处的萨拉热窝就是这几大宗教力量此消彼长的典型场所，因此这里各民族间的关系更为紧张。近现代发生在萨拉热窝的一出又一出悲剧，至少从表面上看都带有文化冲突的色彩，这种色彩是在付出诸如波黑战争这样惨痛的代价和这个地区开始整体回归西欧之后才开始逐渐淡化。

当民族和宗教为政治所利用的时候，其差异就会被强化。为什么在南联邦解体过程中，三大民族会相互厮杀呢？在各种解读中，有这样一种看法值得注意：三大民族中的少数政客为了一己私利不断地翻新并强化各自的民族主义色彩。当相互讨价还价达不到目的时，民族与宗教话题就会被利用、放大，成了他们蛊惑人心的口号，而民众的鲜血、财产和生命则只是他们的赌注。在战争中，死者大都是普通的民众，被毁的房屋也都是普通民众的房屋，战争的始作俑者及其家人哪个不是远离战场呢！

　　冷战早已结束，波黑内战也过去二十多年了。在东西方大国能够相互容忍、对立减少的条件下，今天的萨拉热窝让人感受更多的是不同文化及其载体之间的和谐与和睦，冲突似乎已渐行渐远。萨拉热窝老城和中心城区的界线虽然泾渭分明，但并不冲突，而是构成了不可分割的一个整体。比如，在狭窄街道熙熙攘攘的碎石板路上，穆斯林姑娘多半穿着长衫，用白色、黑色或花色的丝巾将头发包得严严实实，但是，她们的举止并不拘谨，不仅显露出清秀和灿烂的面容，而且边走边说笑，吃着蛋卷冰激凌，打着手机。塑造不分宗教、不分民族的统一国家已成为波黑社会发展的主旋律。在经济发展方面，波黑在国际社会的援助下开始重建和发展。1996～1998年，由于经济的普遍恢复，波黑人均GDP从1995年的550美元升至1998年的2600美元。到2018年，波黑的人均GDP已超过6000美元。

　　如今的萨拉热窝，现代化发展的步伐并不快，但厚重的文化气息吸引着人们纷至沓来。2006年，在《孤独星球》杂志社"世界都市"旅行排行榜中，萨拉热窝排在第43位。感受这座城市沉淀的历史沧桑及其背后的风云世界，这或许就是吸引旅行者前往的动力吧。现在的波黑市民向往美好的生活，追求着加入欧洲大家庭的理想，但并未远去的战争仇恨仍深深嵌入复杂的民族政治斗争中，使整个国家艰难前行。人们憧憬未来，但仍忘不了过往。

2022年1月24日于北京大学

目　录

绪　论 ……………………………………………………………………… 002

第一章　巴尔干民族、国家演化与区域整合 ………………………… 034
　第一节　巴尔干主要民族分布及其交融 ……………………………… 034
　第二节　近代以前巴尔干整合的帝国实践 …………………………… 049

第二章　1797～1878 年的巴尔干联合思想与计划 ………………… 057
　第一节　革命民主主义者的巴尔干联合思想 ……………………… 058
　第二节　克罗地亚人、塞尔维亚人的南部斯拉夫联合计划 ………… 075

第三章　1878～1929 年的巴尔干联合主张与实践 ………………… 098
　第一节　社会主义者的巴尔干联邦主张 …………………………… 099
　第二节　第一南斯拉夫的建立及其意义 …………………………… 122

第四章　1929～1934 年的巴尔干联盟运动 ………………………… 136
　第一节　巴尔干会议的缘起与进展 ………………………………… 136
　第二节　巴尔干会议的危机与终结 ………………………………… 153

第五章　1939~1948 年的巴尔干联合主张与实践 …………………… 170
　第一节　二战期间流亡政府的巴尔干联合主张 …………………… 170
　第二节　巴尔干共产党人执政前后的巴尔干联邦设想 …………… 172
　第三节　南斯拉夫联邦的建立及其意义 …………………………… 191

第六章　影响巴尔干联合的因素分析 ………………………………… 199
　第一节　影响巴尔干联合的内部因素 ……………………………… 199
　第二节　影响巴尔干联合的外部因素 ……………………………… 207

代结束语 ………………………………………………………………… 213

附录 ……………………………………………………………………… 219
　附录一　里加斯的《革命宣言》 …………………………………… 220
　附录二　加拉沙宁的《略图》节选 ………………………………… 222
　附录三　《科孚宣言》 ……………………………………………… 226
　附录四　巴尔干会议章程 …………………………………………… 228
　附录五　《南斯拉夫联邦人民共和国宪法》节选 ………………… 234

参考文献 ………………………………………………………………… 236

致　谢 …………………………………………………………………… 264
作者简介 ………………………………………………………………… 267

事实上，我对于巴尔干人所知的除了暴力还是暴力，我对于南部斯拉夫人所知道的也是如此。

——〔英〕丽贝卡·韦斯特：《黑羊与灰鹰》（上册）（2019），第 22 页。

我们可以用两种方式看待欧洲以及其他的统一计划，一种是要取代民族国家的英雄式努力，即使注定要失败；另一种是新型的自然生长的民族共同体形式。

——〔英〕安东尼·史密斯：《全球化时代的民族与民族主义》（2002），第 169 页。

纯粹的惯性、各种聚合体和联合体的持续存在，是否可以算作心照不宣的赞同或者其他什么东西，这是一个有趣而争论未决的问题。

——〔英〕厄内斯特·盖尔纳：《民族与民族主义》（2002），第 71 页。

绪　论

科索沃是主权国家吗？波黑会解体吗？西巴尔干①一词必将消失吗？"开放巴尔干"②与南斯拉夫有何关联？这些看似独立但又相互交织的问题着实令人困扰，任何武断的答案要么显得随意而无知，要么伴有偏见和误解。显而易见，这些问题既具有时空交互的复杂性，又颇显剪不断理还乱

---

① 西巴尔干（Western Balkans）是一个政治地理概念，最初指除斯洛文尼亚以外的前南斯拉夫继承国——塞尔维亚、克罗地亚、北马其顿、波黑和黑山——加上阿尔巴尼亚等国家。克罗地亚入盟以及科索沃单方面宣布独立后，西巴尔干成员特指塞尔维亚、北马其顿、波黑、黑山、阿尔巴尼亚以及科索沃。当前，西巴尔干六成员已经成为一个惯用的提法。在地理上，西巴尔干是巴尔干或东南欧的一个组成部分。不少学者根据欧盟出台的官方文件推定，西巴尔干作为一个概念的首次使用是在1999年（参见朱晓中《欧洲一体化与巴尔干欧洲化》，《欧洲研究》2006年第4期；柯静《西巴尔干入欧盟前景分析》，《国际论坛》2007年第6期）。实际上早在1996年，欧盟就对东南欧与西巴尔干进行了区分，前者指从里雅斯特湾到黑海的所有国家，而后者包括阿尔巴尼亚和不含斯洛文尼亚在内的前南斯拉夫国家（Lucia Vesnic‐Alujevic, *European Integration of Western Balkans: From Reconciliation To European Future*, Brussels: Centre for European Studies, 2012, p. 6）。人们对于西巴尔干的大量关注和研究主要始于2003年欧盟萨洛尼卡首脑峰会，本次峰会首次提出所有西巴尔干国家入盟的前景。

② 2021年7月29日，塞尔维亚、北马其顿和阿尔巴尼亚三国领导人在斯科普里会晤期间正式宣布将"迷你申根"（Mini‐Schengen Area）倡议更名为"开放巴尔干"（Open Balkan）倡议。2019年10月10日，塞尔维亚总统武契奇、阿尔巴尼亚总理拉马和北马其顿总理扎耶夫在塞尔维亚诺维萨德举行会晤，提出建立"迷你申根"的倡议。参见"'Mini‐Šengen' promenio ime u 'Open Balkan'," https://www.slobodnaevropa.org/a/skoplje‐balkan‐mini‐sengen/31383711.html。

的关联性，也就是说，讨论巴尔干地区①的任何一个问题都需要回望过去，需要对该地区进行整体把握。从学理的角度看，这是整体史观的要求。诚如法国历史学家马克·布洛赫（Marc Bloch，也有译为马克·布洛克）所言："唯一真正的历史是整体史，它在互助中产生。"② 从方法论层面看："要解释某一较为复杂的社会事实，只有观察它在所有的社会中的全部发展过程才能做到。"③

然而，略显遗憾的是，一提及巴尔干地区，人们立马会联想到"欧洲火药桶"。研究巴尔干问题的学者和政治家们也大多认为，在历史上的许多时候，巴尔干国家之间的仇恨多于信任，对立多于睦邻，分裂多于联合，似乎这是巴尔干各国关系中的一种正常现象。④ 这种刻板印象更是学术研究的现实写照。学者们对于巴尔干战争与冲突"一边倒"式的关注使得巴尔干人民追求和平与联合的思想在学术领域"黯然失色"。

事实上，巴尔干成为一个极不稳定的地区仅仅是近代以来的事情。即使在近代以来的历史中，巴尔干地区也并不总是充满战争与动荡，而是有过许多追求和平、联合的思想与实践，形态各异的巴尔干联邦和南部斯拉夫联合国家的主张不断被提出。20 世纪存在的三个南斯拉夫即南斯拉夫王国、南斯拉夫社会主义联邦共和国和南斯拉夫联盟共和国更是南部斯拉夫民族联合方面的突出成就。稍显遗憾的是，不管是在摆脱外族统治的进程中还是在建立现代民族国家之后，巴尔干联合的尝试均没有获得成功，南斯拉夫存在数十年后最终也解体为数个国家，迄今仍然存在分离的动向。退一步说："那些历史上的消极面不是巴尔干的专利，甚至大多是非巴尔干

----

① 对这一地区有简称巴尔干，也有叫作巴尔干地区或巴尔干半岛的。本书在表述中，交互使用巴尔干、巴尔干地区和巴尔干半岛，并不加以区分。至于巴尔干与东南欧的关系则颇为复杂。大体上讲，两者指向的区域基本相同，东南欧的地理属性更加显著，在国际组织的使用中也较为常见。具体详细的讨论请参见徐刚《巴尔干地区合作与欧洲一体化》，社会科学文献出版社，2016，第 20～22 页。

② 〔法〕马克·布洛克：《历史学家的技艺》，黄艳红译，中国人民大学出版社，2011，第 61 页。

③ 〔法〕E. 迪尔凯姆：《社会学方法的准则》，狄玉明译，商务印书馆，2002，第 150 页。

④ 马细谱：《巴尔干纷争》，北京大学出版社，1999，第 52 页。

国家造成的，并留在了巴尔干。"① 考察一个国家或一个地区的历史，应该多角度、大范围而且是长时段的。若不坚持这一点，就很难全面理解和认识巴尔干地区的发展。在巴尔干的历史演进中，人们能发现许多至少对于该地区来说是积极的因素，它们理所当然也是该地区历史遗产的组成部分。人们虽不需要对此加以粉饰，但也不能忽视或者无视。

　　本书无意对巴尔干近现代史进行通史研究，而是旨在客观呈现自法国大革命爆发以来至第二次世界大战结束前后巴尔干人追求联合的思想与实践，揭示巴尔干近现代史上同样轰轰烈烈但较少为人关注的一面，以此加深对巴尔干地区多样性、差异性与整体性的理解，丰富和拓展人们对于巴尔干地区的认知与研究。需要强调的一点是，这里的联合指向建立一个共同联邦或联盟国家，而非军事结盟或者区域主义意义上的国际合作。在此基础上，倘若本书有些许关于现代民族国家建立与维系的政治学贡献，那一定是来自这个地区本身的实践。归根到底，本书试图以平铺直叙的方式展现巴尔干地区积极的一面，以拼凑和还原一个真实、客观的巴尔干地区。

一　理解巴尔干的另一个维度

　　英国历史学家艾伦·帕尔默（Alan Palmer）指出："欧洲各族人民截然不同的命运是地图预先注定的。"② 巴尔干地区，襟三洲（欧洲、亚洲和非洲），通两洋（印度洋和太平洋），临五海（亚得里亚海、爱奥尼亚海、爱琴海、马尔马拉海和黑海），自古以来就是兵家必争之地。特殊的地理—政治位置，给巴尔干地区各国人民带来"好几世纪的巨大苦难，并造成了他们今天也无法完全摆脱的不安和操心"③。自 19 世纪开始，这里相继爆发了1806～1812 年、1828～1829 年、1853～1856 年和 1877～1878 年四次俄土战

---

① 〔保〕亚历山大·利洛夫：《文明的对话：世界地缘政治大趋势》，马细谱等译，社会科学文献出版社，2007，第 182 页。
② 〔英〕艾伦·帕尔默：《夹缝中的六国——维也纳会议以来的中东欧历史》，于亚伦等译，商务印书馆，1997，第 3 页。
③ 〔南斯拉夫〕兰科·佩特科维奇：《巴尔干既非"火药桶"又非"和平区"》，石继成等译，商务印书馆，1982，第 134 页。

争，1912～1913 年和 1913 年两次巴尔干战争，以及冷战结束后的克罗地亚战争、波黑内战、科索沃战争，等等。① 此外，这里还是第一次世界大战的起点和第二次世界大战的一个重要战场。其他小范围或一国内部的战争与冲突则不计其数。

由此，巴尔干一词"在欧洲人意识中受到诅咒"②，因为它"充满了负面含意，如暴力、野蛮、原始，我们很难找到与其匹敌的词语"③，也因为"'巴尔干'这个词使人联想到种族冲突和大国的地区性争夺"④，有的西方学者甚至针对巴尔干地区强调说："如果东部欧洲沉入海底，那么西欧的和平将得以保证。"⑤ 同样，在国际政治学界，"巴尔干化"（Balkanization）已经成了一个由"民族、边界和其他问题引起相互冲突的同义词"⑥，专门用

---

① 在学术界，有一部分学者将冷战结束后在南斯拉夫地区发生的一系列战争称为"第三次巴尔干战争"，参见 Misha Glenny, *The Fall of Yugoslavia: The Third Balkan War*, London: Penguin Books Ltd., 1996; Nicholas X. Rizopoulos, "A Third Balkan War?" *World Policy Journal*, Vol. 10, No. 2, 1993, pp. 1 - 5; Josip Novakovich, "Shrapnel in the Liver: The Third Balkan War," *The Massachusetts Review*, Vol. 34, No. 1, 1993, pp. 144 - 160; Mojmir Križan, "New Serbian Nationalism and the Third Balkan War," *Studies in East European Thought*, Vol. 46, No. 1 - 2, 1994, pp. 47 - 68; Lene Hansen, "Past as Preface: Civilizational Politics and the 'Third' Balkan War," *Journal of Peace Research*, Vol. 37, No. 3, 2000, pp. 345 - 362; Nation R. Craig, *War in the Balkans*, 1991 - 2002, Raleigh: Lulu. com, 2014. 也有不少学者将"萨拉热窝事件"引起的第一次世界大战在巴尔干的分战场称为"第三次巴尔干战争"，参见 Piotr Mikietyński, "World War Ⅰ in the Balkans, 1914 - 1918 - Third Balkan War?" *Journal of Social Science*, Special Issue on Balkans, Issue 2, 2009; Christopher Merrill, *The Old Bridge: The Third Balkan War and the Age of the Refugee*, Minneapolis: Milkweed Editions, 1995; Joachim Remak, "1914 - The Third Balkan War: Origins Reconsidered," *The Journal of Modern History*, Vol. 43, No. 3, 1971, pp. 353 - 366. 为避免出现争议，本书并没有统称"第三次巴尔干战争"，而是使用具体的战争名称。
② 〔英〕马克·马佐尔：《巴尔干：被误解的"欧洲火药库"》，刘会梁译，天津人民出版社，2007，第 17 页。还有学者指出，认为巴尔干比欧洲更不稳定的观念是根深蒂固的。参见〔南斯拉夫〕兰科·佩特科维奇《巴尔干既非"火药桶"又非"和平区"》，第 35 页。
③ 〔英〕马克·马佐尔：《巴尔干：被误解的"欧洲火药库"》，第 4 页。
④ 参见〔美〕兹比格纽·布热津斯基《大棋局——美国的首要地位及其地缘战略》，中国国际问题研究所译，上海人民出版社，1998，第 162 页。
⑤ Theodore I. Geshkoff, *Balkan Union: A Road to Peace in Southeastern Europe*, New York: Columbia University Press, 1940, p. xi.
⑥ 〔南斯拉夫〕兰科·佩特科维奇：《巴尔干既非"火药桶"又非"和平区"》，第 35 页。

于形容那些分裂、动荡、冲突不休的地区①。因此，"对于外部世界来说，巴尔干只存在于恐怖与动乱之中，其余的则被轻蔑地忽视了"②。这种忽视在学术研究中也有明显的体现，"要想找到人对巴尔干美言几句实在很难，想要不计善恶来讨论它更是难如登天"③。

实际上，巴尔干地区并非只有战争和冲突。至少在1878年之前，"没有人称它为'欧洲的火药桶'，只是在《柏林条约》后它才成为古老大陆的多事之端"④。更值得注意的是，从18世纪末到二战结束初期，巴尔干人在追求民族国家独立和建立现代国家之后的进程中，不断地尝试着合作与联合。一是要"成立种种形式和种种性质的联邦"，最为典型的是南部斯拉夫民族的联邦国家；二是"热衷于成立更大的国家，把同宗同文、信奉同一宗教和风俗相同的民族都联合在一个国家之内，实际上是受'解放者'和'统一者'的霸权统治"，显而易见指向的是巴尔干联合。⑤ "如果说前一种思想依靠斯拉夫民族主义维持生存（斯拉夫民族主义是对外部扩张和欧洲大国帝国意图的反映），那么巴尔干联邦的思想……是对纯巴尔干呼唤的回应，表现在巴尔干各民族和各个国家之间形成了极其不一般的关系，这是巴尔干各民族历史发展和外部影响形成的结果。两种思想在形式和内容上经常相互配合和相互补充。"⑥

首先要提到的是希腊人里加斯·维列斯迪利斯（Rigas Vestinlis）。里加斯在1797年提出建立巴尔干共和国的主张，成为巴尔干地区第一个提出巴尔干各民族联合起来反抗奥斯曼帝国的人，也是第一个提出建立巴尔干联

---

① 参见郝时远《帝国霸权与巴尔干"火药桶"》，社会科学文献出版社，1999，前言第1页。"巴尔干化"的概念产生于19世纪末20世纪初，它是西方对于伴随奥斯曼帝国崩溃出现在巴尔干的政治暴力、种族冲突和国家分崩离析等现象的描述。参见 Maria Todorova, *Imagining the Balkans*, New York：Oxford University Press, 2009, p. 34；孔田平《对东南欧"巴尔干化"的历史解读》，《欧洲研究》2006年第4期。林温霜《巴尔干化：全球政治流行病》，《世界知识》2009年第12期。当前，"巴尔干化"的含义已经跳出巴尔干的地域限制，成为全球范围的一个现象，成为国际政治学界、民族学界的一个常见术语。

② Theodore I. Geshkoff, *Balkan Union：A Road to Peace in Southeastern Europe*, p. xi.

③ 〔英〕马克·马佐尔：《巴尔干：被误解的"欧洲火药库"》，第8页。

④ 马细谱：《巴尔干纷争》，第12页。

⑤ 参见〔南斯拉夫〕兰科·佩特科维奇《巴尔干既非"火药桶"又非"和平区"》，第6页。

⑥ 〔俄〕A. Г. 扎多欣、A. IO. 尼佐夫斯基：《欧洲的火药桶——20世纪的巴尔干战争》，徐锦栋等译，东方出版社，2004，第204页。

合国家的人。里加斯的巴尔干共和国思想对希腊以及塞尔维亚、保加利亚等革命民主主义者产生了深远影响，他们相继提出形态各异的巴尔干联合主张。大体从 1878 年《柏林条约》前后到第一次世界大战结束，随着社会主义团体在巴尔干地区的兴起与发展，巴尔干社会民主党人和共产党人相继提出了建立巴尔干联邦与巴尔干苏维埃联邦共和国的计划。两次世界大战期间，巴尔干国家的一些知识分子和政治家试图通过召开半官方的巴尔干会议实现建立巴尔干联盟的梦想。二战开始后，巴尔干一些国家的流亡政府也提出了巴尔干联合的主张。与此同时，随着共产党力量的壮大与执政地位的取得，南斯拉夫和保加利亚的共产党人共同酝酿建立巴尔干联邦。随着以保南联邦为基础的巴尔干联邦计划的破产和冷战的深入，巴尔干联合的思想失去了现实根基，此后以建立共同国家为导向的巴尔干联合主张再没有被提出。

与此同时，在 19 世纪民族解放运动如火如荼展开的同时，有关南部斯拉夫民族联合的思想与实践也相继涌现。在 19 世纪中前期，以 30～40 年代克罗地亚人倡导的伊利里亚运动（Illyrian Movement）和 40～60 年代塞尔维亚人提出的南部斯拉夫人联合计划最为著名。19 世纪末 20 世纪初，南部斯拉夫民族追求联合的热情日益高涨。伴随奥斯曼帝国和奥匈帝国的解体，第一个南部斯拉夫联合国家即塞尔维亚人—克罗地亚人—斯洛文尼亚人王国于 1918 年成立。该王国于 1929 年正式改称南斯拉夫王国，一直存在到 1941 年。伴随二战结束而成立的第二南斯拉夫即南斯拉夫社会主义联邦共和国曾是国际社会中颇具影响力的一员。遗憾的是，这个以南斯拉夫为国名的南联邦（后来改称南联盟）到 2003 年易名为塞尔维亚和黑山。自此，南斯拉夫不复存在，作为国名退出历史舞台。

在上述联合思想与实践中，有的由一个民族主导，如克罗地亚人的伊利里亚运动、塞尔维亚人的南部斯拉夫联合计划；有的由所有国家参与，如两次世界大战期间的巴尔干联盟运动；有的由其中几个国家提出，如 1944～1948 年的巴尔干联邦计划；有的是由个人提出；有的是由团体或政党来推动。尽管存在这些差异，但它们推动巴尔干各民族或者南部斯拉夫民族的联合目标是一致的。

诚然，从结果上来看，建立巴尔干联合国家的主张从未实现，南部斯拉夫民族的联合国家也仅仅存在不到一个世纪。然而，巴尔干联合和南部斯拉夫民族联合的思想与实践给巴尔干地区留下了许多宝贵的精神财富和现实影响，也为深入研究巴尔干地区提供了一个非常重要的维度，理应值得一一展现。

二 相关概念的界定

为便于理解本书的研究对象，还需要对一些概念进行界定。

首先是一组与巴尔干相关的概念。

一是关于巴尔干一词的含义与词源。不少学者接受并使用《不列颠百科全书》的说法，认为巴尔干一词源于土耳其语，意为"山脉"。[①] 有学者甚至具体指出："中东欧下属的第三个地理区域是巴尔干山脉……整个半岛即由此山脉而得名。"[②] 也有学者认为，传统的土耳其语对山称为 dag，所以 balkan 一词很可能来自波斯语 balkanhana，意为"高出平原的山"。[③] 除了语源上的差别，就巴尔干意为山的称呼来说是一致的，后逐渐引申泛指整个半岛。[④] 美籍保加利亚裔学者玛莉亚·托多洛娃（Maria Todorova）对巴尔干一词做了比较全面的解释：其一，是个名字，从 15 世纪称为山脉到 19 世纪指称半岛；其二，是一种比喻，20 世纪初成为一个贬义词（pejorative）；其三，是一个地理区域，与东南欧同义；其四，是表示一种历史遗产，充分体现了该地区冲突与落后的特征。[⑤]

二是关于巴尔干一词的使用时间。对此，学者们存在不同的看法。有学者认为巴尔干一词作为地理概念早在 15 世纪末和 16 世纪中期奥斯曼帝国

---

① *The New Encyclopaedia Britannica*, Vol. 14, Chicago: Encyclopaedia Britannica, Inc., 1988, p. 562.

② 〔英〕艾伦·帕尔默：《夹缝中的六国——维也纳会议以来的中东欧历史》，第 18 页。

③ 参见朱晓中《从巴尔干到东南欧——冷战后巴尔干地缘政治变迁》，《东欧中亚研究》1998 年第 3 期；李明《巴尔干风云——简析科索沃问题的由来》，《地图》1999 年第 3 期；马细谱《巴尔干近现代史》（上卷），中国社会科学出版社，2021，第 6~7 页。

④ 也有学者指出，根据阿尔巴尼亚词源学，巴尔干一词是由土耳其语的两个单词"血"和"蜜"组成的。参见马细谱《巴尔干近现代史》（上卷），第 7 页。

⑤ Maria Todorova, *Imagining the Balkans*, New York: Oxford University Press, 2009, pp. 193 - 194.

的文献中就出现了。① 也有学者认为，巴尔干一词出现于 17 世纪初。② 还有学者认为，巴尔干一词出现于 19 世纪初。③ 西尔维亚·帕维奇（Silvia Pavić）通过研究发现，早在 1490 年意大利人文学家博纳科尔西·加里马尔科（Buonaccorsi Callimarco）就在一封通信中用土耳其语来指称巴尔干山，18 世纪英国旅行家约翰·莫里特（John Morritt）首次在英文文献中使用巴尔干一词。④ 玛莉亚·托多洛娃对巴尔干一词的出现与使用做了更加详细、全面的考察：19 世纪以前多数欧洲旅行家习惯于使用哈伊莫司（Haemus）山来指代巴尔干山，1808 年德国地理学家奥古斯特·措伊内（August Zeune）第一次提到了"巴尔干半岛"一词，1827 年英国旅行家罗伯特·沃尔什（Robert Walsh）则第一次使用巴尔干来描述整个半岛。⑤ 虽然关于巴尔干一词出现的时间莫衷一是，但其概念仅仅停留在地理领域，在相当长的一段时间里没有得到广泛使用。直到 1912 年第一次巴尔干战争爆发后，巴尔干才成为通用的词语。⑥ 英国当代历史学家马克·马佐尔（Mark Mazower）进一步指出，19 世纪 80 年代之前很少有人提到"巴尔干"，多数人沿用更普遍的"欧洲的土耳其"一词来指称这块区域，但随着社会政治的变迁，必须为它寻找新的名称，"巴尔干半岛""巴尔干地区""巴尔干"便获得了新的、更加广泛的使用。⑦ 20 世纪以来，尤其是巴尔干战争爆发后，巴尔干一词不仅得到广泛使用，而且具有了政治上的意义。

---

① 马细谱：《巴尔干近现代史》（上卷），第 7 页。

② 孔寒冰：《科索沃危机的历史根源及大国背景》，四川人民出版社，1999，第 9 页；李明：《巴尔干风云——简析科索沃问题的由来》，第 51 页。

③ *The New Encyclopaedia Britannica*, Volume 14, p. 562; Francis W. Carter ed., *A Historical Geography of the Balkans*, London: Academic Press, 1977, pp. 7 - 8；陈志强：《巴尔干古代史》，中华书局，2007，绪论第 2 页；朱晓中：《从巴尔干到东南欧——冷战后巴尔干地缘政治变迁》，第 48 页。

④ Silvia Pavić, "Some Thoughts about the 'Balkans'," November 22, 2000, http://geography. about. com/library/misc/ucbalkans. htm.

⑤ 参见 Maria Todorova, *Imagining the Balkans*, New York: Oxford University Press, 2009, pp. 21 - 25。他们的著作参见 August Zeune, *Goea. Versuch einer wissenschaftlichen Erdbeschreibung*, Berlin, 1808; Robert Walsh, *Narrative of a Journey from Constantinople to England*, London: Frederick Westley and A. H. Davis, 1828。

⑥ 〔英〕马克·马佐尔：《巴尔干：被误解的"欧洲火药库"》，第 4 页。

⑦ 同上，第 3~4 页。笔者认为此书中译为"欧洲的土耳其"不太准确，应译为"土耳其欧洲"或"土耳其的欧洲部分"。

三是关于巴尔干的空间范围。有西方学者指出，定义（中）东欧地区的地理范围并不比定义它的政治含义要容易，因为很难断定其确切的地理边界，[1] 定义巴尔干地区的范围也同样如此。按照 1999 年中文版《不列颠百科全书》的说法，它是"指 1699 年《卡尔洛维茨条约》签订后仍处在奥斯曼帝国直接控制下的地区，但现在该名词还包括了过去属哈布斯堡帝国的一部分、目前为某些巴尔干国家部分领土的地方"[2]。这个概括虽然较为模糊，但它实际上将巴尔干国家的区域分成了政治和地理两大类别。"在政治上，'巴尔干'一词明确涵盖下列现代国家的领土：阿尔巴尼亚、波斯尼亚—黑塞哥维那（以下简称波黑）、保加利亚、克罗地亚、希腊、马其顿、摩尔多瓦、罗马尼亚、斯洛文尼亚和南斯拉夫（塞尔维亚和门的内哥罗）……土耳其的欧洲部分在地理上为巴尔干半岛的一部分，但在政治上却不属于巴尔干。"[3] 法国历史学家米歇尔·福舍（Michel Foucher）认为，政治上的巴尔干"是指从伯罗奔尼撒半岛（希腊南部）到多瑙河这一地区，包括五个国家：希腊、阿尔巴尼亚、南斯拉夫、保加利亚和罗马尼亚"[4]。可见，政治上的巴尔干国家以奥斯曼帝国为参照，包含历史上遭受其统治的东南欧区域。然而，从地理上来看，至少土耳其的欧洲部分应该属于巴尔干。[5] 在中国学界，一般认为现在的巴尔干国家有十一个，分别是阿尔巴尼亚、保加利亚、罗马尼亚、斯洛文尼亚、克罗地亚、波黑、北马其顿、

---

[1] Stephen White, Judy Batt, Paul G. Lewis, *Developments in Central and East European Politics* 4, Durham, NC: Duke University Press, 2007, p. 7.

[2] 参见《不列颠百科全书》（国际中文版）（第 2 卷），中国大百科全书出版社，1999，第 166 页。

[3] 同上，第 166 页。有趣的是，该书英文原版将土耳其的欧洲部分纳入，但没有将摩尔多瓦包括在内（参见 *The New Encyclopaedia Britannica*, Volume 14, p. 562）。笔者认为，无论从地理角度还是从政治角度来看摩尔多瓦都不是巴尔干国家。

[4] Michel Foucher, "The Geopolitics of Southeastern Europe," *EUROBALKANS*, Summer 1994, p. 17.

[5] Francis W. Carter ed., *A Historical Geography of the Balkans*, London: Academic Press, 1977, pp. 2 - 9. 奥地利弗雷塔格·伯恩特（Freytag & Berndt）出版公司出版的地图系列中的《巴尔干/东南欧》包括的国家和地区最为广泛，包括希腊、阿尔巴尼亚、马其顿（北马其顿）、保加利亚、塞尔维亚、黑山、波黑、克罗地亚、斯洛文尼亚、匈牙利、罗马尼亚、摩尔多瓦、捷克、斯洛伐克、土耳其西部、乌克兰西部、奥地利、意大利南部以及科索沃地区。参见 *Balkans/Southeast Europe*, Freytag - Berndt und Artaria, 2009。

塞尔维亚、黑山、土耳其和希腊。[①] 至于科索沃，中国尚未承认其合法地位，书中不将其作为国家对待，但并不排除将其作为一个研究的对象加以讨论。

　　四是关于一些国家的巴尔干属性。国际社会对巴尔干半岛北部界限的划分存在多种意见。[②] 对一些国家是否属于巴尔干地区存有异议。其一是斯洛文尼亚。关于斯洛文尼亚的巴尔干属性，斯官方并不承认[③]，学界则存在不同的看法。持赞同立场的观点主要基于其曾为南斯拉夫一员的经历。比如，玛莉亚·托多洛娃就认为，斯洛文尼亚的巴尔干属性不明显，它的奥斯曼现象并不多，只是它在南斯拉夫历史上起过特殊作用，这才属于巴尔干国家之列。[④] 持反对立场的人更多，他们从更加久远的历史或文明的角度来加以论证。比如，斯洛文尼亚著名学者斯拉沃热·齐泽克（Slavoj Žižek）坚定地指出，斯洛文尼亚不是巴尔干国家，是中欧（Mitteleuropa）国家，斯洛文尼亚是西欧文明与巴尔干的边界，巴尔干的边界应起于克罗地亚或波斯尼亚。[⑤] 也有论者认为，斯洛文尼亚继承了原奥匈帝国的遗产（地理、建筑甚至法律），其经济发展与民主进程不同于巴尔干地区的其他国家，因而它不是巴尔干国家。[⑥] 还有论者虽然没有明确表态但倾向于认为斯洛文尼亚不是巴尔干国家。如英国学者罗伯特·拜德勒克斯（Robert Bideleux）和伊恩·杰弗里斯（Ian Jeffries）认为，虽然在20世纪的多数时间里斯洛文尼亚人与其他南部斯拉夫人有着相同的命运，但在历史上的大部分时间，斯洛文尼亚与中欧国家（特别是奥地利）的共性要远远大于其与南部的邻国，

① 多数学者在20世纪末撰文指出，巴尔干国家有十个，因为黑山当时还没有分离出来。参见王逸舟主编《单极世界的阴霾——科索沃危机的警示》，社会科学文献出版社，1999，第286页；朱晓中《从巴尔干到东南欧——冷战后巴尔干地缘政治变迁》，第48页；弘杉《巴尔干百年风云》，知识出版社，2000，第3页。

② 参见陈志强《巴尔干古代史》，绪论第1~2页。

③ 参见 "What are the Balkans?" http：//www. wiseek. com/what－are－the－balkans. htm。

④ 转引自〔保〕亚历山大·利洛夫《文明的对话：世界地缘政治大趋势》，第181页。

⑤ Slavoj Žižek, "The Spectre of Balkan," *The Journal of the International Institute*, Vol. 6, No. 2, 1999.

⑥ "Why Slovenia is not the Balkans," Nov. 20, 2003, http：//www. economist. com/node/2206879；Lindstrom Nicole, "Between Europe and the Balkans：Mapping Slovenia and Croatia's 'Return to Europe' in the 1990s," *Dialectical Anthropology*, Vol. 27, No. 3－4, 2003, pp. 313－329.

20 世纪 90 年代以来，斯洛文尼亚在政治、经济与社会等方面显示出的与中欧的"结构类似性"要远远大于同巴尔干地区。[①] 本书认为，无论是从地理位置还是从经济、社会结构来说，斯洛文尼亚都与中欧国家更加相像，然而从 20 世纪的历史来看，它曾经是南斯拉夫的一个组成部分，所以本书也将其纳入巴尔干地区进行论述。

其二是罗马尼亚。对罗马尼亚是否为巴尔干国家也存在不同的观点。[②] 诚如有学者指出的，罗马尼亚自 1918 年统一后的百余年时间里都在巴尔干认同或身份中挣扎。[③] 在西方国家，主要倾向于认为罗马尼亚是巴尔干国家。比如，美国学者罗伯特·卡普兰（Robert D. Kaplan）认为罗马尼亚是巴尔干国家；[④] 由美国资助的东南欧新闻网（SETimes.com）等网络媒体也视罗马尼亚为巴尔干国家。另外，《巴尔干学》（Balkanology）网站认为罗马尼亚是最大的巴尔干国家。[⑤] 西尔维亚·帕维奇认为，地理上的巴尔干与东南欧同义，在此意义上可将罗马尼亚看作巴尔干国家。[⑥] 但是，不同的看法也同样存在。比如，维基问答网页认为，从地理上看罗马尼亚不是巴尔干国家，只是从历史、文学和文化等角度看它比较接近巴尔干国家。[⑦] 早在 20 世纪 20 年代，罗马尼亚历史学家、短暂担任过罗总理的尼古拉·约尔加（Nicolae Iorga）对罗马尼亚的巴尔干属性提出了质疑，他认为仅仅以罗马尼亚语使用的是拉丁字根这一点就应该将其从巴尔干国家名单中删除。[⑧]

其三是塞浦路斯。多数学者将塞浦路斯列入地中海国家。不过，也有

---

① Robert Bideleux and Ian Jeffries, *The Balkans: A Post - Communist History*, London and New York: Routledge, 2007, p. 21.

② "Romaia: To Be Balkan or Not?" http://alina_stefanescu.typepad.com/romania_revealed/ 2009/03/romania - to - be - balkan - or - not. html.

③ Tom Gallagher, "To Be or Not to Be Balkan: Romania's Quest for Self - Definition," *Daedalus*, Vol. 126, No. 3, 1997, pp. 63 - 83.

④ Robert D. Kaplan, *Balkan Ghosts: A Journey Through History*, New York: Vintage Books, 1996, p. 75.

⑤ "Romania: Introduction," http://www.balkanology.com/romania/.

⑥ Silvia Pavić, "Some Thoughts about the 'Balkans'," November 22, 2000, http://geography. about.com/library/misc/ucbalkans.htm.

⑦ "Is Romania a Balkan State," http://wiki.answers.com/Q/Is_Romania_a_Balkan_state# slide2.

⑧ Nicolae Iorga, *A History of Romania*, New York: AMS Press Inc., 1925.

一些学者认为，该国的地理位置、人种、宗教同希腊、土耳其两国关系十分密切，所以也是巴尔干国家。[①] 本书不认为该国具有巴尔干属性，基于过去的研究经验，该国一般被纳入地中海国家的研究范畴。

此外，关于克罗地亚、希腊等国家的巴尔干属性也出现了争论，在这两个国家也曾出现"去巴尔干"的主张。[②] 颇有意思的是，在欧盟出台一系列关于东南欧地区政策并赋予这一地区以"西巴尔干"身份融入欧洲一体化后不久，大量克罗地亚精英对西欧国家和美国称其为东南欧特别是（西）巴尔干国家表示反感。[③] 只有保加利亚从来没有嫌弃"巴尔干"一词，相反，该国的一些名牌产品和旅行社都冠以"巴尔干"一词。[④] 需要提及的是，学术界较少有关于"巴尔干人"的提法，本书为叙述方便用"巴尔干人"统称巴尔干各民族的人民。

其次是有关南斯拉夫的几个概念。

南部斯拉夫人（Yugoslavs），是欧洲的一个民族集团，在人种上属于欧罗巴人种东欧类型，按语言谱系划分，属于印欧语系斯拉夫语族南斯拉夫语支。以南部称谓，是从整个斯拉夫民族出发的。在历史演进过程中，斯拉夫人形成了三个分支，即西部斯拉夫人、东部斯拉夫人和南部斯拉夫人。其中，西部斯拉夫人包括现代的波兰人、捷克人、斯洛伐克人和人数不多的鲁塞尼亚人；东部斯拉夫人形成了俄罗斯人、乌克兰人和白俄罗斯人三个分支；南部斯拉夫人则包括今天的塞尔维亚人、斯洛文尼亚人、克罗地亚人、黑山人、波斯尼亚—黑塞哥维那人、马其顿人和保加利亚人。

南斯拉夫（Yugoslavia）作为国名的简称先后指三个国家。第一南斯拉夫指 1918～1941 年的南斯拉夫王国，在 1918 年 12 月成立时称为塞尔维亚

---

① 参见马细谱《巴尔干纷争》，第 3 页；弘杉《巴尔干百年风云》，第 2 页；张立淦、曹其宁《欧洲火药桶——巴尔干史话》，四川人民出版社，1993，第 2 页。

② Boyko Vassilev, "Balkan Eye: The Region No One Could Name," *Transitions Online*, April 27, 2010, p. 3; Lindstrom Nicole, "Between Europe and the Balkans: Mapping Slovenia and Croatia's 'Return to Europe' in the 1990s," pp. 313 – 329. 顺便提及的是，《不列斯百科全书》还将希腊排除在"巴尔干国家"之外。参见陈志强《巴尔干古代史》，绪论第 1 页。

③ Maja Brkljačić, "What Past is Present?" *International Journal of Politics, Culture, and Society*, Vol. 17, No. 1, 2003, p. 41.

④ 马细谱：《巴尔干近现代史》（上卷），第 8 页。

人—克罗地亚人—斯洛文尼亚人王国，1929 年改称为南斯拉夫王国。第二南斯拉夫指 1945～1991 年的南斯拉夫联邦。1945 年 11 月成立时称南斯拉夫联邦人民共和国，1963 年改称南斯拉夫社会主义联邦共和国，简称南联邦。第三南斯拉夫指 1992 年至 2003 年的南斯拉夫联盟共和国，由塞尔维亚共和国和黑山共和国组成，简称南联盟。2003 年 2 月，随着南联盟易名塞尔维亚和黑山，南斯拉夫作为国名成为历史名词。① 本书提到的南斯拉夫主要是第一南斯拉夫和建立初期的第二南斯拉夫。

此外，南斯拉夫主义（Yugoslavism）② 、后南斯拉夫（Post - Yugoslavia）③ 等概念也在学术界广为使用。前者主要指向的是南斯拉夫联合及其引发的一系列思想和理念，后者则是对南斯拉夫解体后这一地区的一个学术概称。

最后是几个学理性的概念。

联邦（federation），是由若干成员组成的一个主权国家，是"将政府活动分成地区和中央两大部分，彼此各有某些专司，并负责其最后决定之政

---

① 参见马细谱《三个南斯拉夫》，当代中国出版社，2021；Sabrina P. Ramet, *The Three Yugoslavias: State - Building and Legitimation, 1918 - 2005*, Bloomington: Indiana University Press, 2006。

② Dejan Djokić, *Yugoslavism: Histories of a Failed Idea, 1918 - 1992*, Madison: University of Wisconsin Press, 2003; Pieter Troch, *Nationalism and Yugoslavia: Education, Yugoslavism and the Balkans Before World War 2*, London and New York: I. B. Tauris, 2015.

③ 近年来，在英语学界中，有关后南斯拉夫以及后南斯拉夫空间（Post - Yugoslav Space or Post - Yugoslav Area or Post - Yugoslav Sphere）的用法越来越多见，如 Soeren Keil and Bernhard Stahl, eds., *The Foreign Policies of Post - Yugoslav States: From Yugoslavia to Europe*, London: Palgrave Macmillan, 2014; Gordana P. Crnkovic, *Post - Yugoslav Literature and Film: Fires, Foundations, Flourishes*, London: Bloomsbury Academic, 2014; Branislav Radeljic and Jelena Dzankic, eds., *Europe and the Post - Yugoslav Space*, London: Ashgate Pub. Co., 2013; Đorđe Tomić, "On the 'Right' Side? The Radical Right in the Post - Yugoslav Area and the Serbian Case," *Fascism*, Vol. 2, No. 1, 2013; Vedran Džihić and Dieter Segert, "Lessons from 'Post - Yugoslav' Democratization Functional Problems of Stateness and the Limits of Democracy," *East European Politics & Societies*, Vol. 26, No. 2, 2012; Vedran Džihić, Dieter Segert and Angela Wieser, "The Crisis of Representative Democracy in the Post - Yugoslav Region. Discrepancies of Elite Policies and Citizens' Expectations," *Southeastern Europe*, Vol. 36, No. 1, 2012; Cabada Ladislav, "Political Culture and its Types in the Post - Yugoslav Area," *Politics in Central Europe*, Vol. 5, No. 2, 2009。

治组织体"①。在联邦体系中，各邦（州）管理其大部分内部事务而把外交、防务等交给中央（联邦）政府。世界上主要的联邦国家有美国、加拿大、德国、瑞士、澳大利亚、印度等。邦联（confederation），则是两个以上国家为了达到军事、贸易或其他共同目的而组成的一种国家联合，如 1776～1787 年的北美 13 州、1815～1848 年的瑞士、1815～1866 年的德意志和1867～1918 年的奥匈帝国。邦联不是国家主体，不具有国家性质。概括来说，邦联与联邦的区别有以下两个重要的标准。② 第一，主权让予与否。"主权之属于各邦抑或属于联合组织为多数联邦论者用以划分邦联与联邦的标准"③，邦联不具备联邦所拥有的对内强制力与对外代表性。第二，可否自由退出。"各邦之有无脱离权，为分别邦联与联邦的唯一标准。"④ 与联邦拥有的完整性与约束力不同，邦联具有松散性与自由性。联邦与邦联也不是完全相异的概念，它们在某些理念上是相通的，邦联有可能是最终走向联邦的一个阶段。⑤

联邦制（federalism），也称联邦主义，是一种国家组织的结构性原则与模式，"即把分散的邦或其他政治实体联合在一个总的政治体制中，以便让它们保持其本身基本的政治完整性"⑥。有学者从宪政、功能以及制度的角度对联邦制的特征做了这样的总结：在所有联邦制国家中，"联邦及其成员都拥有立法、行政和司法三种国家权力，并且这些权力受到宪法保护，任何一方都不能单方面改变"；"国家权力被完全分配给联邦和州（省），因此，这两个层级的政府能够对其管辖领域的事务拥有最终的决定权"；"联邦制是一种以自主的、非集中的领土单位的自愿联盟为基础的社会制度

---

① 参见〔美〕佛雷德·格林斯坦等主编《政府制度与程序》，幼狮文化事业公司编译部译，台湾幼狮文化事业公司，1983，第 138 页。

② 关于两者的具体区别，参见童之伟《国家结构形式论》，武汉大学出版社，1997，第 146～148 页。

③ 王世杰、钱端升：《比较宪法》，中国政法大学出版社，1997，第 316 页。

④ 同上，第 315 页。

⑤ 陈玉刚：《国家与超国家——欧洲一体化理论比较研究》，上海人民出版社，2001，第 89 页；黄正柏：《欧洲一体化进程中的国家主权问题研究》，湖北人民出版社，2011，第 17 页。

⑥ 《不列颠百科全书》（国际中文版）（第 6 卷），中国大百科全书出版社，1999，第 246 页。

（辅助性原则）"。① 联邦制政体的特点是非集权的，分权制衡是其最基本的功能，同时，由于不同国家拥有不同的历史背景和社会条件，分权制衡的程度也不尽相同，从而形成不同的联邦模式。② 简言之，联邦制或联邦主义"必须与人民和政体这样一种需求有关，即人民和政体为了共同的目的团结起来，而同时又能够保持独立性以维护他们各自的完整性"③。

联盟（union），"是有意而审慎地联合起来或者是通过一致同意（某些时候是由于军事行动而陡然来临的）由原先独立的国家组合起来的政体，以在宪法上为这个完整的综合体的某些措施提供保护"④。它在一定程度上"存在一些赞同联邦的意愿，但是这些意愿显然是从属于其他各种考虑的"⑤。也就是说，联盟具有联邦的某些性质，但又不同于联邦，它往往是基于某种共同目标而联合起来的。

在不同时期，关于巴尔干地区建立何种联合的模式出现了诸多构想。瓦尔班·托多洛夫（Varban N. Todorov）在研究 19 世纪的巴尔干和希腊联邦主义时指出：19 世纪巴尔干各民族的首要目标是实现民族解放，因而对各种联合主张使用得比较混乱，有的是联邦，有的是邦联，但是，在很大程度上，它们表达的是一种意思，即实现各民族的解放与联合。⑥ 进入 20 世纪，巴尔干联合的目标越来越明确，如 20 世纪 20 年代巴尔干共产党人追

---

① 参见童建挺《德国联邦制的演变：1949~2009》，中央编译出版社，2010，序言第 1 页。
② 有学者将强调联邦和成员的分治、权力相对分立的联邦制称为州级联邦制（interstate federalism）或二元联邦制（dual federalism），又或并行联邦制（coordinate federalism）；而将强调联邦与成员国的共治、权力相互制约的联邦制称为州内联邦制（intrastate federalism）或复合联邦制（compound federalism）。参见童建挺《联邦制的分权功能——基于美国、瑞士、加拿大、德国、奥地利和澳大利亚的比较》，《经济社会体制比较》2009 年第 3 期。还有学者指出联邦制有七种模式，其中有三种国家模式，包括复合联邦制（compound federalism）、二元联邦制（dualism）和集中联邦制（centralism）；四种国家次级模式，包括州级联邦制（interstate federalism）、次州级联邦制（substate federalism）、地方间联邦制（interlocal federalism）和国家—地方联邦制（natioanl - local federalism）。参见 Christopher Hamilton and Donald T. Wells, *Federalism, Power, and Political Economy: A New Theory of Federalism's Impact on American Life*, Englewood Cliffs, N. J.: Prentice Hall, 1990, p. 19。
③ 〔美〕丹尼尔·J. 伊拉扎：《联邦主义探索》，彭利平译，上海三联书店，2004，第 39 页。
④ 同上，第 56 页。
⑤ 同上，第 56 页。
⑥ 参见 Varban N. Todorov, *Greek Federalism during the Nineteenth Century*, New York: Columbia University Press, 1994, p. viii。

求的巴尔干苏维埃联邦共和国、30 年代初期巴尔干会议努力建立的巴尔干联盟、1944 年提出以保南联邦为基础的巴尔干联邦。由于这些概念的多样性，本书用巴尔干联合（Balkan Unity）统称不同时期出现的巴尔干共和国（Balkan Republic）、巴尔干联邦（Balkan Federation）、巴尔干联盟（Balkan Union）和巴尔干邦联（Balkan Confederation）概念。

实际上，从联邦制的早期实践也可以看出，联邦制的产生是出于一种联合的需要，是将之前互不相同的成分联合起来的愿望和为战胜分离势力而相互合作的需要。联盟则是不同主权国家基于某种共同目标的联合。另外，本书的巴尔干联合不包括军事同盟，不管军事同盟是侵略性的还是防御性的。所以，1866 年和 1912 年巴尔干国家建立的反土军事同盟以及 1953 ～1955 年南斯拉夫、土耳其和希腊建立的以集体防御为目标的巴尔干同盟都不是本书意义上的巴尔干联合。

南部斯拉夫联合指的是南部斯拉夫人在争取民族解放过程中建立联合国家的思想与实践。有学者指出，在塞尔维亚人的语境里，南部斯拉夫联合大致有三种类型：第一，在塞尔维亚族获得解放和独立后，建立一个大塞尔维亚国家或某种更广泛的"南斯拉夫国家"；第二，建立一个松散的"南斯拉夫"联邦或邦联，其"大"和"小"取决于南部斯拉夫民族群体参与的数量；第三，建立一个特定的塞尔维亚民族国家，声称其为任何南斯拉夫联合国家的替代。[①] 事实上，其他南部斯拉夫民族的理念也不出此左右。

从这个意义上讲，南部斯拉夫联合与巴尔干联合是同一回事，指向的都是一个联合的国家，只不过是范围稍小一些。在民族解放运动时期，巴尔干各民族以民族的联合和国家的建立来实现推翻外族压迫与统治的目标，民族国家建立后则试图通过建立联邦或联盟来解决历史遗留问题。南部斯拉夫人是同一种族，它们在民族特性上具有相似性，并区别于其他巴尔干民族，但与其他巴尔干民族具有相同的历史命运。本书正是从摆脱外族统治与压迫和解决历史遗留问题的角度将南部斯拉夫人的联合纳入巴尔干联

[①] Jasna Dragović‐Soso, "Rethinking Yugoslavia: Serbian Intellectuals and the 'National Question' in Historical Perspective," *Contemporary European History*, Vol. 13, No. 2, 2004, p. 171.

合的框架。

三　国内外相关研究评述

由于巴尔干地区具有的特殊性，再加上学术界对战争和冲突研究的偏好①，学者们对巴尔干人追求和平、联合的研究相对较少。这种现象在中国学界更为明显。② 较早论及巴尔干合作的著作是张立淼、曹其宁合著的《欧洲火药桶——巴尔干史话》，该书第三章用一小节论述了"巴尔干各国的多边合作"，较早对冷战期间巴尔干地区的合作实践进行了梳理，但这种合作不是本书的研究范畴。马细谱的《巴尔干纷争》虽然是一部"着力介绍和阐释巴尔干地区民族问题的历史和现状，以及由民族主义引起的一些热点问题"的著作，但该书第三章"巴尔干各民族联合的思想"对巴尔干联合的思想及其代表人物做了梳理，是国内较早对巴尔干联合思想进行介绍和叙述的代表作。马细谱先生近年出版的《南斯拉夫通史》和《巴尔干近现代史》对巴尔干联合的思想均有所涉及，前书对 19 世纪建立南部斯拉夫国家的理想与实践做了叙述，后书专辟一节讨论了 19 世纪巴尔干各民族联合的主张和计划。另外，朱庭光主编的《外国历史名人传》对历史上倡导巴尔干联合的人物进行了介绍，包括里加斯·维列斯迪利斯、斯维托扎

① 日本学者星野昭吉在《全球社会和平学》一书中指出：相较于对和平的研究而言，对战争的关注如同人类的健康和空气之于人类，只要不爆发战争，人们就意识不到和平的重要性，对实现和平的研究和关注也几乎不存在。与对战争的研究相比，和平研究则晚得多。以和平为研究对象始于第一次世界大战之后，而真正的和平学研究则形成于第二次世界大战后。参见〔日〕星野昭吉《全球社会和平学》，梁云祥等译，北京师范大学出版社，2007，第 13～18 页。

② 这里仅以时间次序列举一些国内关于巴尔干研究的代表性著作，如张立淼、曹其宁：《欧洲火药桶——巴尔干史话》；郝时远：《旷日持久的波黑战争》，中央民族大学出版社，1995；赵庆波、张世文：《巴尔干：走过铁血时代》，内蒙古人民出版社，1997；魏坤：《喋血巴尔干：南联邦解体与波黑冲突》，世界知识出版社，1997；马细谱：《巴尔干纷争》；郝时远：《帝国霸权与巴尔干"火药桶"》；孔寒冰：《科索沃危机的历史根源及大国背景》；王逸舟主编《单极世界的阴霾——科索沃危机的警示》；孙云编著《世纪末的热战——聚焦科索沃》，当代世界出版社，1999；弘杉：《巴尔干百年风云》；金重远：《百年风云巴尔干》，复旦大学出版社，2010；马细谱：《南斯拉夫兴亡》，社会科学文献出版社，2010；孙兴杰：《"东方问题"与巴尔干化的历史根源》，中央编译出版社，2021。通过这些著作的标题可以发现，它们多半集中于对巴尔干冲突与战争的研究。

尔·马尔科维奇（Svetozar Marković）、赫里斯托·鲍特夫（Khristo Botev）等。① 受这些著述的启发，笔者在《巴尔干地区合作与欧洲一体化》一书中专辟一节对巴尔干联合的思想与实践进行了粗线条概述。② 此外，近些年出版的《苏联历史档案选编》（34 卷）、《国际共产主义运动历史文献》（64 卷）等大型档案选编对巴尔干联邦、南部斯拉夫联合等都有所涉及。③

相比较来说，国内学术界对于二战结束前后的巴尔干联邦即保南联邦计划有一定的研究。沈志华编著的《斯大林与铁托：苏南冲突的起因及其结果》对保南联邦计划的来龙去脉以及该计划与苏南关系的变化做了简要的介绍和分析。④ 马细谱等译的《季米特洛夫日记选编》是保加利亚领导人季米特洛夫的日记节选，其中对保南联邦计划的缘起和失败的历程进行了记录，为研究这段历史提供了宝贵的原始材料。⑤ 郝承敦的《苏南冲突》和《苏南冲突与东方阵营内部关系的演变》两书将巴尔干联邦计划的失败纳入苏南冲突的视角进行考察。⑥ 此外，北京大学钱可威的硕士学位论文《1948年苏南冲突原因重探——兼论"巴尔干联邦"之争》以及李延长的论文《巴尔干联邦问题与 1948 年苏南冲突》也对巴尔干联邦与苏南冲突的关系进行了论述。⑦

---

① 朱庭光主编《外国历史名人传近代部分》（上、中、下册），中国社会科学出版社、重庆出版社，1981、1982。

② 徐刚：《巴尔干地区合作与欧洲一体化》，第 56 ~ 65 页。

③ 前者主要是第 22 卷，参见沈志华总主编《苏联历史档案选编》（第 22 卷），社会科学文献出版社，2002；后者主要是第 59 卷和第 60 卷，参见《国际共产主义运动历史文献（第 59 卷）》《国际共产主义运动历史文献（第 60 卷）》，中央编译出版社，2017。

④ 参见沈志华编著《斯大林与铁托：苏南冲突的起因及其结果》，广西师范大学出版社，2002。

⑤ 参见〔保〕季米特洛夫《季米特洛夫日记选编》，马细谱等译，广西师范大学出版社，2002。

⑥ 参见郝承敦《苏南冲突研究》，学林出版社，2007；郝承敦《苏南冲突与东方阵营内部关系的演变》，社会科学文献出版社，2015。郝承敦教授还有一系列相关的论文发表，《从巴尔干联邦计划看战后初期南斯拉夫的扩张性》，《滨州师专学报》1998 年第 3 期；《从巴尔干联邦计划看苏南在冷战初期的战略分歧》，《聊城大学学报》（哲学社会科学版）2002 年第 6 期。

⑦ 钱可威：《1948 年苏南冲突原因重探——兼论"巴尔干联邦"之争》，北京大学 2001 年硕士学位论文；李延长：《巴尔干联邦问题与 1948 年苏南冲突》，《西北第二民族学院学报》（哲学社会科学版）1990 年第 1 期。

在国外学界，巴尔干或东南欧研究一直得到重视和关注。国外关于巴尔干或东南欧研究的机构有很多，如希腊、保加利亚、北马其顿和塞尔维亚等国家都建立了巴尔干研究所（The Institute for Balkan Studies）①，希腊还设有巴尔干国家间关系研究所（Institute of Inter – Balkan Relations）和东南欧研究中心（The South – East European Research Centre），斯洛文尼亚则有中东和巴尔干国际研究所（The International Institute for Middle – East and Balkan Studies），波黑建立了巴尔干解决冲突、责任与和解研究所（Balkan Institute for Conflict Resolution, Responsibility and Reconciliation）。巴尔干域外也有一些著名的研究机构，如英国的拜伦勋爵巴尔干问题研究基金会（The Lord Byron Foundation for Balkan Studies）和伦敦大学巴尔干研究中心（Centre for the Study of the Balkans），加拿大的巴尔干和平中心（The Centre for Peace in the Balkans），德国的东欧和东南欧研究所（Institute for East and Southeast European Studies），以及匈牙利的巴尔干研究中心（The Centre for Balkan Studies），等等。② 这些研究机构出版发行了一系列相关的学术期刊，如《巴尔干研究》（Balkan Studies），《巴尔干》（Balcanica），《巴尔干评论》（The Balkan Review），《巴尔干与近东研究》（Journal of Balkan and Near Eastern Studies），《巴尔干与黑海研究》（Journal of Balkan and Black Sea Studies），《东南欧研究》（The Journal Southeastern Europe），《东南欧与黑海研究》（Southeast European and Black Sea Studies），《东南欧国际关系研究季刊》（South – East Europe International Relations Quarterly），《东南欧政治与社会》（Southeast Europe Journal of Politics and Society，原文是 Südosteuropa. Zeitschrift für Politik und Gesellschaft），《东南欧政治学》（Southeast European Politics）以及《东南欧经济学》（South – Eastern Europe Journal of Economics），等等。

从研究上看，国外学界在关注巴尔干冲突与战争的同时并没有忽视对

---

① 需要指出的是，除塞尔维亚科学与艺术院早在 1934 年即已建立巴尔干研究所外，来自塞尔维亚科学、媒体、公民社会组织的专家于 2011 年倡议成立了新巴尔干研究所（The New Balkans Institute），主要对塞尔维亚和巴尔干国家在民主化进程中出现或关心的优先议题进行回应。

② 美国有很多关于斯拉夫的研究机构，关于东南欧或巴尔干的研究基本都被置于斯拉夫研究之下，这里不做列举。

巴尔干和平、联合问题的研究。但是，与前者相比，关于巴尔干联合的研究仍然没有得到足够的重视。希腊亚里士多德大学学者路吉阿诺斯·哈西奥提斯（Loukianos Hassiotis）认为，出现这种现象的主要原因是资料的缺乏与思想认识上的忽视，其中后者更为重要，表现为巴尔干各国的历史学家们过于注重本国或本民族的发展以及巴尔干持续冲突的历史，进而给人们造成了某种误解。①

大抵来看，西方学者（主要是英语学界）开始对巴尔干联合进行比较系统的研究主要是在第一次世界大战之后。诺曼·帕德福特（Norman J. Padelford）在 1935 年出版的《巴尔干的和平——巴尔干地区走向国际组织的运动》一书从和平与战争的视角以 1821 年希腊独立战争为开端分析和探讨了巴尔干人追求和平的思想与行动，其中重点对两次世界大战期间的巴尔干联盟运动进行了叙述。② 希弗多尔·杰什科夫（Theodore I. Geshkoff）在 1940 年写作的《巴尔干联盟——东南欧通向和平之路》一书介绍了自古希腊罗马时代以来巴尔干地区出现的联盟思想和实践，总结了 20 世纪 30 年代巴尔干会议为实现巴尔干国家和解和走向联盟所做出的努力。③ L. S. 斯塔夫里阿诺斯（Leften Stavros Stavrianos）在 1946 年出版的《巴尔干联邦——近现代巴尔干联合运动史》一书中对近现代以来巴尔干联合运动进行了全景式述评，将 18 世纪末到第二次世界大战前出现的巴尔干联合运动总结为三次同盟体系，即 1860～1878 年的第一次巴尔干同盟体系、1903～1914 年的第二次巴尔干同盟体系以及 1930～1941 年的第三次巴尔干同盟体系。④ 路吉阿诺斯·哈西奥提斯在《巴尔干联合思想：欧洲的视角（1789～1945）》一文中从欧洲的整体视角对 18 世纪末到二战结束后一段时间内巴尔干联合思想的发展与意义进行了深刻的分析。⑤ 波利克塞尼·帕帕达吉

---

① Loukianos Hassiotis，"The Ideal of Balkan Unity from a European Perspective（1789 – 1945），" *Balcanica*，Vol. 41，2010，p. 210.

② Norman J. Padelford，*Peace in the Balkans：the Movement toward International Organization in the Balkan*，New York：Oxford University Press，1935.

③ Theodore I. Geshkoff，*Balkan Union：A Road to Peace in Southeastern Europe*，1940.

④ L. S. Stavrianos，*Balkan Federation，A History of the Movement toward Balkan Unity in Modern Times*，1944.

⑤ Loukianos Hassiotis，"The Ideal of Balkan Unity from a European Perspective（1789 – 1945），" pp. 209 – 229.

（Polyxeni Papadaki）的《巴尔干共同体或邦联思想：现实性还是乌托邦?》一文从长时段的历史视阈对巴尔干联合的思想与主张进行了梳理与评析。①

需要提到的是，来自本地区的南斯拉夫学者伊万·博日奇与人合著的《南斯拉夫史》②穿插介绍了不同时期巴尔干联合和南部斯拉夫联合的理念。另一位南斯拉夫学者兰科·佩特科维奇（Ranko Petković）所著的《巴尔干既非"火药桶"又非"和平区"》，对二战结束后巴尔干联邦的演进进行了简要介绍和评析。③此外，俄国学者 A. Г. 扎多欣（A. G. Zadohin）和 A. Ю. 尼佐夫斯基（A. Ю. Nizovski）合著的《欧洲的火药桶——20 世纪的巴尔干战争》专辟一章论述了 19 世纪已经出现的斯拉夫联盟思想与 20 世纪上半叶的巴尔干联邦思想以及这两个方案的演进情况。④

除了上述系统性的研究，还有不少关于不同阶段巴尔干联合思想与实践的研究。其中，对第一阶段（1797～1878 年）的研究主要集中在希腊人倡导的巴尔干联合以及南部斯拉夫联合的计划上。关于希腊人倡导的巴尔干联合的研究，主要有瓦尔班·托多洛夫的《19 世纪希腊联邦主义：理念与计划》⑤一书，其中对希腊民族解放进程中关于巴尔干联合思想演进的情况做了较为详细的叙述，还有帕斯卡利斯·克托米利德斯（Paschalis M. Kitromilides）和玛丽亚·洛佩兹·比利亚巴（Maria López Villalba）对里加斯的巴尔干共和国思想进行的讨论。⑥另外，由瓦西里斯·泽沃拉科斯

---

① Polyxeni Papadaki, "The Idea of a Balkan Commonwealth or Confederation: A Realistic Perspective or a Utopia?" *Annales Universitatis Mariae Curie – Sklodowska sectio M*, Vol. 3, 2018.

② 〔南斯拉夫〕伊万·博日奇等：《南斯拉夫史》（上、下册），赵乃斌译，商务印书馆，1984。

③ 参见〔南斯拉夫〕兰科·佩特科维奇《巴尔干既非"火药桶"又非"和平区"》，第 116～127 页。

④ 参见〔俄〕A. Г. 扎多欣、A. Ю. 尼佐夫斯基《欧洲的火药桶——20 世纪的巴尔干战争》，第 203～219 页。

⑤ Varban N. Todorov, *Greek Federalism during the Nineteenth Century*, New York: Columbia University Press, 1994.

⑥ Paschalis M. Kitromilides, "An Enlightenment Perspective on Balkan Cultural Pluralism: The Republic Vision of Rigas Velestinlis," *History of Political Thought*, Vol. XXIV, 2003, pp. 465 – 479; Maria López Villalba, "Balkanizing the French Revolution: Rhigas's New Political Constitution," in D. Tziovas, ed., *Greece and the Balkans*, Aldershot and Burlington: Ashagte, 2003, pp. 141 – 154.

（Vassilis K. Zervoulakos）翻译的《里加斯革命手稿》[①]是一本研究里加斯及其巴尔干共和国思想的重要材料。对塞尔维亚人倡导的巴尔干联合的研究主要聚焦于斯维托扎尔·马尔科维奇（Svetozar Marković），包括马尔科维奇的生平[②]及其巴尔干联邦共和国的主张及其影响方面。[③]对于保加利亚留宾·卡拉维洛夫（Lyuben Karavelov）、瓦西尔·列夫斯基（Vasil Levski）和赫里斯托·鲍特夫（Khristo Botev）等三位巴尔干联合倡导者也有不少的研究。[④]

　　对这一时期南部斯拉夫联合的研究主要集中在伊利里亚运动和加拉沙宁身上。前者主要有伊琳诺尔·德斯帕拉托维奇（Elinor M. Despalatović）的博士学位论文《路德维特·盖伊与1843年前的伊利里亚运动》[⑤]、克伦·芭芭拉（Klen Barbara）的硕士学位论文《伊利里亚运动与南斯拉夫—克罗地亚身份的构建》[⑥]、马库斯·坦内尔（Marcus Tanner）的论文《伊利里亚主义与克罗地亚国家性的探求》[⑦]、巴拉兹·特伦切尼（Balázs Trencsényi）与米歇尔·科佩切克（Michal Kopeček）合编的《1770～1945年中欧、东南

① Rhigas Velestinlis, *Revolutionary Scripts*, trans. Vassilis K. Zervoulakos, Athens: Scientific Society of Studies Pheres – Velestino – Rhigas, 2002, pp. 153 – 165.

② Gale Stokes, "Svetozar Marković in Russia," *Slavic Review*, Vol. 31, No. 3, 1972.

③ Woodford D. McClellan, *Svetozar Marković and the Origins of Balkan Socialism*, Princeton: Princeton University Press, 1964; James Robertson, "Imagining the Balkans as a Space of Revolution: The Federalist Vision of Serbian Socialism, 1870 – 1914," *East European Politics and Societies and Cultures*, Vol. 31, No. 2, 2017.

④ 参见 Mercia MacDermott, *The Apostle of Freedom: A Portrait of Vasil Levsky Against a Background of Nineteenth Century Bulgaria*, London: Allen & Unwin, 1967; Emilian Kavalski, "The Balkan America? The Myth of America in the Creation of Bulgarian National Identity," *New Zealand Slavonic Journal*, Vol. 38, 2004; Ana – TeodoraKurkina, *Intelligentsia in Exile. Bulgarian Revolutionary Emigration in the Second Half of the 19th Century and the Projects for a Balkan Federation*, Inaugural – Dissertation zur Erlangung der Doktorwürde der Fakultät für Philosophie, Kunst –, Geschichts – und Gesellschaftswissenschaften der Universität Regensburg, 2019.

⑤ Elinor M. Despalatović, *Ljudevit Gaj and the Illyrian Movement (to 1843)*, Ph. D. dissertation, Columbia University, 1969.

⑥ Klen Barbara, *The Illyrian Movement and the Construction of the South Slav – Croatian Identity*, Master Thesis of University of Amsterdam, 2008.

⑦ Marcus Tanner, "Illyrianism and the Croatian Quest for Statehood," *Daedalus*, Vol. 126, No. 3, 1997.

欧地区的集体认同：文件与评注》① 以及乔治·托马斯（George Thomas）著的《伊利里亚运动对克罗地亚语汇的影响》。后者包括大卫·麦肯锡（David MacKenzie）的著作《伊利亚·加拉沙宁：巴尔干的俾斯麦》、保罗·亨恩（Paul N. Hehn）的论文《泛塞尔维亚主义的源头——对伊利亚·加拉沙宁〈略图〉的分析和解释》、杜尚·巴塔科维奇（Dusan T. Bataković）的论文《重评伊利亚·加拉沙宁的〈略图〉》、埃迪斯拉夫·马内托维奇（Edislav Manetović）的论文《伊利亚·加拉沙宁：〈略图〉与民族主义》。②

对 19 世纪后期至 20 世纪初巴尔干社会民主党人有关巴尔干联邦的主张的研究，除对 L. S. 斯塔夫里阿诺斯在前述著述有大量整体性的讨论外，其他主要是对保加利亚社会主义思想的先驱者季米特里·布拉戈耶夫（Dimitar Blagoev）的研究。③ 对 20 世纪 20 年代巴尔干共产党人有关巴尔干联合主张的研究主要集中在巴尔干共产主义联盟及其刊物《巴尔干联邦》上④，其他对于各国共产党及代表人物的巴尔干联邦主张的研究散见于各国共产党历史或相关人物的研究中。

---

① Balázs Trencsényi and Michal Kopeček, eds., *Discourses of Collective Identity in Central and Southeast Europe* (1770 – 1945): *Texts and Commentaries*, Budapest and New York: Central European University Press, 2007, p. 339.

② David MacKenzie, *Ilija Garasanin: Balkan Bismarck*, New York: Columbia University Press, 1985; Paul N. Hehn, "The Origins of Modern Pan – Serbism—The 1844 Nacertanije of Ilija Garašanin: An Analysis and Translation," *East European Quarterly*, Vol. IX, No. 2, 1975, pp. 158 – 169; Dusan T. Bataković, "Ilija Garasanin's Nacertanije: A Reassessment," *Balkanica*, Vol. XXV - 1, 1994, pp. 157 – 160; Edislav Manetović, "Ilija Garasanin: Nacertanije and Nationalism," *The Historical Review*, Vol. 3, 2006, pp. 137 – 173.

③ D. Labelle, "Dmitrii Blagoev in Russia: An Autobiographical Letter," *International Review of Social History*, Vol. 9, No. 2, 1964; Marin Pundeff, "Marxism in Bulgaria before 1891," *Slavic Review*, Vol. 30, No. 3, 1971; John D. Bell, *The Bulgarian Communist Party from Blagoev to Zhivkov*, Stanford California: Hoover Institution Press, 2002; Mercia MacDermott, *Lone Red Poppy: A Biography of Dimiter Blagoev, Founder of the First Marxist Circle in Russia and of the Bulgarian Communist Party*, London: Manifesto Press, 2014.

④ Monsieur Vladimir Claude Fišera, "Communisme et intégration supranationale: La Revue 《 La fédération balkanique 》 (1924 – 1932)," *Revue d'histoire moderne et contemporaine*, tome 34 N°3, Juillet – septembre 1987; Slobodan Karamanić, "Balkan Socialist Confederation, 1910 – 1948," *The International Encyclopedia of Revolution and Protest*, 2009; Nikola Zečević, "The Russian Revolution and its Impact on the Idea of Balkan Union (1918 – 1933): National vs. International," *Trames Journal of the Humanities and Social Sciences*, Vol. 23, No. 3, 2019.

关于 20 世纪 30 年代巴尔干联盟运动的研究，除了希弗多尔·杰什科夫的著作，罗伯特·克纳（Robert J. Kerner）与哈里·霍华德（Harry N. Howard）的《1930~1935 年的巴尔干会议与巴尔干协约国——巴尔干与近东民族的现代史研究》① 是一部较为完整叙述和评论 20 世纪 30 年代的巴尔干会议与巴尔干协约国出台背景、经过及影响的著作，它为研究这一时期的巴尔干联盟运动提供了大量有价值的会议记录以及参与者的记述。有关的论文也有不少，对 20 世纪 30 年代的巴尔干联盟运动进行整体研究的主要是一些硕士学位论文，如霍华德·克拉斯诺夫（Howard R. Krasnoff）的《巴尔干联邦的努力：1929~1935 年》、史蒂芬·比济克（Steven Bizic）的《一个巴尔干联邦的理念：1930~1935 年》以及格伦·富尔纳斯（Glen Furnas）的《巴尔干会议期间的巴尔干国家关系：合作理念的历史（1930~1934 年）》，等等②。学术论文则主要有梅加洛斯·卡洛扬尼（Mégalos Caloyanni）的《巴尔干联盟、巴尔干会议与巴尔干协约》、克里斯汀·伽利岑（Christine Galitzi）的《巴尔干联邦》、爱德华·波伊尔（Edward Boyle）的《走向巴尔干联合》以及斯塔夫里阿诺斯的《巴尔干联邦运动：被忽略的一面》，等等。③ 另外，阿诺德·汤因比（Arnold J. Toynbee）主编的《国

---

① Robert J. Kerner and Harry N. Howard, *The Balkan Conferences and the Balkan Entente 1930 – 1935*, Berkeley: University of California Press, 1936. 还有一些著作对巴尔干会议及巴尔干协约国进行了简要地叙述，参见 L. S. Stavrianos, *The Balkans since* 1453, New York: Rinehart, 1958, pp. 736 – 749; Schacher Gerhard, *Central Europe and the Western World*, London: G. Allen and Unwin, 1936, pp. 94 – 101; Wesley M. Gewehr, *The Rise of Nationalism in the Balkans*, *1800 – 1930*, New York: Henry Holt, 1931, pp. 120 – 122。

② Howard Richard Krasnoff, *The effort for Balkan union*, *1929 – 1935*, M. A. Thesis, University of Nebraska (Lincoln campus), 1951; Steven Bizic, *Idea of a Balkan Federation 1930 – 35*, M. A. Thesis, Kent State University, 1957; Glen Tomlin Furnas, *Balkan Relations in the Era of the Balkan Conferences: A History of the Idea of Cooperation*, *1930 – 1934*, M. A. Thesis, University of Washington, 1985.

③ Mégalos A. Caloyanni, "The Balkan Union, the Balkan Conferences and the Balkan Pact," *Transactions of the Grotius Society*, Vol. 18, 1932; Mégalos A, Caloyanni, "The Balkan Union, the Balkan Conferences and the Balkan Pact," *Transactions of the Grotius Society*, Vol. 19, 1933; Christine Galitzi, "The Balkan Federation," *Annals of the American Academy of Political and Social Science*, Vol. CL XVIII, 1933; Edward Boyle, "Towards Balkan Unity," *Contemporary Review*, Apr. 1937; L. S. Stavrianos, "The Balkan Federation Movement: A Neglected Aspect," *The American Historical Review*, Vol. 48, No. 1, 1942.

际事务概览》丛书对每届巴尔干会议的具体情况均做了叙述。①

还有一些关于某个国家与 20 世纪 30 年代巴尔干联盟运动关系的研究文献。其中，贝赞尼斯·克丽桑丝（Bezanis Crysanthe）的硕士学位论文对希腊在巴尔干会议中的作用进行了分析②，安·卢波兹卡娅（Ann Lubotskaya）根据《巴尔干》（Les Balkans）杂志的记录叙述了希腊与巴尔干联邦的关系③。另外，联合国日内瓦档案馆收藏了大量关于巴尔干社会民主党巴尔干联邦主张以及 20 世纪 30 年代巴尔干会议的档案，可以公开获取。④

关于二战结束前后以保南联邦为基础的巴尔干联邦计划的专题研究并不多，更多的是以苏联与相关国家关系、冷战背景以及地区内部的马其顿问题、科索沃问题、南斯拉夫和阿尔巴尼亚的关系、南斯拉夫和希腊的关系以及南斯拉夫、保加利亚和希腊的关系等视角进行考察。⑤

此外，关于第一南斯拉夫和第二南斯拉夫的研究文献非常多，有关的研究名家也不少。比如，约翰·兰普（John R. Lampe）的《作为历史的南

---

① Arnold J. Toynbee, *Survey of International Affairs 1930*, London: Oxford University Press, 1931; Arnold J. Toynbee, *Survey of International Affairs 1931*, London: Oxford University Press, 1932; Arnold J. Toynbee, *Survey of International Affairs 1932*, London: Oxford University Press, 1933; Arnold J. Toynbee, *Survey of International Affairs 1933*, London: Oxford University Press, 1934; William Miller, "The First Balkan Conference," *Contemporary Review*, Vol. CXXXVIII, 1930; McCullum, E. P., "Recent Balkan Alignments," *Foreign Policy Reports*, Vol. VII, No. 1, 1931.

② Bezanis Crysanthe, *The Role of Greece in the Balkan Conferences*, M. A. Thesis, University of Illinois at Urbana - Champaign, 1946.

③ Ann Lubotskaya, "Greece and the Idea of the Balkan Union According to the Materials of the Magazine 'Les Balkans'," *Historia Actual Online*, Número 11, Otoño, 2006, pp. 33 - 40.

④ 参见 https://biblio - archive. unog. ch/detail. aspx? ID = 167347。

⑤ Adam B. Ulam, "The Background of the Soviet - Yugoslav Dispute," *The Review of Politics*, Vol. 13, No. 1, 1951; Joseph Rothschild, *The Communist Party of Bulgaria: Origin and Development*, New York: Literary Licensing, 1959; Branko Petranović, "Kosovo in Yugoslav - Albanian Relations and the Project of a Balkan Federation," *Academic Conference of the Serbian Academy of Sciences and Arts*, Vol. LXI, No. 20, 1991; Peter Stavrakis, *Moscow and Greek Communism*, *1944 - 1949*, Ithaca, N.Y.: Cornell University Press, 1989; Colonel Woodhouse, *The Struggle for Greece 1941 - 1949*, New York: Ivan R. Dee, 1979; David Close ed., *The Greek Civil War*, *1943 - 1950: Studies of Polarization*, London: Routledge: 1993; Francesca Gori and Silvio Pons eds., *The Soviet Union and Europe in the Cold War*, *1943 - 53*, London: Palgrave Macmillan, 1996; Dimitris Livanios, *The Macedonian Question: Britain and the Southern Balkans 1939 - 1949*, Oxford: Oxford University Press, 2008. 此外，铁托、季米特洛夫、吉拉斯、卡德尔等当事人的回忆录或自述中对此均有提及，此处不做列举。

斯拉夫：两次为国》①、阿列克斯·德拉格尼奇（Alex Dragnich）的《第一南斯拉夫：寻求稳定的政治体制》②、斯蒂芬·克利索德（Stephen Clissold）等的《南斯拉夫简史》③、萨布丽娜·拉梅特（Sabrina P. Ramet）的《三个南斯拉夫：国家构建与合法性》④、德扬·焦基奇（Dejan Djokić）的《南斯拉夫主义：失败的理念（1918~1992）》⑤、维克多·梅尔（Viktor Meier）的《南斯拉夫：死亡的历史》⑥ 以及斯蒂培·梅西奇（Stipe Mesić）的《南斯拉夫的灭亡：一个政治镜像》⑦，等等。至于讨论南斯拉夫的意义以及灭亡原因的学位论文和学术论文更是不胜枚举，此处不一一列举。

四　本书框架与研究方法

意大利历史学家克罗齐曾言："我们不应当把任何历史的开端看成一种绝对的开端，也不应当用一种简单化的方式去设想各个时期，好像它们严格限于它们的一般性质所表示的规定似的。"⑧ 事实上，无论是巴尔干联合还是南部斯拉夫联合的思想早已有之。不过，从思想的系统性以及本书突出强调的"在地化"路径来讲，本书将1797年里加斯提出巴尔干共和国的思想作为开端，把1948年以保南联邦为基石的巴尔干联邦计划的失败视为结束，系统研究这150多年间的巴尔干联合思想与实践及其未能实现的缘由。同时，本书也大体对南部斯拉夫联合进行了同步讨论，并分析了其未能成功的原因。

第一章首先叙述了巴尔干各民族的发展历程以及国家形态的演进，其

---

① John R. Lampe, *Yugoslavia as History*: *Twice There Was a Country*, Cambridge: Cambridge University Press, 2000.

② Alex Dragnich, *The First Yugoslavia*: *Search for a Viable Political System*, Stanford: Hoover Institution Press, 1983.

③ Stephen Clissold ed., *A Short History of Yugoslavia*: *from Early Times to 1966*, New York: Cambridge University Press, 1966.

④ Sabrina P. Ramet, *The Three Yugoslavias*: *State – Building and Legitimation*, *1918 – 2005*, 2006.

⑤ Dejan Djokić, *Yugoslavism*: *Histories of a Failed Idea*, *1918 – 1992*, 2003.

⑥ Viktor Meier, *Yugoslavia*: *A History of its Demise*, London and New York: Routledge, 1999.

⑦ Stipe Mesić, *The Demise of Yugoslavia*: *A Political Memoir*, Budapest: Central European University Press, 2004.

⑧ 〔意〕贝奈戴托·克罗齐：《历史学的理论和实际》，傅任敢译，商务印书馆，2005，第159页。

次介绍了有关巴尔干地区以及南部斯拉夫地区整合的帝国实践。

第二章首先梳理了 1797～1878 年巴尔干革命民主主义者关于巴尔干联合的思想与主张，主要有希腊人里加斯·维列斯迪利斯的巴尔干共和国思想、塞尔维亚人斯维托扎尔·马尔科维奇的巴尔干联邦思想以及保加利亚人留宾·卡拉维洛夫、瓦西尔·列夫斯基与赫里斯托·鲍特夫的巴尔干联邦思想等；然后分析了南部斯拉夫联合的思想与实践，主要有 19 世纪30～40 年代克罗地亚人扬科·德拉什科维奇、路德维特·盖伊和迪米特里亚·德梅特倡导的伊利里亚运动以及 40～60 年代塞尔维亚人伊利亚·加拉沙宁主张的南部斯拉夫联合计划。

第三章主要考察了 1878～1929 年巴尔干社会主义者提出的巴尔干联合主张与理念。其中，巴尔干社会民主党人含糊地提出了旨在解决民族矛盾的巴尔干联邦主张，而共产党人则提出通过无产阶级革命与专政最终建立一个巴尔干苏维联邦共和国的目标。其中，前者重点讨论了保加利亚社会主义先驱季米特里·布拉戈耶夫的思想与实践，后者重点对《巴尔干联邦》刊物从建立到停刊的过程进行了分析。此外，本章对 1918 年塞尔维亚人—克罗地亚人—斯洛文尼亚人王国的建立过程及其在南部斯拉夫联合上的历史意义进行了叙述和分析，并对其先天缺陷和出现的问题进行了探讨。

第四章主要探讨了 1929～1934 年巴尔干国家的一些知识分子和政治家们通过召开半官方的巴尔干会议探索建立一个巴尔干联盟的经历，同时结合两次世界大战期间的历史背景分析了该时期巴尔干联盟运动失败的原因。本章尽可能对巴尔干会议的细枝末节展开叙述，以还原这段极其具有意义的历史片段。

第五章主要叙述了 1944～1948 年作为巴尔干联邦第一步的保南联邦计划的始末，结合大量档案以及当事人的经历进行详尽的描绘，并从内外两个角度评析其未能实现的原因。同时，本章从南部斯拉夫联合的层面叙述了南联邦国家的建立及其意义。至于南联邦后来的发展过程并不是本书的主要关切。

第六章从内外两个层面总结了影响巴尔干联合的因素。其中，内部因素包括文明的多样性与差异性、大民族主义的互斥性以及主导力量与民众基础的缺乏；外部因素则主要表现为大国的拉扯与干预。

　　结语部分从"何以为国"的视角对科索沃是不是主权国家、波黑是否会解体、西巴尔干一词是否必将消失、"开放巴尔干"的提出与南斯拉夫有何关联等看似不相关但实际相互关联的问题进行了解读，以为未来的巴尔干研究留下开放的空间与想象。

　　不可否认，科学研究离不开理论的指导和方法的运用。理论是重要的，但是学者不能拿枯燥的理论吓人，就像学富五车的新式学究，只能成为某种理论的齿轮传动装置。教科书般的思维模式与创造性的思想探索虽然都是头脑的产物，但它们之间的不同就像辞典与珍贵书籍的差异、枯燥教条与奇妙智慧的区别，又如画中的灯火与真实烛光的不同，灯烛的光亮即使微弱如豆，也是颤抖的，是有势力和活力的，有可能照亮前方的道路。① 鉴于这种警示，也是出于笔者对理论有一种与生俱来的不自信，使笔者在书中丝毫不敢执迷于理论的运用，更不敢妄言理论创新，生怕任何一个举动都会成为笑料，好在这本倾向于历史研究的小册子也不太需要严肃的理论来支撑。

　　至于方法，实在不敢贸然单辟一节，因为与严肃的社会科学方法论相比，书中一再强调的长时段历史视野（大历史观）和巴尔干本体立场（地方史全球化）显得随意了许多。然而，不管是因为学位论文（本书基于笔者博士学位论文修订而成）对于方法的要求，还是巴尔干地区研究所具有的方法论意义，笔者还是想介绍一下本身使用的方法以及对于方法的看法。

　　这里的方法包括工具性的研究方法和思维性的研究方法。首先说工具性的研究方法。由于研究对象所具有的特点，本书运用了历史分析方法，在历史研究中考察人物行为和历史事件，试图在描述和分析过程中得出一般性结论与观点。同时，历史分析方法的落脚点要基于对历史文献的查阅、引用和解读。本书尽可能地利用有关会议记录、档案以及重要人物的回忆录，对这些资料进行认真的鉴别和整理。遗憾的是，由于笔者只能粗浅地使用一些塞尔维亚语或克罗地亚语的材料，大量档案特别是希腊语、保加

---

　　① 郭小聪：《守夜人与夜莺：国际关系领域的文化思考》，北京大学出版社，2014，第279～280页。

利亚语、罗马尼亚语、土耳其语的材料以及德语、法语、俄语的有关研究未能在其中有所反映。另外，本书还使用了比较研究法。这种方法广泛运用于对社会进化与历史变迁的研究中，"尤其适合用来建立对本身只有少数案例的宏观历史现象的解释"①。这种比较的目的是寻求共同性或"在其个性中更为准确地把握历史对象并把之与其他历史对象相互区别开来"②。相对于巴尔干战争与冲突的研究来说，巴尔干和平与联合的研究并不多见，这既是一类现象的纵向共性比较，也是两类现象之间的差异比较。

其次，说说思维性的研究方法，笔者称其为"作为方法的方法"。如前所述，长期以来，有关巴尔干问题的研究是以欧美/欧盟的视角为主，以巴尔干地区为维度的研究直到近些年才陆续出现。这一点不难理解，在近现代化进程中，处于落后国家的政治精英将重点放在"超/赶"发达国家上，知识精英则往往将所有事物的基本参照系置于欧美经验之上。③ 近年来，本土的思维方式、区域的解释路径崭露头角④，越来越多的学者（尤以巴尔干地区的学者为甚）发现"超/赶"的知识路径已经走到尽头，该是调整方向的时候了。于是，他们转换研究路径，日益重视和强调巴尔干地区的本体性以及地区与大国的互动关系。不妨将这种以巴尔干为本体、以在地化为视角的学术自觉与意识称为"作为方法的巴尔干研究"。从这一点上说，深受爱德华·萨义德（Edward Said）东方主义叙事路径影响的玛莉亚·托多洛娃的贡献巨大。托多洛娃在1997年出版的《想象的巴尔干》一书中提出了"巴尔干主义"（balkanism）的概念。她将"巴

---

① 〔美〕西达·斯考切波：《国家与社会革命：对法国、俄国和中国的比较分析》，何俊志、王学东译，上海世纪出版集团，2007，第37页。

② 参见〔德〕哈特穆特·凯博《历史比较研究导论》，赵进中译，北京大学出版社，2009，第5页。

③ 〔印度〕杜赞奇：《历史意识与国族认同：杜赞奇读本》，上海人民出版社，2013，序言第7页。

④ 近年来，国际学术界改变"以欧美作为方法"的尝试不断涌现，特别是将"印度作为方法"、将"中国作为方法"、将"亚洲作为方法"已经成为比较有影响力的知识路线。南方日报出版社出版的"从西天到中土：印度新思潮读本"系列译作、日本学者沟口雄三提出的"作为方法的中国"、日本已故中国研究专家竹内好和中国台湾学者陈光兴提出的"'亚洲'作为方法"都是有力的尝试。

尔干主义"与爱德华·萨义德诠释的东方主义（orientalism）进行了区分，认为前者不是后者的亚类别或者说是东方主义在巴尔干的变种。① 与东方主义不同，巴尔干主义有明确的历史与地理边界，没有殖民主义历史，有着确定的叙事本体而不仅具有隐喻功能。② 在此基础上，托多洛娃试图找到一个独特的巴尔干叙事逻辑与框架。在她看来，奥斯曼帝国的历史遗产是巴尔干性（balkanness）的显著特征，它是巴尔干民族主义的重要基石，它的消失即巴尔干国家的全部欧洲化。③ 从一定意义上说，托多洛娃对巴尔干的"想象"就是建立在奥斯曼遗产之上的，而她认为巴尔干性的消失即欧洲化的加强。这种关于巴尔干与欧洲关系的分析逻辑具有重要的方法论价值。

托多洛娃的开创性研究已经在学术界产生广泛影响，有关巴尔干性、巴尔干主义、巴尔干地区自主等讨论层出不穷。塞尔维亚学者杜尚·比杰利奇（Dušan I. Bjelić）和奥布拉德·萨维奇（Obrad Savić）是其中突出的代表。他们共同主编的《作为隐喻的巴尔干：介于全球化与碎片化之间》一书汇集了十多位主要来自巴尔干国家学者对"巴尔干主义""巴尔干认同"等问题的思考。④ 这些作者沿用了萨义德关于东方主义的表述逻辑来解析巴尔干主义，但和托多洛娃一样并不认为巴尔干主义是东方主义的亚类别。与东方主义的被动表述不同，巴尔干主义还包括主观互动的过程。⑤ 需要提到的是，有学者研究指出，早在 19 世纪中后期和 20 世纪初就有不少旅行家提出了"巴尔干主义"的概念。⑥ 但显然，在那个时候，从这个视角加以研究是不现实的。在托多洛娃的阐发后，有关"巴尔干主义"的讨论逐

① Maria Todorova, *Imagining the Balkans*, New York: Oxford University Press, 2009, p. 8. 该书中译本请参见〔美〕玛莉亚·托多洛娃《想象巴尔干》，李建军译，世界知识出版社，2020。

② Maria Todorova, *Imagining the Balkans*, New York: Oxford University Press, 2009, p. 194.

③ Ibid., p. 199.

④ Dusan I. Bjelic and Obrad Savic, eds., *Balkan as Metaphor: Between Globalization and Fragmentation*, Cambridge: The MIT Press, 2005.

⑤ Ibid, pp. 4 – 6.

⑥ Andrew Hammond, "The Uses of Balkanism: Representation and Power in British Travel Writing, 1850 – 1914," *The Slavonic and East European Review*, Vol. 82, No. 3, 2004, pp. 601 – 624.

渐增多，还与具体的国别或案例进行了结合。① 有意思的是，同样是来自保加利亚的迪安娜·米什科娃（Diana Mishkova）等学者新近提出超越巴尔干主义的说法，以"从内向外"（inside - out）的维度来考察和评估巴尔干地区的思想与实践史。② 随即，这一提法就引发了学术界的广泛讨论。③

从学术研究回到现实世界可以发现，这些讨论的发生主要来自两个原因：一个原因是如今的学者（多来自巴尔干地区）既没有政治压力，又可大胆使用西方新的学术理论和方法；④ 另外一个原因则是冷战结束后巴尔干国家首次拥有自主选择发展的机会与环境，而巴尔干国家融入欧洲一体化的进程并不如想象得那么一帆风顺，"实际存在的巴尔干"与西方世界"想象的巴尔干"之间的张力始终存在，同时地区自主的声音和行动也越来越多。可以想见，巴尔干因为区域的独特性已成为学术研究的宝藏和思想的源泉。以巴尔干为方法，或将越来越成为巴尔干研究不可或缺甚至是必然的路径。

---

① Patrick Hyder Patterson, "On the Edge of Reason: The Boundaries of Balkanism in Slovenian, Austrian, and Italian Discourse," *Slavic Review*, Vol. 62, No. 1, 2003, pp. 110 - 141; Elissa Helms, "East and West Kiss: Gender, Orientalism, and Balkanism in. Muslim - Majority Bosnia - Herzegovina," *Slavic Review*, Vol. 67, No. 1, 2008, pp. 88 - 119; Alina Curticapean, "Bai Ganio and Other Men's Journeys to Europe: the Boundaries of Balkanism in Bulgarian EU - Accession Discourses," *Perspectives*, Vol. 16, No. 1, 2008, pp. 23 - 56; Ioana Szeman, "'Gypsy Music' and Deejays: Orientalism, Balkanism, and Romani Musicians," *TDR*, Vol. 53, No. 3, 2009, pp. 98 - 116; Andrew Sawyer, "National Museums in Southeast Europe: (En) countering Balkanism?" *International Journal of Politics, Culture, and Society*, Vol. 27, No. 1, 2014, pp. 115 - 127.

② Diana Mishkova, *Beyond Balkanism: The Scholarly Politics of Region Making*, London: Routledge, 2018.

③ Guido Franzinetti, John Breuilly, Béatrice von Hirschhausen, Sabine Rutar and Diana Mishkova, "Reflecting on Diana Mishkova's Beyond Balkanism. The Scholarly Politics of Region Making," *Comparative Southeast European Studies*, Vol. 68, No. 3, 2020.

④ 萨义德在《东方学》和拉里·沃尔夫（Larry Wolff）在《发现东欧》中都提出了这样的看法。

作为本质的统一体，血缘共同体发展着，并逐渐地分化成地缘共同体；地缘共同体直接地体现为人们共同居住在一起，它又进一步地发展并分化成精神共同体，精神共同体意味着人们朝着一致的方向、在相同的意义上纯粹地相互影响、彼此协调。

——〔德〕斐迪南·滕尼斯：《共同体与社会》（2020），第 87 页。

历史是一个过程，你不能一点点分裂这一过程，单独地研究每一部分……任何事情都完全是相互关联的。

——〔英〕E. H. 卡尔：《历史是什么？》（2007），第 37 页。

第一章
巴尔干民族、国家演化与区域整合

英国历史学家艾伦·帕尔默在讨论夹缝中的东欧地区时指出："长期以来东欧各族人民把死的历史当作现时的政治。"① 另外两位英国学者罗伯特·拜德勒克斯和伊恩·杰弗里斯对巴尔干和中欧历史进行长期研究后也发出感叹：遥远的过去对现今越来越复杂的问题具有的影响力在这一地区尤为明显。② 原因何在呢？诚如中国已故知名欧洲问题研究专家陈乐民先生所指：只要打开巴尔干地区的地图，就不难直观地发现，民族的交错、纠纷的严重程度是非常惊人的。③ 这片区域的民族或国家④在历史上遭遇的诸多不幸，特别是由此联想到的纷乱与冲突使得人们惯常将此定义为其历史形象或遗产。因此，对巴尔干民族以及国家形态的演化做一交代，有助于厘清和还原巴尔干民族所经历与发生的一切。

第一节　巴尔干主要民族分布及其交融

从一开始，人们并没有将这片区域称作巴尔干，至少"两百年前，它们都尚未成形。那时它不被称为巴尔干，而是奥斯曼土耳其人统治下的

---

① 〔英〕艾伦·帕尔默：《夹缝中的六国——维也纳会议以来的中东欧历史》，第26页。
② 参见〔英〕罗伯特·拜德勒克斯、〔英〕伊恩·杰弗里斯《东欧史》（上册），韩炯等译，东方出版中心，2018，前言第2页。
③ 陈乐民：《欧洲——分与合，衰落与中兴》，载资中筠主编《冷眼向洋：百年风云启示录》（上卷），三联书店，2001，第431页。
④ 这里所指的国家具体说来是民族国家，它是近代以来的概念，是指资产阶级革命后建立起来的区别于以前的帝国、王国、公国等形态的现代理性国家。

'鲁米利'，征服自原来拜占庭帝国的'罗马'土地"①。而且，"至少在土耳其人提出'巴尔干'概念以前没有人将该半岛视为一个整体"②。这就意味着，要研究这块区域的历史至少要从奥斯曼土耳其人占领后开始，而这块区域曾经的主人是比土耳其人还要早的罗马人以及其他民族。所以，当我们回眸这个东南欧半岛各种不同历史遗产的时候，一般要从古希腊文化时期说起。③

马克思、恩格斯指出："人是全部人类活动和全部人类关系的本质、基础……历史不过是追求着自己目的的人的活动而已。"④ 也就是说，研究历史，人的活动是主线。人具有类属性和集体身份，由无数居住在共同地域，拥有共同语言、共同经济生活以及共同心理文化特征的单个人构成的人们共同体形成了民族。进入近代以来，虽然有关民族的定义充满争议，但并不能否定它已成为考察人类历史发展进程和理解政治社会变迁的一个关键词。民族是"想象的政治共同体——并且，它是被想象为本质上有限的，同时也享有主权的共同体"⑤，近代主权概念产生后，民族国家的形态也相继出现。在民族国家的形成过程中，其成员利用从"前民族主义时代继承过来的文化、历史和其他方面的遗产，把它们作为自己的原材料"⑥，建构起一种共同的认同意象和身份。巴尔干各主要民族同样经历了这样的过程，只不过它们建立民族国家的时间有先有后——在一定意义上说这个进程至今尚未结束，其疆域与想象的或大体相当，或存有出入。

众所周知，巴尔干半岛是一个多民族的大熔炉。⑦ 历史上，有许多民族来到这个舞台，或成为来去匆匆的过客，或成为占据舞台中心的主角，或

---

① 〔英〕马克·马佐尔：《巴尔干：被误解的"欧洲火药库"》，第1页。
② 陈志强：《巴尔干古代史》，绪论第5页。
③ 转引自〔保〕亚历山大·利洛夫《文明的对话：世界地缘政治大趋势》，第182页。
④ 《马克思恩格斯全集》第2卷，人民出版社，1957，第118~119页。
⑤ 〔美〕本尼迪克特·安德森：《想象的共同体：民族主义的起源与散布》，吴叡人译，上海人民出版社，2003，第5页。
⑥ 〔英〕厄内斯特·盖尔纳：《民族与民族主义》，韩红译，中央编译出版社，2002，第65页。
⑦ 国内外很多学者将（中）东欧和巴尔干民族复杂的现象称为马赛克，并多从其否定层面来解读它。本书认为，这应该是近现代以来的情况。一开始尤其是斯拉夫人入主这一地区以后，巴尔干各民族之间总体上保持着比较融洽的关系，尤其是南部斯拉夫各民族之间。因此，当时巴尔干半岛的民族状况应该是一个大熔炉。在法国学者德尼兹·加亚尔等著的《欧洲史》中，他们也是用种族和文化熔炉来形容欧洲的，参见〔法〕德尼兹·加亚尔等《欧洲史》，蔡鸿滨、桂裕芳译，海南出版社，2000，第5页。

变为摇旗呐喊的小角色。有的长期称霸半岛，有的游离于核心区域，有的日益强盛繁衍至今，有的则自生自灭没有留下历史踪迹。① 在现存的民族中，有一部分是半岛的土著民族，如阿尔巴尼亚人，其祖先是伊利里亚人（Illyrians）；另一部分是迁徙至此的"外来人"，其中最主要的是南部斯拉夫人。② 这些民族相互交融、汇合、纷争，发展至今构成了半岛纷繁复杂的民族分布格局：希腊人在南部，阿尔巴尼亚人在西部，罗马尼亚人在东北部，斯拉夫人则居住在从亚得里亚海到黑海的广阔地带，③ 土耳其人④在第一次世界大战后建立的现代土耳其国家分布在半岛的东南部和东南方向。⑤

在民族大迁徙时代，哥特人（Goths）⑥、匈奴人（Huns）⑦ 和阿瓦尔人（Avars）先后来到巴尔干半岛。在 6 世纪前期甚至更早一些时候，斯拉夫人南下至巴尔干半岛，但他们"并不以占据地盘为目的，他们只满足于掠夺财物、牲畜和奴隶，然后就返回多瑙河北岸"⑧。6 世纪下半叶，尤其是拜占庭皇帝查士丁尼一世（Justinian Ⅰ）去世后，帝国发生混乱，斯拉夫人大举入侵，从此斯拉夫人"在这里再不是来去匆匆的掠夺者，而成了长住的

---

① 陈志强：《巴尔干古代史》，前言第 1 页。
② 参见马细谱、辛田编著《古代斯拉夫人》，商务印书馆，1986，第 8～9 页。
③ 参见〔美〕斯塔夫里阿诺斯《全球通史：1500 年以前的世界》，吴象婴、梁赤民译，上海社会科学院出版社，1988，第 320 页。
④ 这是 1923 年土耳其共和国建立后的叫法。同样是这一族群，他们在 1923 年以前属于奥斯曼帝国这个政治体，也是该帝国的建立者，但帝国的上层自称"奥斯曼人"，对那些操突厥语不同方言的农民则蔑称为"土耳其人"。参见昝涛《现代国家与民族建构：20 世纪前期土耳其民族主义研究》，生活·读书·新知三联书店，2011，第 7 页。
⑤ 此外，在巴尔干半岛北部和西部还有匈牙利、奥地利和意大利人居住区，以及分散各地的犹太人、吉卜赛人，但他们都不是当地的古代居民，还因为他们不是现代巴尔干国家的主体民族，因此不被论及。
⑥ 东日耳曼人部落的一个分支部族，从 2 世纪开始定居在斯基泰、达契亚和潘诺尼亚。5～6 世纪时，分裂为东哥特人和西哥特人。两个部族建立的国家在 6～8 世纪灭亡。
⑦ 在学界，关于匈牙利人（Hungarian）与匈奴关系的争论一直存在。详情可参见蒲彩军《匈奴与匈牙利人的渊源》，《中学历史教学参考》1999 年第 4 期；方毓强《匈牙利人与匈奴关系的历史之谜》，《上海采风》2006 年第 10 期；张林初《匈牙利人是匈奴后裔吗?》，《世界文化》2007 年第 10 期；余太山《古代地中海和中国关系史研究》，商务印书馆，2012，第 234～274 页。
⑧ 马细谱、辛田编著《古代斯拉夫人》，第 19 页。

居民"①。到 7 世纪初，阿瓦尔人昙花一现的强大势力被斯拉夫人推翻，这片土地因而就为后者腾空了。② 至此，斯拉夫人成为巴尔干半岛上真正的主人。他们逐渐与当地不同的土著居民相融合，形成了诸多南部斯拉夫民族，进而改变了巴尔干半岛的民族版图。其中，斯洛文尼亚人、克罗地亚人和塞尔维亚人在 7 世纪前半期先后由北方进入巴尔干地区；"融有匈奴、乌克兰和突厥人血统的保加尔人一支，于公元 679 年越过多瑙河进入巴尔干半岛，他们建立了保加利亚王国，在奴役统治当地斯拉夫人的同时自身也融解于斯拉夫人中"③。这样，从地理分布来看，南部斯拉夫人大体分为聚居于亚得里亚海岬角的斯洛文尼亚人、聚居于德拉瓦河与亚得里亚海之间的克罗地亚人、聚居于亚得里亚海和多瑙河之间巴尔干半岛中部的塞尔维亚人、聚居于黑海西岸地区的保加利亚人。④

接下来将对这些民族的历史进程及民族国家的形成做一概要回溯。公元 6 世纪，斯拉夫人来到今天斯洛文尼亚及其北部地区并且形成了后来的斯洛文尼亚人，他们是最先随同阿瓦尔人来到巴尔干半岛的南部斯拉夫人，由于居住在阿尔卑斯山区（the Alps），因而也被称为阿尔卑斯斯拉夫人。⑤ 随后，斯洛文尼亚人"以克拉尼为首都（后迁至卢布尔雅那）建立了卡林西亚公国"⑥，是南部斯拉夫人建立的第一个独立国家，一直存在到 8 世纪中期，此后臣服于法兰克帝国。⑦ "在后来发展的历史中，斯洛文尼亚人与

① 马细谱、辛田编著《古代斯拉夫人》，第 19 页。关于斯拉夫人似乎仅遭遇相对微弱的抵抗便成功在巴尔干半岛扎根，不少学者将其归因于当时发生的一系列鼠疫致使拜占庭帝国人口大幅下降。参见 E. Biraben, J. N., and J. LeGoff, "The Plague in the Early Middle Ages," in E. Forster and O. Ranum, eds., *Biology of Man in History*, Baltimore, MD: John Hopkins University Press, 1975, pp. 62 - 71; Warren Treadgold, *A History of the Byzantine State and Society*, Stanford: Stanford University Press, 1997, pp. 216 - 278. 同时，也有学者指出，波斯人和阿拉伯人的威胁在客观上有助于斯拉夫人入侵和定居巴尔干。参见〔英〕罗伯特·拜德勒克斯、〔英〕伊恩·杰弗里斯《东欧史》（上册），第 73 页。

② John Bagnell Bury, *A History of the Later Roman Empire from Arcadius to Irene* (395 - 800 *AD*), Vol. Ⅱ, London and New York: Adamant Media Corporation, 2000, p. 114.

③ 郝时远：《帝国霸权与巴尔干"火药桶"》，第 9 页。

④ 同上，第 8~9 页。

⑤ 孔寒冰：《东欧史》，上海人民出版社，2010，第 49 页。

⑥ 刘祖熙主编《斯拉夫文化》，浙江人民出版社，1993，第 374 页。

⑦ 参见汪丽敏编著《列国志·斯洛文尼亚》，社会科学文献出版社，2006，第 44~45 页。

日耳曼人构成的奥地利有着密切的关系，绝大多数斯洛文尼亚人分布在哈布斯堡王朝统治下的奥地利两个行省的几个单独行政区里"①，直到1918年一战结束后才与克罗地亚人和塞尔维亚人联合组成独立的国家。

几乎在同一时期，克罗地亚人从今天乌克兰的下多瑙河谷地开始西迁，到7世纪初到达今天的克罗地亚一带，并逐渐走上独立的道路。对克罗地亚独立和强盛的进程，有学者进行了比较细微的总结："880年布拉尼斯拉夫（约800～892年）成为第一个独立的克罗地亚大公，克罗地亚国家诞生……925年托米斯拉夫大公（约910～930年在位）始称国王。在国王佩塔尔·克雷希米尔统治期间（约1059～1074年），克罗地亚走向鼎盛。其疆域北达德拉瓦河，东抵德里纳河，南边的亚得里亚海岸从伊斯特拉的拉沙河一直延伸到门的内哥罗境内的塔拉河与皮瓦河流域。"② 不过，存在两个世纪的王国由于1089年国王死后无嗣引起贵族之间的长期斗争而陷入混乱，之后被并入匈牙利，后又随匈牙利遭受哈布斯堡王朝和奥匈帝国的统治，直到1918年，克罗地亚人才与斯洛文尼亚人、塞尔维亚人共同组建新的国家。

稍晚些时候，大约在7世纪中期，活动在潘诺尼亚（Pannonia）地区以北的塞尔维亚人应拜占庭皇帝的邀请开始向巴尔干半岛中部地区迁移并定居下来，其范围"约在西自迪拉纳阿尔卑斯山脉和东至莫拉瓦河之间，南至杜克利亚，北到多瑙河与萨瓦河之间"③。随着塞尔维亚人数量的增加以及这一地区自然资源的缺乏，他们逐渐向南部和西部扩张。向外扩张势必与其强邻发生冲突，尤其是与保加利亚发生纷争。所以，"塞尔维亚国家是在同强邻保加利亚的拜占庭做长期斗争中形成的"④。出于对拜占庭帝国文化的敬仰，更多是出于自身生存的需要，塞尔维亚人在10世纪前后与拜占庭保持着良好的关系，"他们在克罗地亚和保加利亚两国之间一直通过保持与拜占庭人的稳定关系来维持自身利益，并获得了成功"⑤。11世纪，塞尔

---

① 孔寒冰：《东欧史》，第49页。
② 张世满：《试析克罗地亚走向独立的历史进程》，《世界历史》1997年第4期。
③ 章永勇编著《列国志·塞尔维亚和黑山》，社会科学文献出版社，2005，第36页。
④ 刘明翰主编《世界史》，人民出版社，1986，第145页。
⑤ 陈志强：《巴尔干古代史》，第343～344页。

维亚人的实力进一步增强，在巴尔干半岛事务中发挥越来越重要的作用。他们在斯库台湖周围直到亚得里亚海滨的科托尔湾之间活动，势力范围向南伸展到阿尔巴尼亚北部山区，向东深入蒙特内哥罗山区。[①] 塞尔维亚实力的增强以及拜占庭帝国实力的相对衰弱为塞尔维亚人摆脱拜占庭的控制提供了机会，双方的军事对抗开始频频发生。不过，塞尔维亚人进入巴尔干半岛以后的五个世纪中，乃是各以一个"茹潘"[②]为首的许多氏族（克兰）之间的斗争史，[③] 他们视时局需要与拜占庭帝国时而结盟，时而对抗，出现了泽塔（Zeta）和拉什卡（Rascia）两大力量中心。这种分散的局面直到12世纪后期才发生变化，这也弱化了其对抗拜占庭的力量。1169年，斯蒂芬·尼满雅（Stefan Nemanya）成为拉什卡的大茹潘，中世纪的塞尔维亚帝国即由尼满雅王室以拉什卡为起点建立起来。[④] 尼满雅王朝在斯蒂芬·杜尚（Stefan Dušan）时期达到鼎盛。杜尚帝国所达到的成就甚至使其与拜占庭帝国平起平坐，共享"塞尔维亚—拜占庭帝国"的称谓。[⑤] 杜尚去世后，塞尔维亚国家实力急速下降，不久又分裂成众多的小国。与此同时，奥斯曼土耳其人大举侵入，开始了对塞尔维亚人长达近500年的全面统治。1878年，塞尔维亚的独立获得承认。1882年，塞尔维亚王国成立。一战结束后，塞尔维亚人与其他南部斯拉夫人共同组建了南斯拉夫国家。

可见，南部斯拉夫人以"外来者"的身份扎根巴尔干半岛并成为该地区的主人已经有十几个世纪了，他们在封建化、现代化和国际化的洗礼中分分合合，到第一次世界大战结束时成为一个整体。随之建立起来的南斯拉夫国家又先后经历了王国和社会主义联邦国家时期，并从20世纪80年代末又开始了长达20年的分离冲突进程，至今仍没有看到完全终结的迹象。联想最初南部斯拉夫人来到巴尔干半岛并分布在各地的情景，历史好像走

① 陈志强：《巴尔干古代史》，第344页。蒙特内哥罗多称为门的内哥罗。

② 茹潘是当时塞尔维亚各公国统治者的称谓。

③ 〔英〕斯蒂芬·克利索德主编《南斯拉夫简史》，黑龙江大学英语系翻译组译，黑龙江人民出版社，1976，第138页。

④ 同上，第142~143页。

⑤ Aleksandar Ignjatović, "Byzantium's Apt Inheritors: Serbian Historiography, Nation – Building and ImperialImagination, 1882 – 1941," *The Slavonic and East European Review*, Vol. 94, No. 1, 2016, p. 66.

过了一个轮回，他们似乎再次回到了原初状态，这真是一个耐人寻味的现象。

除了斯洛文尼亚人、克罗地亚人和塞尔维亚人，在巴尔干半岛还有一个被同化了的斯拉夫民族，即保加利亚人。作为一个自中亚地区迁徙进入巴尔干半岛的外来民族，保加利亚人有着比其他外来民族更为复杂多样的历史，他们先后经历了"斯拉夫化"和"拜占庭化"两个过程。①

保加利亚土地上最早的居民是色雷斯人（Thracians），他们在这里生活了数个世纪，直到公元前 2 世纪被罗马人征服。又过了几个世纪，在斯拉夫人南下的冲击和影响下，当地的色雷斯人开始了斯拉夫化。几乎与此同时，巴尔干半岛上的原始保加利亚人也活跃起来。他们属于突厥人种，2 世纪时同其他一些突厥族部落一起从中亚细亚来到欧洲，定居在里海和黑海之间的地区，分成数个部落，被称为"保加尔人"。② 此后，他们先后加入匈奴人和土耳其人的部落联盟，到 6 世纪末自立出来，并组建成一个"大保加利亚"部落联盟。7 世纪上半叶，"大保加利亚"分裂成数个部落，其中的阿斯巴鲁赫（Asparuch）实力迅速壮大，并与"斯拉夫七部落联盟"的南斯拉夫贵族达成协议，共同建立一个斯拉夫 - 保加利亚国家（Kingdom of Slav - Bulgaria）。这个在历史上被称为第一保加利亚王国的国家于 681 年建立。它的建立至少带来了两个方面的影响。其一，"推动了巴尔干半岛斯拉夫人和原始保加利亚人在政治和民族上的团结，为保加利亚民族的形成奠定了基础"③。在此后的几个世纪里，原始保加利亚人逐渐被同化，成为纯粹的斯拉夫人，其国家也渐渐发展成近现代的保加利亚国家。其二，"这是拜占庭帝国历史上第一次将巴尔干半岛重要部分的主权让渡出去，是罗马人的耻辱"④。保加利亚人的兴起和保加利亚国家的建立改变了巴尔干半岛的政治格局，半岛从此"进入了两强对抗和群雄逐鹿的历史阶段"⑤。

---

① 陈志强：《巴尔干古代史》，第 187 页。

② 参见〔保〕科谢夫等《保加利亚简史》，黑龙江大学英语系翻译组译，黑龙江人民出版社，1974，第 23 页。

③ 刘祖熙主编《斯拉夫文化》，第 302~303 页。

④ Dimitri Obolensky, *The Byzantine Commonwealth*, *Eastern Europe 500 - 1453*, Crestwood, N. Y. : St Vladimir's Seminary Press, 1971, p. 64.

⑤ 陈志强：《巴尔干古代史》，第 193 页。

第一保加利亚王国对拜占庭帝国构成了威胁，但在社会发展、文明程度等方面明显逊色于拜占庭帝国。正是认识到这一点，保加利亚人在与强大的拜占庭帝国进行对抗的同时，也加紧向其学习。9世纪，保加利亚人仿照拜占庭帝国建立起国家机构、制度，皈依基督教，仿效拜占庭的法制，学习拜占庭的文学，采用拜占庭的宗教绘画和宗教建筑等，逐渐实现"拜占庭化"。第一保加利亚王国在9~11世纪与拜占庭帝国时战时和的过程中逐渐强大起来，到西美昂一世（Simeon Ⅰ）统治时期其国力达到了鼎盛。但它的兴盛时间并不长，在内忧外患的冲击下于1018年被拜占庭所灭。此后，在拜占庭帝国相对衰落的进程中，保加利亚人不满其残酷的统治频繁发动起义，于1185年建立了保加利亚第二帝国（the Second Bulgarian Empire）。在这一时期，保加利亚在社会、经济、文化等领域获得长足发展，直到14世纪中期国家再次陷入分裂，各种矛盾凸显，最终被奥斯曼土耳其人所灭，与其他巴尔干民族一同进入数百年的奥斯曼帝国统治时期。到19世纪70年代，保加利亚人在俄国的帮助下获得独立，建立了保加利亚王国。此后，保加利亚经历了多次国家形态——从王国到社会主义人民共和国再到共和国——的变化，但从民族以及地理区域上看并没有出现大的变动（一战和二战结束后有部分领土变动）。

在巴尔干半岛，除了南部斯拉夫民族外，还有四个重要的非斯拉夫民族，他们是希腊人、罗马尼亚人、阿尔巴尼亚人和土耳其人。其中，希腊人自成一族，罗马尼亚人是达契亚-罗马人的后裔，阿尔巴尼亚人是古伊利里亚人的后裔，土耳其人则是突厥族的一个部落。

相比其他巴尔干民族来说，希腊人较早形成民族意识与民族认同。公元前3000年末到公元前2000年初，埃奥利亚人（Aeolians）、爱奥尼亚人（Ionians）、亚该亚人（Achaeans）和多利安人（Dorians）进入希腊半岛，并于公元前1000年前后定居于此，由此成为现代希腊人的祖先。[①] 这些民族征服并同化了当地的居民后，逐渐形成了希腊民族的自我认同，自称为"希伦人"（Hellenes）[②]。这个时期，希腊进入了城邦国家时代。然而，随着

---

① 参见宋晓敏编著《列国志·希腊》，社会科学文献出版社，2008，第45页。

② 希腊人认为其始祖是传说中的希伦。

希腊城邦制度的没落，各城邦国家的命运也发生了变化，从此前城邦之间的争夺转向受制于外族的统治。这发生在公元前 146 年，希腊全境落入罗马的管辖，在后来分裂的东罗马帝国中希腊成为一个省区。希腊人也不再称自己为"希伦人"，而改称为"罗美伊人"（Romaioi），意为"罗马帝国的臣民"或"罗马帝国的希腊人"。① 拜占庭帝国的希腊人之所以称自己为罗马人，是因为从政治上说，他们所属的帝国是罗马帝国在东方的延续。即便在 1453 年罗马帝国灭亡以及君士坦丁堡成为奥斯曼土耳其帝国的都城后，他们依然使用"罗马人"这个称谓。因此，直到 19 世纪初期，现代希腊语都被称为"罗马语"（Romaic），而不是"希腊语"（Greek）。② 在 19 世纪 20 年代开始的独立战争和民族解放运动中，第一希腊共和国（First Hellenic Republic）于 1822 年到 1827 年存在了 5 年。从 1822 年开始，官方就一直使用"Hellene"，包括国名。它更是一个对外使用的术语，对外确定了希腊人的含义。而"Romaioi"这个词从未出现在护照或政府文件上，逐渐变成了非官方的、希腊人自我称呼的更加亲切的表达用语。③ 至于"Greeks"，既称呼这个地区的古老民族，也称呼这个地区当今的人们。

从民族关系的角度讲，拜占庭统治下的希腊地区先后遭到一些部族的侵扰，尤其是哥特人，他们曾侵入希腊半岛，但没有在此定居下来。6 世纪，斯拉夫人的南下在对希腊社会生活造成影响的同时，其也在大规模定居下来后被渐渐同化成为希腊民族的一部分。此后，还有其他民族如保加利亚人、瓦拉几亚人、阿尔巴尼亚人以及土耳其人等相继融入希腊民族。

希腊人的民族意识再次被唤醒是在奥斯曼帝国统治的衰落时期。在奥斯曼帝国统治下的希腊作为一个行政省受辖。从 17 世纪开始，帝国对各个行省的控制力越来越弱，与此同时，希腊人在商业、航运等事业上的成功，培育了一大批新的商业阶层和贵族集团。他们为传播西方先进的理念、启蒙希腊人民的民族意识做出了贡献。到 18 世纪，大量世俗学校在希腊建立，

---

① 参见〔英〕A. 休特利等《希腊简史》，中国科学院世界历史研究所翻译小组译，商务印书馆，1974，第 64 页。

② 〔英〕罗德里克·比顿：《希腊三百年》，姜智芹、王佳存译，中信出版集团股份有限公司，2021，第 XIII - XIV 页。

③ 同上，第 XV - XVI 页。

西欧启蒙运动和法国大革命的思想强烈影响着希腊的教育、文学和社会生活。进入 19 世纪，希腊人继塞尔维亚人后投身民族独立运动，以摆脱奥斯曼帝国的统治，其结果是 1832 年希腊王国的成立，但其国王由英国、俄国、法国协议后的巴伐利亚奥托王子担任。此后的希腊朝两个方向前进：一个是收复领土，解放土耳其统治下的希腊；另一个是真正迈向民主政体。后一个进程直到 1974 年才真正完成。从时间上讲，希腊是最早从奥斯曼帝国统治下解放出来的国家，希腊人也较早与西欧接触，希腊文明本身就是欧洲文明的摇篮，加之其完成了民主转型，所以 1981 年它成为巴尔干地区中第一个加入欧共体的成员国也就不难理解了。

尽管"罗马尼亚人"的提法首见于 9 世纪的拜占庭作品，但罗马尼亚人的祖先可能是巴尔干半岛北部地区最古老的民族达契亚人（Dacians）[①]，他们作为当地土著居民早在罗马征服以前就生活在该地区[②]。大约公元前 1 世纪，布雷比斯塔斯（Burebistas）成功地将散居在喀尔巴阡山地区、多瑙河流域、尼斯特鲁河流域以及巴尔干山等地区的各部族统一起来，建立起第一个中央集权和独立的达契亚奴隶制国家。但是，"由于存在的时间比较短，还由于此时的达契亚人与后来的罗马尼亚人还有区别，这个国家通常并不被视为罗马尼亚人最早的国家"。[③] 布雷比斯塔斯去世后，达契亚又陷入了分裂，然而更大的威胁来自罗马人的入侵，双方的摩擦和冲突时常发生。公元 106 年，达契亚人被罗马人征服，随后开始了"罗马化"进程，他们使用拉丁语，越来越少使用达契亚语，还接受了罗马的信仰，也就是接受了基督教。从此，达契亚人和定居于此的罗马帝国居民融合成为一个民族，自称罗马尼人（Romani），意即从罗马来的人，成为罗马尼亚的主要

---

① 亦称盖特－达契亚人，它由两部分人组成。习惯上，将主要居住在北部喀尔巴阡山区和特兰西瓦尼亚高原的部族称为达契亚人，而将居住在南部多瑙河平原的部族称为盖特人。达契亚人和盖特人的血缘、语言、习俗和信仰相同，不同的名称只是他们居住的地区不同，以及希腊和罗马对他们的称呼不同所致。在古希腊时代，希腊人把他们经常接触的居住在较南部的盖特－达契亚部族称为盖特；达契亚则是晚于希腊的罗马人对这一地区的称呼。随着罗马对达契亚的征服，达契亚逐渐成为整个古代罗马地区的统一名称而流行开来。参见李秀环、徐刚编著《列国志·罗马尼亚》，社会科学文献出版社，2016，第 48 页。

② 参见陈志强《巴尔干古代史》，第 366 页。

③ 孔寒冰：《东欧史》，第 56 页。

居民。①

在这个过程中，达契亚－罗马人经历了民族大迁徙时代：开始是哥特人入侵，随后是斯拉夫人接踵而至，最后是匈牙利人和古突厥人纷至沓来，这一进程以当地的达契亚人罗马化开始，经过数百年，到公元10世纪，以斯拉夫人被达契亚－罗马人完全同化告终。② 尽管如此，在罗马尼亚人看来，他们却是被抛弃在凶险的斯拉夫人之中，也被拉丁世界的其余部分所遗忘。③ 此后，各个部族相继入侵罗马尼亚的区域，使得这一地区的纷争不断，"匈牙利和罗马尼亚的历史学家都试图证明自己的祖先是最早定居在这里的"④。这种主张一直表现为双方在此后的争夺中，其影响至今仍然存在。

与巴尔干其他民族的建国方式不同，罗马尼亚境内并不是一开始就出现一个统一的国家，而是在14世纪前后诞生了三个封建性质的国家，即瓦拉几亚公国⑤、摩尔多瓦公国和特兰西瓦尼亚公国。奥斯曼帝国的崛起和入侵打断了罗马尼亚国家统一的进程，三公国交往甚密又各自独立，均受奥斯曼土耳其人统治。19世纪上半叶，罗马尼亚境内掀起了革命风暴，统一和复兴的思潮兴起，开启了国家的统一进程。1859年瓦拉几亚公国和摩尔多瓦公国合并，称罗马尼亚，但仍隶属奥斯曼帝国。1877年5月，罗马尼亚宣布独立，次年就获得了国际社会承认。不过，另外一个公国特兰西瓦尼亚直到一战结束后才并入罗马尼亚，直到那时罗马尼亚国家才真正完成了统一。和保加利亚相类似，此后除了国家性质和形态有所变化外，罗马尼亚民族和地理区域的变动也不大。

---

① 参见邵献图等编《外国地名语源词典》，上海辞书出版社，1983，第265页。

② 〔罗〕康·康·朱雷斯库：《统一的罗马尼亚民族国家的形成》，陆象淦译，人民出版社，1978，第38～39页。还有学者指出，现代罗马尼亚人还先后吸收和融合了蒙古人、库曼人、潘臣涅格拉人、土瓦本人、犹太人、波兰人、俄罗斯人等多民族的因素。参见陈志强《巴尔干古代史》，第368页。

③ 参见〔美〕罗伯特·卡普兰《巴尔干两千年：穿越历史的幽灵》，赵秀福译，北京大学出版社，2018，第117页。

④ 参见 Jean W. Sedlar, *East Central Europe in the Middle Ages*, 1000–1500, Seattle and London: University of Washington Press, 1994, p. 8。

⑤ 也称罗马尼亚公国。称作瓦拉几亚公国，是因为罗马尼亚人在证实其生存于特兰西瓦尼亚的最早的历史资料中被外族称为瓦拉几亚人。不过，罗马尼亚人本身始终只用罗马尼亚人或鲁尼亚人称呼自己。参见〔罗〕米隆·康斯坦丁内斯库等主编《罗马尼亚通史简编》，陆象淦等译，商务印书馆，1976，171～172页。

阿尔巴尼亚人最早的历史可以追溯到伊利里亚时代，他们是伊利里亚人的后裔，最初活动在巴尔干半岛的西部地区。伊利里亚人早期受希腊文化影响比较大，经济活动获得发展的同时，社会组织也发生了变化。公元前5~前2世纪，伊利里亚人的部落联盟逐渐演化为王国，出现了恩卡莱耶（Enchelei）、陶兰特（Taulantii）、伊庇鲁斯（Epiros）和阿迪安奈（Ardiaen）王国①。前三个王国相继瓦解，最后由阿迪安奈领导的伊利里亚国家在公元前168年被罗马人打败，从此这一地区作为一个行省受罗马帝国统治长达5个多世纪。之后，伊利里亚地区先后遭到哥特人、匈奴人和斯拉夫人的侵扰，后者在帮助伊利里亚人冲破奴隶制束缚的同时也将其驱散到巴尔干半岛西部和北部的山区里。也就是说，伊利里亚人先后经历了罗马化、日耳曼化和斯拉夫化的进程。"11世纪，他们开始了相互融合的过程，同时逐步形成了一个称为'阿尔巴诺伊人'的新族。据说，这一名称来自伊利里亚一个部落的名称。现今'阿尔巴尼亚'这一名称就是由它演变而来。"②

12世纪，阿尔巴尼亚利用拜占庭帝国衰落的机会开始了封建国家的建设进程，先后出现了数个公国，其中影响最大的是1190年建立的阿尔贝里公国（the Duchy of Arbei）。但是，阿尔贝里公国存在的时间不长，因为它四面受敌，"北面有塞尔维亚人建立的泽塔国，在西边有强大的威尼斯共和国，在南方有1024年建立的伊庇鲁斯专制国家"③。周边国家的互相攻伐尤其是塞尔维亚国家的衰落给阿尔巴尼亚的封建主提供了争夺地盘的机会，在14世纪后半期，阿尔巴尼亚形成了几个比较大的封建公国，"中部有以培拉特为中心的穆扎卡家族建立的公国；南部有吉诺卡斯特周围的扎内比什家族建立的公国；在当时阿尔巴尼亚历史上起最重要作用的两个公国属于托皮亚家族的公国和巴尔沙家族的公国"④。这些"公国和面积较小的封

---

① 参见陈志强《巴尔干古代史》，第369页。
② 马细谱、郑恩波编著《列国志·阿尔巴尼亚》，社会科学文献出版社，2004，第5页。
③ 同上，第30页。
④ 同上，第31页。

建领地封建主之间的混战兼并局面，由于奥斯曼土耳其人的侵占而停顿下来"①。在奥斯曼帝国占领前期，阿尔巴尼亚人的反抗斗争接连不断，特别是 1443 年斯坎德培（Skanderbeg）的起义不仅延缓了奥斯曼土耳其人对该地区的彻底征服，促进了阿尔巴尼亚族意识的觉醒和民族的最终形成，而且鼓舞了巴尔干其他民族抵抗土耳其人征服的信心。奥斯曼帝国直到 16 世纪才完全征服了阿尔巴尼亚，随后对其进行伊斯兰化。18 世纪中后期，阿尔巴尼亚比其他巴尔干国家稍晚加入反抗土耳其统治的斗争，直到 1912 年获得独立。独立后的阿尔巴尼亚共和国历经了君主制的改革、社会主义的移植和共和制的建立，其民族及地理区域没有大的变动，但是对科索沃和相关地区的渴求及由此引发的"大阿尔巴尼亚主义"（Greater Albania）主张则一直延续至今。②

土耳其人（或称突厥人、塞尔柱人）的祖先由两部分组成，即从中央亚细亚迁到安纳托利亚和鲁米利亚的突厥语诸部落和已部分地同这些突厥语部落混合的当地居民。③ 最早与巴尔干地区发生联系的土耳其人是 558 年来自中亚地区的土耳其使节，他们访问了拜占庭帝国首都君士坦丁堡。④ 突

---

① 〔阿尔巴尼亚〕克·弗拉舍里：《阿尔巴尼亚史纲》，樊集译，生活·读书·新知三联书店 1972 年中文版，第 79 页。

② 近几年来，阿尔巴尼亚人推出"自然阿尔巴尼亚"（Natural Albania）的理念，提出了"同一个民族，同一部历史，同一个立场，同一个国家"的口号，要求通过全民公决的方式建立阿族人唯一的民族国家。"Plans for 'Greater Albania' by 2015, South Serbia Leader Says," November 3, 2010, http://www.balkaninsight.com/en/article/greater - albania - to - be - formed - by - 2013 - south - serbia - leader - say; Koço Danaj, "Platform for Natural Albania," http://www.albaniapress.com/lajme/15394/Platform - for - Natural - Albania.html, 访问日期：2021 年 10 月 21 日。2015 年 2 月以来，伴随着马其顿政治危机出人意料地愈演愈烈，马其顿境内外的阿尔巴尼亚族"极端组织"趁火打劫，借政治危机制造安全危机；同时又利用社会混乱和流血事件，使旷日持久的政治危机进一步发酵，力图达到实现马其顿的联邦化——撕裂马其顿从而建立"族群阿尔巴尼亚"（外界称为"大阿尔巴尼亚"）的最终目的。参见王洪起《马其顿危机折射美俄在巴尔干的地缘博弈》，《世界知识》2015 年第 12 期。如果说"大阿尔巴尼亚"具有很强的政治和地理倾向，那么，"自然阿尔巴尼亚"则主要具有精神、意识和民族传统上的指向。"Macedonia: Commentary Says US to Help Creation of 'Natural Albania'," February 5, 2009, http://www.slobodan - milosevic.org/news/fakti020509.htm, 访问日期：2021 年 10 月 21 日。

③ 〔苏〕Д. М. 叶列梅耶夫：《匈奴人、突厥人和土耳其人》，张云译，《民族译丛》1991 年第 4 期，第 51 页。

④ 陈志强：《巴尔干古代史》，第 407 页。

厥人在6~7世纪创建了自己的国家——突厥汗国，但这个汗国没有多久便发生了解体，此后中央亚细亚广大地区成为突厥世界的一个中心，获得突厥斯坦（突厥人之地）的称号。8世纪，中亚突厥承认占据其大部分地区的阿拉伯哈里发政权，并成为它的盟友，接受了征服者的宗教——伊斯兰教。不过，这种统治并没有持续很长时间。9世纪，突厥斯坦人建立起以乌古斯可汗为首领的国家，并将佩切涅格人（Pechenegs 或 Patzinaks）从中亚排挤出去。后者进入俄罗斯草原遭遇基辅人的抵抗，便游牧到巴尔干半岛。在那里，他们落入拜占庭的统治之下，接受了东正教，遂散居于伏拉基亚和安纳托利亚地区。11世纪中期，新的外来突厥人——钦察人（Cumans）由东部进入中亚排挤了乌古斯人（Oghuz 或 Oǧuz），乌古斯人中的一部分人前往基辅罗斯，一部分人与佩切涅格人一样迁徙至拜占庭，还有一部分人到达中亚最南部和伊朗东北部，在那里组成新的突厥人联合体——土库曼人。10世纪，土库曼人和乌古斯人建立了以塞尔柱王朝命名的国家，他们也被称为塞尔柱突厥人（Seljuk Turks）。11世纪中期，他们大举西迁，于1071年打败拜占庭人之后，几乎占领了整个安纳托利亚，并在此定居，从此开始了土耳其部落的历史。有学者指出，拜占庭人完全有能力清除突厥人，但他们或是未能预见其潜在的威胁，或是忙于内战而任其发展，重要的是他们将土耳其人作为雇佣兵，为土耳其人扩张提供了机遇，这使土耳其人得以在不到一个世纪的时间里完成了对小亚细亚和巴尔干半岛地区的征服。[①] 在拜占庭实力下降的同时，土耳其人建立起了强大的奥斯曼帝国，先后征服了塞尔维亚人、保加利亚人、罗马尼亚人、拜占庭人、阿尔巴尼亚人。从此，整个巴尔干半岛进入了奥斯曼帝国长达5个世纪左右的统治，直到第一次世界大战后奥斯曼帝国解体，巴尔干其他民族完成现代民族国家的独立事业后，"剩下的帝国境内的土耳其人也别无选择了——只好考虑建立自己的民族国家"[②]，并于1923年建立了土耳其共和国。自此之后，土耳其坚定不移地实现政教分离和国家现代化政策，试图"脱亚入欧"。虽然土耳其在1963年就已经成为欧共体联系国，但其加入欧盟之路仍将非常坎坷。

---

① 陈志强：《巴尔干古代史》，第431页。

② 昝涛：《现代国家与民族建构：20世纪前期土耳其民族主义研究》，第137~138页。

纵观历史，巴尔干地区受外族侵扰、更为繁复的民族纠葛和冲突所累，各主要民族独立的愿望一直受到压抑，以至建成民族国家的道路充满无止境的荆棘和曲折，这份沉重的遗产直到今天还压在这里各民族的身上。① 甚至可以说，巴尔干人民获得现代民族国家和领土独立的意识在一定程度上源于欧洲大国的"恩赐"和"仁爱"，而不是根据自己利益和需要的行动。② 从奥斯曼帝国统治解放出来的胜利部分应归功于巴尔干人自身的努力，但若没有欧洲列强的干预，这样的努力也只能是徒劳无功。③ 巴尔干民族国家的构建除缓慢与被动外，还有另外一个特征，即巴尔干"种族"或"内在的"民族主义占有突出地位。④ 在一定程度上说，巴尔干国家独立的结果也是基于民族主义而取得的胜利。

同时，回溯巴尔干各民族的历史变迁以及其民族国家的形成历程可以发现，除了斯洛文尼亚人和克罗地亚人，巴尔干其他民族的中世纪史特别是近代史都与奥斯曼帝国息息相关。确切地说，巴尔干半岛错综复杂的民族宗教格局在奥斯曼帝国统治时期得到强化，只是半岛内部多样性所具有的负面意义在帝国的压制下没有显现出来，随着国际体系的变动尤其是奥斯曼帝国的衰弱直至解体，半岛内部的碎片化特征日益凸显，形成了此后巴尔干各民族（国家）的历史记忆。同时，在一定意义上讲，不同民族的来来去去、分分合合构成了巴尔干半岛的全部历史，只不过随着社会组织形态的变化，各民族政治实体的形式有所不同而已。

此外，在各个帝国相继统治的过程中，巴尔干半岛的宗教地图也逐渐明晰，虽然它并没有确切的地理界线，但在一定程度上影响着半岛的政治进程。"塞尔维亚和保加利亚的中世纪文明便是将拜占庭原则强加给原始的斯拉夫社会的一种尝试；而塞尔维亚人与门的内哥罗人（他们的基督教与文化来自拜占庭）和克罗地亚人与斯洛文尼亚人（他们的基督教与文化来自西方）之间的界限却始终是根深蒂固的障碍，妨害了南斯拉夫各族人民的团结。……值得注意的是将希腊基督教与拉丁基督教分隔开来的这条线

---

① 参见陈乐民、周弘《欧洲文明的进程》，三联书店，2003，第106～107页。
② 参见〔英〕罗伯特·拜德勒克斯、〔英〕伊恩·杰弗里斯《东欧史》（上册），第1～2页。
③ 〔英〕马克·马佐尔：《巴尔干：被误解的"欧洲火药库"》，第83页。
④ 参见〔英〕罗伯特·拜德勒克斯、〔英〕伊恩·杰弗里斯《东欧史》（上册），第29页。

恰恰符合公元 385 年划定罗马帝国东西两部分之间的行政区域的分界线。"①
1054 年基督教大分裂后，巴尔干的西北部地区和东南部地区大体划分为东
正教和天主教的领地。土耳其人信仰伊斯兰教，并在其统治期间将伊斯兰
教传播到波黑、阿尔巴尼亚和科索沃等地区。这样，巴尔干半岛真正变成
一个民族繁杂、宗教多样的区域。

第二节　近代以前巴尔干整合的帝国实践

在对巴尔干各民族的历史变迁以及民族国家的构建历程进行粗线条的
勾勒后，一个较有意思的问题出现了。"巴尔干半岛上的种族混合已显著地
存在许多世纪，在绝大多数时间中，根本没有冲突；那为什么就在最近这
一两个世纪中，各种政治因素都变得骚动不安呢？"② 换言之，虽然巴尔干
地区在古希腊罗马时期并未形成一个真正的统一实体，但它并非一直远离
和平，甚至中世纪时期的战火也不比欧洲其他地区频繁。③ 只是在近代民族
主权国家运动兴起后，巴尔干地区的分裂和对立才逐渐显现。与此相关的
问题是，巴尔干各民族之间能否联合起来甚至形成一个政治实体呢？或者
说，这些思想在历史上有着怎样的体现？只有对这些问题做出解答才能还
原一个较为真实的巴尔干。甚至从一定意义上说，这样才能做到以巴尔干
民族为本体进行历史叙事，而不是简单地以帝国话语以及大国中心主义为
全部或唯一的注脚。

这种叙事同样应从古希腊罗马时代谈起。古希腊不仅是欧洲历史的源
头④，而且从地理上讲它也是巴尔干半岛的一部分。古罗马在巴尔干半岛留
下的诸多遗产，更是奠定了该半岛此后千余年社会历史发展的基础。简言
之："没有希腊文化和罗马帝国所奠定的基础，也就没有现代的欧洲。"⑤ 另

---

① 〔英〕艾伦·帕尔默：《夹缝中的六国——维也纳会议以来的中东欧历史》，第 24 页。
② 〔英〕马克·马佐尔：《巴尔干：被误解的"欧洲火药库"》，第 20 页。
③ 参见马细谱《巴尔干纷争》，第 52 页。
④ 有学者不同意这样的看法，认为古希腊罗马文明与后来的欧洲文明有很强的断裂性。参见
〔美〕彼得·N. 斯特恩斯《世界历史上的西方文明》，李月译，商务印书馆，2015。本书不
就此加以讨论，而只是从历史过程来看西方文明的发展。
⑤ 《马克思恩格斯选集》第 3 卷，人民出版社，2012，第 561 页。

外，虽然人们将巴尔干半岛作为一个整体的历史来看待是近代以来的事情，但是在古希腊罗马以及拜占庭帝国时期整合半岛的努力和尝试就一直存在着。

在古希腊时代，巴尔干半岛的地理环境和资源分布使其形成了南部的海洋生存形态和北部的丘陵农牧业生存形态。前者凭借海上交通的优势和便利，与古代地中海其他文明相交流，日益强盛和开放起来；后者则处于原始和封闭状态，逐渐与前者拉开距离。南部以希腊人为主，发展出辉煌、灿烂的文化，对巴尔干半岛甚至更远地区有不同程度的文化影响。不过，由于当时生产力的不发达以及交通工具的落后，南北交融尚未实现。虽然巴尔干半岛南北两种生存形态未能融合，但是相对独立的国家机构和社会机制使得它们相安无事，各自保持独立的发展。①

如果说希腊是一个思想的民族，那么罗马则是一个实践的民族。换言之，希腊展示给世人的是精神，罗马展示给世人的是行动。② 罗马人用战斧震慑地中海世界，将希腊文化广泛传播开来，不仅在精神上而且在地域上将欧洲人统一起来。③ 同时，罗马人通过武力将其自身的军事建制扩大到巴尔干半岛，将这块区域纳入帝国的统辖范围和管理体系，通过建立巴尔干各行省实现了半岛的强制性结合。④ 罗马帝国"以地中海为中心，扩展到离海岸很远的地方，尤其是欧洲，并在那里传播希腊、罗马文明，也给那里带来相对然而是真正的统一"⑤。这里所指离岸很远的地方，即巴尔干半岛及其向欧洲大陆的延伸区域。正是从这个时候起，欧洲开始被当作一个整体来看待。罗马时代的"统一"对巴尔干半岛后来的发展产生了深远的影响，不仅从区域形态上使其成为一个整体，而且给该地区留下了诸多文明遗产和物质遗产，比如政治理念的建构、宗教信仰的产生——基督教的诞生、法律观念的出现以及交通网络的通达，等等。这些进步在拜占庭帝国时期日益显现并不断推动半岛文明的发展，甚至成为巴尔干国家"现代性"

① 参见陈志强《巴尔干古代史》，前言第 2 页。
② 陈乐民、周弘：《欧洲文明的进程》，第 22 页。
③ 李小圣：《欧洲一体化起源与发展研究》，世界知识出版社，2007，第 5 页。
④ 参见陈志强《巴尔干古代史》，第 74～91 页。
⑤ 〔法〕德尼兹·加亚尔等：《欧洲史》，第 112 页。

的重要来源。学术界甚至认为："中世纪巴尔干国家是所谓'拜占庭共同体'的一部分……拜占庭法律《查士丁尼法典》被巴尔干国家普遍采纳。"①

也就是说："希腊的文化成就和罗马的帝国统治构成了今日欧洲走向统一的一个重要的历史基因。"② 遗憾的是，这种统一的趋势随着奥斯曼帝国的入侵被打断，巴尔干半岛的整合进程也未能幸免。其中，除了外部力量的破坏性作用，还有巴尔干半岛的民族大迁徙（以及中世纪国家建立的过程）和宗教分裂的影响，这种影响直到今天仍然有深刻的体现。从形式上看，由奥斯曼帝国建立起来的统治再次使半岛地区实现了统一，但实际上其内部的分裂进一步加剧，突出表现为拜占庭斯拉夫传统与土耳其伊斯兰力量之间的张力。③

奥斯曼帝国地广人稀，多种族和多元文化并生，帝国无法直接管理和控制整个巴尔干半岛，必须借助地方自治机构实现其统治。可以讲，奥斯曼帝国是只在政权的最高层实行高度集权的行政和政治制度，而各行省的管理则具有明显的地方自治性质，保留了各国的国家传统。这也许是它能够在巴尔干地区维持长久统治的一个原因。④ 反过来说，虽然巴尔干各国臣服于奥斯曼帝国，但其民族自主自立的意识并没有消逝。所以，当威斯特伐利亚体系开始形成近现代国家主权原则和国家交往规则时，巴尔干半岛从中世纪遗留下来的分裂局面被强化，古代的遗产成为近现代民族国家对立的基础。⑤

因此，在一定程度上讲，巴尔干地区所具有的一系列特征多半是在奥斯曼帝国统治时期确立或者强化的。换句话说，在奥斯曼帝国统治时期（尤其是后期），巴尔干内部的整合力量仍然存在，只是这种消解分裂因素的力量显得较为软弱罢了。随着奥斯曼帝国势力的不断下降，半岛内部积聚的矛盾在近现代国际体系的冲击下日益显现，并在第一次世界大战结束

① 转引自马细谱《巴尔干近现代史》（上卷），第45页。
② 郭华榕、徐天新主编《欧洲的分与合》，人民出版社，2015，第25页。
③ 尽管奥斯曼帝国实行了宗教宽容政策，但并不能完全消除宗教间的对立。
④ 马细谱：《巴尔干近现代史》（上卷），第76~77页。
⑤ 陈志强：《巴尔干古代史》，前言第3页。

后完全得以释放。

在奥斯曼帝国统治的中后期，巴尔干地区内部各种斗争风起云涌，各种力量酝酿新生，主张巴尔干联合的思想此起彼伏。为了不被历史遗忘，人们需要拥有子孙后代；为了重现集体荣耀，人们需要去追溯黄金年代；为了将同胞之爱的理想变成现实，人们需要借助象征符号、仪式和典礼的力量，这些符号、仪式和典礼，将共同体中活着的人与死去的人联系在了一起。[1] 实际上，巴尔干联合具有一定的社会基础。从宗教角度看，东正教是巴尔干多数民族的信仰，在民族解放运动中起着鼓舞人民士气、复兴本民族文化、增强本民族意识的作用，为东正教辖区的民族独立奠定了思想基础，在推动巴尔干民族摆脱奥斯曼帝国统治的斗争中发挥精神引领作用。18 世纪中期，有关在该地区建立 "东正教联邦"（Orthodox Commonwealth）[2] 的主张不断被提出。这里的联邦，在某种意义上是基于共同的宗教以及使用希腊语获得共同教育的区域，没有任何地理上的中心，它的心脏地带可以描述为欧洲的东南角，也就是今天的巴尔干半岛。这个区域汇聚了各种背景的人，比如塞尔维亚人、保加利亚人、罗马尼亚人、摩尔多瓦人、乌克兰人以及一部分阿尔巴尼亚人，还有希腊人。[3] 然而，在奥斯曼帝国仍然牢牢统治的背景下，"不管是在精英层面还是在大众文化层面，我们很少能看到任何可称为'革命性情感'的东西"[4]。所谓的 "宗教共同体" 难以启发民众的觉醒和独立意识，何况一些信仰者还沉醉于奥斯曼帝国当局的 "宗教恩惠" 当中。

需要提到的是，从 18 世纪到 19 世纪，欧洲一些大国的帝王或君主提出了用巴尔干联合来解决 "东方问题"（Eastern Question）的计划。但是，这

---

① 〔英〕安东尼·D. 史密斯：《民族认同》，王娟译，译林出版社，2018，第 197～198 页。

② 参见 Paschalis M. Kitromilides, *An Orthodox Commonwealth: Symbolic Legacies and Cultural Encounters in Southeastern Europe*, London: Routledge, 2007; Daniel P. Payne, "Nationalism and the Local Church: The Source of Ecclesiastical Conflict in the Orthodox Commonwealth," *Nationalities Papers*, Vol. 35, No. 5, 2007, pp. 831–852.

③ Roderick Beaton, *Greece: Biography of a Modern Nation*, Chicago: University of Chicago Press, 2019, pp. 20–21.

④ Roderick Beaton, *Greece: Biography of a Modern Nation*, Chicago: University of Chicago Press, 2019, p. 42.

些计划不是以解放巴尔干各民族为目的，而是要建立一个希腊帝国或重建拜占庭帝国来实现扩张。法国国王路易十四（Louis XⅣ）、俄国沙皇彼得大帝（Peter the Great）以及叶卡捷琳娜二世（Catherine the Great）等都是这种主张的代表人物。[①] 此外，在波兰三次被瓜分后于1804~1806年担任俄国外交部部长的波兰亲王亚当·耶日·恰尔托雷斯基（Adam Jerzy Czartoryski）也提出了建立巴尔干联邦的主张。[②] 当然，恰尔托雷斯基的主张并非基于巴尔干人的利益，其目的是防止拿破仑分化巴尔干并引起俄土战争。[③] 最重要的是，这些主张从属于恰尔托雷斯基重建波兰—立陶宛帝国的计划。

另外，意大利民族解放运动领袖朱塞佩·马志尼（Giuseppe Mazzini，1805–1872）[④] 也提出了类似主张。有学者指出，马志尼既不是政治家，也不是大学教授，然而，在整个19世纪中，没有一个自由民族主义的倡导者比他更大声疾呼或更有影响力。[⑤] 马志尼既是民族主义者，也是国际主义者。他在推动意大利统一过程中也关心和支持欧洲其他地区的民族解放运动，并提出了建立大斯拉夫联邦的主张。[⑥] 不过，马志尼关于此类联邦的称谓特别多，也尤为庞杂。1833年，马志尼最早提出建立的是以塞尔维亚、波斯尼亚和保加利亚为基础的巴尔干联盟（Balkan Union of Serbia, Bosnia, and Bulgaria）。不久，马志尼又提出建立"意大利人、斯拉夫人和匈牙利人的自由邦联"（Free Confederation of Italians, Slavs, and Hungarians）。在经历

---

① 关于这些计划的具体介绍，参见 L. S. Stavrianos, *Balkan Federation, A History of the Movement toward Balkan Unity in Modern Times*, pp. 5–11；Theodore I. Geshkoff, *Balkan Union: A Road to Peace in Southeastern Europe*, pp. 13–17。

② Balázs Trencsényi, et al., *A History of Modern Political Thought in East Central Europe.* Vol. 1, *Negotiating Modernity in the "Long Nineteenth Century"*, Oxford：Oxford University Press, 2016, p. 194.

③ 参见 Piotr Zurek, "Prince Adam Jerzy Czartoryski and the Plan of the Balkan Federation（1804–1806），" *Izvorni Ananstveni Rad Primljeno*：8. 7. 2002, pp. 159–166。

④ 又译吉塞培·马志尼、朱塞培·马治尼，意大利作家、政治家，意大利统一运动的重要人物。

⑤ 〔美〕海斯：《现代民族主义演进史》，帕米尔等译，华东师范大学出版社，2005，第118页。

⑥ Anna Procyk, *Giuseppe Mazzini's Young Europe and the Birth of Modern Nationalism in the Slavic World*, Toronto：University of Toronto Press, 2019, p. 40.

欧洲大革命的失败后，马志尼的革命意志和理想并没有消逝，相反在其流亡生活中日益激发，他以著述和推动革命组织建立的方式重新投入民族解放运动。1857 年，马志尼在其关于斯拉夫问题的四封书信中倡导建立一个南部斯拉夫联邦国家（South Slav Federal State）。随后，马志尼又提出建立斯拉夫—希腊联邦（Slavic – Greek Federation）的理念。[1] 在马志尼看来，欧洲众多的小民族只有建立起共同的联邦国家才能抵御欧洲列强的侵略。于是，他的著作在巴尔干地区广受欢迎，他的思想也影响了一代南部斯拉夫知识分子。[2] 此外，匈牙利革命家拉约什·科苏特（Lajos Kossuth, 1802 – 1894）也提出建立多瑙河联邦的思想。威尼斯人卡尼尼（Canini）则亲身实践，游历巴尔干国家，宣传科苏特的思想。[3]

同样，在南部斯拉夫人中也有一些宗教界人士提出了有关南部斯拉夫联合的设想。不过，他们往往希望借助外部力量来实现这一目标。比如，萨格勒布传教士尤拉伊·克里扎尼奇（Juraj Križanić, 1618 – 1683）[4] 就提出了天主教斯拉夫人和东正教斯拉夫人联合的计划，他也因此被称为最早的泛斯拉夫主义者。[5] 克里扎尼奇主张所有斯拉夫人在俄国沙皇统治下联合统一，如果俄国沙皇使自己的国家改宗天主教的话。同时，克里扎尼奇还热衷于一种想法，希望俄国沙皇对各种书籍中的斯拉夫语加以"修改"，以便为所有斯拉夫人提供统一的语言。[6]

没有任何证据说明巴尔干的斯拉夫人曾经认为他们是同一民族的一部分，然而民族主义意识形态家（他们出现于 19 世纪上半叶）却设想有个

[1]　Marie – Janine Calic, *The Great Cauldron：A History of Southeastern Europe*, Cambridge, MA, and London：Harvard University Press, 2019, p. 295.

[2]　马细谱：《巴尔干近现代史》（上卷），第 222 页。

[3]　参见 Theodore I. Geshkoff, *Balkan Union：A Road to Peace in Southeastern Europe*, pp. 23 – 24；L. S. Stavrianos, *Balkan Federation, A History of the Movement toward Balkan Unity in Modern Times*, pp. 68 – 81；T. Lenyel, "The Hungarian Exiles and the Danubian Confederation," *Hungarian Quarterly*, Vol. V, 1939, pp. 450 – 461。

[4]　或 Juraj Križanić or Yuriy Krizhanich。

[5]　Mario Kolar and Gordana Tkalec, "A Visionary, a Victim and a Co – Traveller. Juraj Križanić in the Literary Writings of Ivan Golub," *Studi Slavistici*, Vol. XVII, 2020, p. 42.

[6]　〔南斯拉夫〕伊万·博日奇等：《南斯拉夫史》（上册），第 272 页；Ivan Golub, *The Slavic Vision of Juraj Križanić*, Zagreb – Dubrovnik：croation P. E. N centre, 1991, pp. 117 – 121。

"伊利里亚"国，或"南斯拉夫"国，这个国家将把塞尔维亚人、克罗地亚人、斯洛文尼亚人、波斯尼亚人、马其顿人，以及其他人统一起来。[①] 斯洛伐克人扬·科拉尔（Ján Kollár，1793 - 1852）就是这样一个杰出人物，他被誉为 19 世纪 30 ~ 40 年代著名的伊利里亚运动的"精神导师"。在科拉尔看来，所有斯拉夫人均是一个民族，只是他们拥有俄语、捷克语、波兰语和伊利里亚语四种方言，所有的南部斯拉夫人都是伊利里亚人。[②]

事实上，在欧洲各大国争夺霸权的背景下，单独由一个国家主导的巴尔干联合计划均未获得成功。这些计划的失败表明，重建一个帝国或恢复拜占庭的企图失去了可能，解决"东方问题"的方式必须发生新的变化，即巴尔干人只能更加自主地依靠自身的力量来摆脱外族的统治。[③] 法国大革命思想的传播以及奥斯曼帝国势力的衰弱为巴尔干人联合提供了可能。

---

① 〔英〕艾瑞克·霍布斯鲍姆：《资本的年代：1848 ~ 1875》，张晓华等译，江苏人民出版社，1999，第 110 页。

② Antun Barac，*A History of Yugoslav Literature*，Beograd：Committee for Foreign Cultural Relations of Yugoslavia，1955，p. 107.

③ 参见 L. S. Stavrianos，*Balkan Federation*，*A History of the Movement toward Balkan Unity in Modern Times*，p. 11。

我们不应当把任何历史的开端看成一种绝对的开端，也不应当用一种简单化的方式去设想各个时期，好像它们严格限于它们的一般性质所表示的规定似的。

——〔意〕贝奈戴托·克罗齐：《历史学的理论和实际》（2005），第159页。

在18世纪大部分时间内，巴尔干地区的知识分子梦想着有位开明的专制君主前来拯救人民、实现政治解放：他是一位柏拉图式的哲学家国王，一个进行现代化的人物，或许就像叶卡捷琳娜二世或约瑟夫二世一样。……不过，直到法国大革命，人们才首次发现解放可能将通过群众本身的行动而到来。

——〔英〕马克·马佐尔：《巴尔干五百年》（2017），第107页。

克罗地亚人和塞尔维亚人之间的紧张关系，对于建立南斯拉夫国家的理想是致命的威胁。

——〔英〕斯蒂芬·克利索德：《南斯拉夫简史》（1976），第64页。

第二章
1797～1878 年的巴尔干
联合思想与计划

　　1797 年 6 月 28 日，一支由战舰和兵船组成的法国海军中队驶抵防御坚固的科孚港。两天后，法国人在科孚岛的主广场栽下了一棵"自由之树"。几个月之后的 12 月下旬，奥地利当局在的里雅斯特城抓捕了一个希腊革命者头目，从他身上搜出的物品是一整套效仿法国模式建立"想象的共和国"的蓝图，包括富有韵律的"战歌"诗篇。"在 18 世纪大部分时间内，巴尔干地区的知识分子梦想着有位开明的专制君主前来拯救人民，以实现政治解放：他是一位柏拉图式的哲学家国王，一个进行现代化的人物，或许就像叶卡捷琳娜二世或约瑟夫二世一样。……不过，直到法国大革命，人们才首次发现解放可能将通过群众本身的行动而到来。"① 那位 1797 年被奥地利逮捕并于次年遇难的人叫里加斯，他的名字在希腊家喻户晓，成为一个"殉道先驱"，由其开启的运动不久就风起云涌，演变成地区性的浪潮。② 此后一直到 19 世纪 70 年代，希腊③、塞尔维亚和保加利亚等地的革命民主主义者在推动民族解放运动进程中先后提出形态各异的巴尔干联合思想与主张，克罗地亚人和塞尔维亚人也相继提出了南部斯拉夫联合的倡议和计划。

---

① 〔英〕马克·马佐尔：《巴尔干五百年：从拜占庭帝国灭亡到 21 世纪》，刘会梁译，中信出版集团股份有限公司，2017，第 107 页。

② Roderick Beaton, *Greece: Biography of a Modern Nation*, p. 46.

③ 在不同历史时期，诸多巴尔干国家的称谓有所不同。以希腊为例，即有希腊王国、希腊共和国等。因此本书如无特别强调，为叙述方便，特别是尽量与引文一致，均统一使用简称。

第一节　革命民主主义者的巴尔干联合思想

在 18～19 世纪巴尔干地区的民族解放运动中，各民族进步人士、思想先驱积极宣传和发动武装革命，呼吁民众团结起来推翻奥斯曼帝国和奥匈帝国的统治，以实现民族解放和国家独立。在此进程中，希腊、塞尔维亚和保加利亚的革命民主主义者表现得尤为突出，他们一方面积极推动民族解放事业，另一方面提出了关于建立巴尔干联合国家的思想。

一　希腊人的巴尔干共和国思想

18 世纪末 19 世纪初，随着欧洲启蒙运动和法国大革命关于民族主义理念的传播以及西欧资本主义的扩散与影响，巴尔干各民族的民族意识逐渐觉醒。在奥斯曼帝国日渐衰落的背景下，巴尔干地区的民族解放运动风起云涌，开启了"各民族和现代社会的形成过程"[①]。在此进程中，希腊的启蒙运动走在前列，囊括文化、社会、语言、教育和民族主义等诸多领域，不仅教化了希腊民众，也对启迪其他巴尔干民族发挥了显著影响。[②] 从希腊开始，巴尔干地区一批革命民主主义者和先进知识分子相继提出了适应该地区的革命手段与建国理念，将巴尔干联合与摆脱奥斯曼统治、追求民族独立联系在了一起。

在巴尔干地区，希腊人最早提出巴尔干各民族联合的主张，"因为他们具有某些有利条件：他们与西方的交往频繁，他们的古典和拜占庭的光荣传统促进了民族自尊心，他们的希腊正教体现和保护了民族觉悟"[③]。其中，"西方对巴尔干半岛的影响在法国（大——引者注）革命和拿破仑一世时代变得更直接地具有政治性和煽动性"[④]。法国大革命所倡导的自由、平等、

---

① 〔南斯拉夫〕伊万·博日奇等：《南斯拉夫史》（上册），第 277 页。

② Athanasia Glycofrydi Leontsini, "Enlightened Intellectuals in Modern Greek Society," *The European Legacy*, Vol. 2, No. 3, 1997, p. 403.

③ 〔美〕斯塔夫里阿诺斯：《全球通史：1500 年以后的世界》，吴象婴、梁赤民译，上海社会科学院出版社，1992，第 408 页。

④ 同上，第 407 页。

主权以及民族主义思想，通过希腊新兴商业阶级与贵族集团以及许多流亡者传播到了希腊。在这种情况下，希腊出现了一批致力于使希腊摆脱奥斯曼统治、追求民族独立的革命者和思想家，里加斯·维列斯迪利斯（Rigas Vestinlis，1757－1798）① 就是突出代表。

里加斯出生在希腊中部色萨利地区维列斯迪诺（Velestino）的一个富商家庭。据说，在里加斯 20 岁那年发生了一件对他一生产生极大影响的事情：一个奥斯曼土耳其士兵傲慢地命令里加斯背他渡过一条小河，里加斯不甘受辱，毅然溺死了这个士兵，并逃离了家乡。在此后的辗转和流亡生活中，里加斯民族复仇的怒火不断燃烧，并逐渐形成了革命思想。

如果说家乡处于奥斯曼帝国的封建奴役之下是里加斯走上革命道路的客观原因，那么，流亡的生活和受法国大革命的影响则成为他坚定革命信念的主观因素。在君士坦丁堡②，里加斯是当地贵族阿列克山德尔·依波希兰迪斯（Alexandros Ypsilantis）的常客和私人秘书，二者经常就希腊时局及未来走向进行讨论。后者关于用暴力方法使希腊摆脱奴役的想法强化了里加斯主张通过革命道路使希腊获得解放的信念。③ 1786 年，里加斯前往当时巴尔干的政治、经济、文化中心布加勒斯特。在那里，里加斯系统地研究

① 另一个名字里加斯·费拉奥斯（Rigas Feraios）也广为流传。诚如有学者所言，里加斯两个姓氏令人迷惑，一个是维列斯迪利斯，意思是"来自维列斯迪诺的人"；另一个是"费拉奥斯"，意思是"来自费莱伊（Pherai），一个当地的古代地名"。参见 Roderick Beaton, *Greece：Biography of a Modern Nation*, p. 54. 有学者研究指出，里加斯的原名为安东尼奥斯·基里西斯（Antonios Kyritsis），成年后选择"里加斯"作为自己的名字。"里加斯"在希腊语中并不常见，多指寓言以及游戏中的"国王"。至于"费拉奥斯"，里加斯本人从未使用过。参见"Rigas Feraios：Teacher of the Greek Nation", March 25, 2021, https：// www. greecehighdefinition. com/blog/rigas－feraios，访问日期：2021 年 10 月 21 日。后世学者依据其出生地的古代地名尊称其为"费拉奥斯"。参见"Rigas Velestinlis（Feraios）：A revolutionary thinker", November 15, 2021, https：//impactalk. gr/en/stories－talk/rigas－velestinlis－feraios－revolutionary－thinker，访问日期：2021 年 11 月 21 日。此外，亦有学者将其译成康斯坦丁·里伽。参见〔南斯拉夫〕伊万·博日奇等《南斯拉夫史》（上册），第 284 页。

② 君士坦丁堡（希腊语：Κωνσταντινο ύ πολις、Κωνσταντινο ύ πολη；拉丁语：Constantinopolis，又译康斯坦丁堡；奥斯曼土耳其语：قسطنطينيه；现代土耳其语：İstanbul），是东罗马帝国历史城市，今伊斯坦布尔。现指伊斯坦布尔金角湾与马尔马拉海之间的地区。它曾经是东罗马帝国、拉丁帝国和奥斯曼帝国的首都。

③ 参见朱庭光主编《外国历史名人传 近代部分 上册》，第 385～386 页。

了伏尔泰、孟德斯鸠和卢梭等法国启蒙运动思想家的思想。联系当时发生的实际，里加斯了解到 1787~1791 年俄奥土战争中俄奥背信弃义残酷镇压巴尔干民族起义的事实，认识到 "巴尔干各族人民只有联合起来，依靠自己的力量，才能赢得民族解放和国家独立"[①]。

法国大革命爆发后，里加斯积极投身争取希腊解放的革命活动，同时主张巴尔干各民族之间实现联合。里加斯非常注重对普遍民众的宣传和教育工作，"与其他革命者一起，翻译进步书刊，组织秘密集会，发表演说，编唱革命歌曲"[②]。1793 年前后，里加斯前往神圣罗马帝国的政治中心奥地利维也纳，翻译了《1793 年法国宪法》[③]，并积极将西方思想介绍给希腊人。此外，里加斯还筹划了多次武装起义，提出通过巴尔干的总起义使整个巴尔干半岛摆脱奥斯曼帝国奴役的主张，并希望起义成功之后巴尔干各民族在平等的基础上建立一个巴尔干共和国。

里加斯关于巴尔干各民族联合以及建立巴尔干共和国的思想主要体现在他的长诗《战歌》和《新政治管理》著作中。1797 年，里加斯撰写了《战歌》（Thourios – Rousing Song）。这首长诗的主要思想是号召巴尔干各民族民众通过武装斗争打碎奥斯曼奴役的枷锁。在很短的时间内，《战歌》成为保加利亚人、罗马尼亚人以及希腊人的民族歌曲，无论老少妇女，都在各种宴会时歌唱，起初它是一首欢娱的歌曲，后来它渐渐深入人们的心灵深处。[④]《战歌》被称为 "希腊的马赛曲"，同时被译成多种语言在巴尔干半岛广为传诵，成为巴尔干各民族团结起来反抗奥斯曼帝国、追求民族解放的宣言书。

同年，里加斯撰写了集其思想大成的代表作《鲁米利亚、小亚细亚、爱琴海及摩尔达维亚和瓦拉几亚公国居民的新政治宪法》（*New Political Constitution of the Inhabitants of Roumeli，Asia Minor，the Islands of the Aegean*

---

① 参见朱庭光主编《外国历史名人传 近代部分 上册》，第 386 页。

② 同上，第 387 页。

③ 这是法国第一部共和制宪法，也是近代资产阶级革命史上最民主的一部宪法。

④ 参见 L. S. Stavrianos, *Balkan Federation，A History of the Movement toward Balkan Unity in Modern Times*, p. 35。

and the Principalities of Moldavia and Wallachia)①。该书由《革命宣言》《人权》《宪法》三个部分组成，简称为《新政治管理》。《革命宣言》旨在呼吁巴尔干人不分种族、阶级、宗教信仰联合起来反抗奥斯曼帝国的奴役统治，为实现自由、安全、幸福而努力。②《人权》共有 35 条，主要表达了"无论什么种族的人均应该具有平等人权"的核心观点，提出了"人们如何运用和使用权力来保护自己的基本权利"的相关思想，最终目的在于唤醒希腊以及巴尔干各民族起来反抗压迫与奴役并为其提供法律基础。③《宪法》共有 124 条正文和 5 条附加款，主要思想是建立一个各民族平等参与的巴尔干共和国，并对民主的界定、民族的分类、居民的秩序、议会及其代表、立法机构及其运作、希腊与其他民族的关系等进行了具体阐释和规定。④《新政治管理》的思想承袭了法国大革命的原则，但又增添了里加斯的创造。比如，里加斯认为，平等的权利不仅在于各民族之间，男女之间也是平等的。里加斯甚至提出女人也可到军队服役，即使不会使用枪支，也可拿起长矛。这些思想远远超越了他所处的时代，要知道英美军队的所有作战职位直到 2016 年才对女人开放。⑤

1797 年，拿破仑率领法国军队入侵意大利。在里加斯看来，发起巴尔干地区总起义的时机已到。里加斯在从维也纳绕道前往希腊的途中，由于叛徒出卖被捕，次年 6 月被杀害于贝尔格莱德。相比他的革命成果来说，里加斯的思想影响更大。在巴尔干历史上，里加斯是第一个提出巴尔干各族人民联合起来共同反抗奥斯曼帝国统治的人，也是第一个主张巴尔干各族人民应该平等互助友好相处的人，还是第一个将法国大革命主权在民的思想以及自由、平等原则与巴

① 有学者译为《鲁米利亚、小亚细亚、爱琴海及多瑙河各公国居民之新政体》，参见〔英〕马克·马佐尔《巴尔干五百年：从拜占庭帝国灭亡到 21 世纪》，第 107 页。也有学者译成《欧洲土耳其、小亚细亚以及地中海诸岛和瓦拉几亚与摩尔多瓦居民的新文官政府》（简称《新文官政府》），参见〔英〕罗德里克·比顿《希腊三百年》，第 44 页。还有简译为《新政治管理》的，参见朱庭光主编《外国历史名人传 近代部分 上册》，第 387 页；马细谱《巴尔干纷争》，第 56 页；马细谱《巴尔干近现代史》（上卷），第 224 页。更有译成《立宪草案》的，参见〔南斯拉夫〕伊万·博日奇等《南斯拉夫史》（上册），第 284 页。本书统一使用简称《新政治管理》。

② 参见 Rhigas Velestinlis, *Revolutionary Scripts*, trans. Vassilis K. Zervoulakos, pp. 65–71。

③ Ibid., pp. 75–95.

④ Ibid., pp. 99–151.

⑤ Roderick Beaton, *Greece: Biography of a Modern Nation*, p. 56.

尔干的实际情况相结合的人。里加斯认为，所有巴尔干人的联合是该地区各民族能够赢得独立并在巴尔干半岛实现民主的唯一途径。[1] 里加斯还是第一个提出建立巴尔干共和国的思想家[2]，他认为，在这个共和国里土耳其人作为一个民族也拥有同样的权利。巴尔干共和国的思想尤为可贵，为后来的许多希腊人甚至是巴尔干人所追求和发扬。正如里加斯临刑前对施刑的人所宣告的那样："这是勇敢者死亡的方式，我已播下种子，终有一天，我的国家会收获果实。"[3] 的确如此，在 1821 年开始的希腊独立战争中，"来自欧洲成千上万的志愿者前来援助希腊人，主要以巴尔干人为主。他们将希腊革命作为他们自身民主和自由理想的表达，或者视为巴尔干民族解放斗争的一个组成部分。这就是为什么在希腊战场上能看到阿尔巴尼亚人、保加利亚人、塞尔维亚人、黑山人以及来自欧洲和世界的人们共同战斗的情景"[4]。

当然，后来人们对里加斯在《人权》和《宪法》中关于巴尔干未来国家结构的设计存在不同的看法。有人认为里加斯是"泛希腊理念"（pan - Hellenic idea）之父，因为他将未来的巴尔干共和国称为希腊共和国，其他民族均是希腊国家的一部分，并将希腊语作为首要语言。也有人辩称，称为希腊共和国只是对古希腊的崇敬，而不是大希腊民族主义的表达，因为在共和国里每个人都是平等的，他们享有言论自由和新闻自由。[5] 还有人依据里加斯关于希腊人在共和国中的主导地位以及革命的实现方式将该共和国称为"多元文化雅各宾共和国"（Multicultural Jacobin Republic）[6]，甚至有人说，里加斯的巴尔干共和国只不过是一个共和制取代帝制的拜占庭帝国。[7] 当

---

① Rhigas Velestinlis, *Revolutionary Scripts*, trans. Vassilis K. Zervoulakos, pp. 99 – 151.

② Ibid. , p. 6.

③ David Brewer, *The Flame of Freedom：The Greek War of Independence, 1821 – 1833*, London：John Murray, 2001, p. 20.

④ Varban N. Todorov, *Greek Federalism During the Nineteenth Century*, p. 13.

⑤ 参见 Varban N. Todorov, *Greek Federalism During the Nineteenth Century*, p. 6。

⑥ 参见 Paschalis M. Kitromilides, "An Enlightenment Perspective on Balkan Cultural Pluralism：The republic vision of Rigas Velestinlis," pp. 465 – 479。

⑦ 参见〔美〕安东尼·帕戈登《两个世界的战争：2500 年来东方与西方的竞逐》，方宇译，民主与建设出版社有限责任公司，2018，第 362 页；Christopher L. Kinley, "Imagining a Nation：Society, Regionalism, and National Identity in the Greek War of Independence," *Madison Historical Review*, Vol. 13, 2016, p. 64。

然，更有一些人基于当时欧洲帝国的强大将里加斯的设计视为不切实际的
"乌托邦"。① 无疑，这些看法有各种各样的依据，但不能据此否定里加斯思
想的可贵之处。特别是里加斯借鉴法国大革命而提出的革命思想并没有消
失，相反，从他被执行死刑的那刻起，这一思想就一再被后人强调，并以
非常不同的方式被阐述。② 仅仅从巴尔干联合的角度看，在他的影响下，希
腊的科拉伊斯③以及巴尔干其他地方相继有革命人士宣传和推动巴尔干联合
的思想与实践。

二　塞尔维亚人的巴尔干联邦思想

19 世纪中叶，巴尔干民族解放运动进入了一个新的高潮。塞尔维亚的
思想家斯维托扎尔·马尔科维奇 (Svetozar Marković, 1846–1875)④ 成为继
里加斯之后另一位关于巴尔干联合的积极倡导者和有力推动者。

马尔科维奇出生在塞尔维亚中东部的扎耶查尔 (Zaječar)。由于在贝尔
格莱德学院就读期间学习成绩优异，马尔科维奇被推选赴国外留学。马尔
科维奇选择了俄国。在彼得堡，马尔科维奇结识了尼古拉·车尔尼雪夫斯
基 (Nikolay Chernyshevsky)、尼古拉·亚历山大罗维奇·杜勃罗留波夫
(Nikolay Alexandrovich Dobrolyubov) 以及保加利亚等国的革命民主主义者。
由于俄国当局的限制，马尔科维奇被迫中途辍学，于 1869 年到瑞士继续深
造。⑤ 在俄国与瑞士的求学经历使马尔科维奇对追求民族独立的革命运动有
了深刻的认识。马尔科维奇还担任过第一国际俄国支部的通讯员，深受第
一国际的影响。随着西欧工人运动尤其是巴黎公社革命的进展以及巴尔干

① 参见 Varban N. Todorov, *Greek Federalism during the Nineteenth Century*, pp. 6–7。
② Roderick Beaton, *Greece: Biography of a Modern Nation*, p. 57。
③ 被称为现代希腊民族国家精神导师、希腊国家之父的阿扎曼蒂奥斯·科拉伊斯
　 (Adamantois Korais, 1748–1833, 又称科腊伊斯、科莱斯) 继承里加斯思想的衣钵，推动
　 希腊革命和民族解放事业向前进。不过，科拉伊斯更多专注希腊革命，他所理解和实现的
　 民族国家也不包括那些不是希腊民族的人。具体参见〔英〕罗德里克·比顿《希腊三百
　 年》，第 49~55 页。
④ 关于马尔科维奇生平的详细介绍，参见朱庭光主编《外国历史名人传 近代部分 中册》，第
　 349~354 页；Woodford D. McClellan, *Svetozar Marković and the Origins of Balkan Socialism*,
　 Princeton: Princeton University Press, 1964。
⑤ Gale Stokes, "Svetozar Marković in Russia," *Slavic Review*, Vol. 31, No. 3, 1972, pp. 611–612.

民族解放运动的兴起，马尔科维奇坚定了投入革命的信念。1870 年一回到塞尔维亚，马尔科维奇便全身心投入民族解放运动，寻求塞尔维亚国家的独立和巴尔干半岛的解放。

当时的塞尔维亚已进入民族解放斗争的高潮，但是，民族解放力量内部存在分歧。1871 年 "塞尔维亚青年联盟" （United Serbian Youth）[1] 破裂后，作为激进派的领导人，马尔科维奇创建了塞尔维亚也是巴尔干半岛第一份明确具有社会主义倾向的《工人报》[2]。该报纸不久便遭到政府当局的查封。此后，马尔科维奇又创办了《舆论报》《劳动报》《解放报》。马尔科维奇同一些西方革命者交往甚密，利用第一国际俄国支部驻塞尔维亚通讯记者的身份撰写了一系列反映塞尔维亚现实的文章，既希望唤醒塞尔维亚民众，又试图争取国际支持。

在理论上，马尔科维奇提出了在塞尔维亚实行政治和社会改革、废除国家警察、取消农业债务、实行社区自治管理、修改司法体制以及限制私人占有土地等主张。然而，实现这些主张的前提是努力使塞尔维亚从奥斯曼帝国的统治中解放出来，实现民族的独立和自由。[3] 要实现这一目标，仅仅通过巴尔干各民族各自的努力是不够的，必须通过各民族共同的联合行动，"赶走巴尔干半岛上的三个主要敌人——奥斯曼帝国、奥匈帝国和沙皇俄国，在于消灭本国的君主专制制度"[4]，最终实现一个包括所有巴尔干民族在内的联邦共和国[5]。

马尔科维奇通过撰写论著积极宣传巴尔干各族人民应该友好相处的思想，主张建立一个基于各民族平等的巴尔干联邦共和国。1872 年，马尔科

---

① 在存在的 5 年期间，其名义上只是从事教育事业的组织，但实际上其还秘密地从事在土耳其境内发动起义的准备工作。内部也存在不同的派别，其宗旨是建立以 "民治、民享" 为基本原则的民主共和国。这一原则是同建立一个巴尔干国家联盟和巴尔干联邦的思想紧密相关的。参见〔南斯拉夫〕伊万·博日奇等《南斯拉夫史》（上册），第 389 页。

② 《工人报》塞尔维亚语为 *Radenik*，英文为 *The Worker*。

③ James Robertson, "Imagining the Balkans as a Space of Revolution: The Federalist Vision of Serbian Socialism, 1870 - 1914," *East European Politics and Societies: and Cultures*, Vol. 31, No. 2, 2017, p. 402.

④ 朱庭光主编《外国历史名人传 近代部分 中册》，第 351 页。

⑤ 参见 L. S. Stavrianos, *Balkan Federation*, *A History of the Movement toward Balkan Unity in Modern Times*, p. 116。

维奇在《东方的塞尔维亚》（*Serbia in the East*）一书中指出，民族的统一和自由只有通过总的革命和建立一个巴尔干联邦共和国才能实现。① 这一主张的"出发点是，只有在尚且处于土耳其和奥地利统治下的毗邻民族得到解放时，塞尔维亚人民才能获得解放，这指的是，塞尔维亚国家不是把自己的行政管理扩展到那些地区去，而是自由地和平等地同毗邻民族联合。塞尔维亚要起到这种新的作用，首先必须从内部使本身得到解放。要做到这一点，就必须打破中央集权化国家的旧形式，并转变为自治的地区联盟"②。在马尔科维奇看来，他所主张的巴尔干联邦共和国是一个真正自由、平等的国家联合，而不是建立一个以塞尔维亚为中心的巴尔干联合国家。"整个社会的历史目标就是要有建立在个人自由基础上的自由……他并不把历史的目标局限为创建一个完整的同族人组成的民族。"③ 重要的是，马尔科维奇提出了实现巴尔干联邦共和国的三个步骤：一是通过革命途径使南斯拉夫各族人民摆脱奥斯曼帝国和奥匈帝国的统治；二是推翻阻挠南斯拉夫各族人民成为自由的人民和平等劳动者的所有国家机器；三是建立自由平等的巴尔干联邦共和国。④

在 1875 年撰写的《事业》（*Work*）一文中，马尔科维奇进一步对巴尔干联邦共和国做了阐释：这个国家首先是塞尔维亚人与保加利亚人的联合，最后是与所有巴尔干民族的联合。⑤ "在这个联邦中，各民族人民都是平等的，并享有广泛的自治权利。他指出，巴尔干半岛是民族的'万花筒'，保加利亚人、希腊人、土耳其人、阿尔巴尼亚人、瓦拉几亚人等，都不会加入塞尔维亚王朝，而应建立'一个自愿的自由联邦，作为各国人民自愿联合的联盟'。因为只有这样，才能使巴尔干各国团结起来，摆脱大国的控制

---

① 参见 L. S. Stavrianos, *Balkan Federation*, *A History of the Movement toward Balkan Unity in Modern Times*, p. 116。

② 〔南斯拉夫〕伊万·博日奇等：《南斯拉夫史》（上册），第 438 页。

③ 同上。

④ 参见〔南斯拉夫〕斯·斯托扬诺维奇主编《南斯拉夫共产主义者联盟历史》，杨元恪等译，人民出版社，1989，第 14 页。

⑤ 参见 L. S. Stavrianos, *Balkan Federation*, *A History of the Movement toward Balkan Unity in Modern Times*, p. 116。

和奴役。"①

常年的流放生活、繁重的工作以及反动政府的残酷迫害使马尔科维奇病魔缠身，年仅 29 岁他就因肺结核病逝。马尔科维奇的早逝不仅是巴尔干民族解放运动的重大损失，也是巴尔干自由事业的一大遗憾。"人民失去了自己的一位朋友，自由失去了一位最重要的战士。他的著作使他流芳百世……他的著作连同他的名字跟未来密不可分。"② 的确如此，马尔科维奇在塞尔维亚民族中的地位颇高。在 1993 年首次出版、2009 年和 2013 年两次修订出版的《100 位最有影响的塞尔维亚人》一书中，马尔科维奇居第52 位。从巴尔干地区讲，马尔科维奇有关自由、平等与联合的思想为南部斯拉夫人和巴尔干其他被压迫民族的解放事业指明了道路，也影响和培育了许多思想家和革命家，包括社会民主党人，这"使他成为塞尔维亚社会主义运动的先驱，代表着巴尔干民族解放运动中激进民主主义的新方向"③。更为重要的是，马尔科维奇提出塞尔维亚人与保加利亚人首先联合的主张在后来的历史进程中经常被提起并付诸实践。

三 保加利亚人的巴尔干联邦思想

19 世纪中叶，保加利亚民族解放运动进入一个新阶段，革命民主主义者在领导武装革命的同时推动创建革命组织。与此同时，保加利亚人积极与其他巴尔干民族呼应，共同投入摆脱奥斯曼帝国统治的斗争。在此进程中，保加利亚先后出现了数位倡导巴尔干联合的革命领导人和思想家，如留宾·卡拉维洛夫（Lyuben Karavelov）④、瓦西尔·列夫斯基（Vasil Levski）和赫里斯托·鲍特夫（Khristo Botev）等。

首先应提到的是留宾·卡拉维洛夫。卡拉维洛夫 1834 年出生在保加利亚中部城市科布里夫什蒂察（Koprivshtitsa）⑤。1857 年，卡拉维洛夫进入莫斯科大学历史哲学系学习，在那里接受了俄国革命民主主义者亚历山大·赫

---

① 马细谱：《巴尔干纷争》，第 61～62 页。
② 转引自朱庭光主编《外国历史名人传 近代部分 中册》，第 353～354 页。
③ 朱庭光主编《外国历史名人传 近代部分 中册》，第 352 页。
④ 另译柳贝·卡拉维洛夫、柳本·卡拉维洛夫。
⑤ 另译科普里弗什蒂查。

尔岑（Aleksandr Herzen）、尼古拉·车尔尼雪夫斯基等人的学说和思想。学习之余，卡拉维洛夫积极参加俄国学生组织的社会活动，撰写诗歌，出版刊物。10 年后的 1867 年，卡拉维洛夫从俄国辗转来到塞尔维亚，在贝尔格莱德定居期间既致力于文学创作和新闻出版事业，又与塞尔维亚等国家的进步人士联络以支持保加利亚的革命运动。次年，卡拉维洛夫被塞尔维亚当局驱逐后前往奥匈帝国统治下的诺维萨德，不久因参与一起秘密活动被逮捕。1869 年春，获释的卡拉维洛夫来到当时保加利亚侨民聚集地罗马尼亚布加勒斯特定居，先后创办了《自由报》①《独立报》②，批评奥斯曼帝国的腐朽专制，宣传革命民主主义思想。同年底，卡拉维洛夫与同在罗马尼亚的保加利亚革命人士建立了保加利亚革命中央委员会（Bulgarian Revolutionary Central Committee）。1870 年，卡拉维洛夫当选该委员会主席。卡拉维洛夫著有短篇小说《旧日的保加利亚人》③ 和《母亲的孩子》④，描写社会上层人物的寄生生活和贫乏空虚的精神面貌，嘲笑他们远离民族解放运动，是"旧日的保加利亚人"。

卡拉洛维夫既是保加利亚革命事业的实践者，也是保加利亚乃至在巴尔干地区有影响的革命理论家和宣传家。在巴尔干民族解放运动中，许多革命民族主义者提出了借助大国援助实现各民族独立的主张。对此，卡拉维洛夫明确表示反对。他在《独立报》撰文写道："迄今为止我们仍处于奴役的原因在于我们巴尔干半岛的基督教徒与其他民族一样受到了欺骗，以为他们可以获得欧洲大国尤其是俄国的支持来获得解放。仅仅依靠外来援助并希望通过他们来获得解放的人们得到的将是悲惨的结局。"⑤ 同时，卡拉维洛夫还反对各个民族以过去的历史记忆来实现领土收复的想法，如果这样，希腊人便会对马其顿提出要求，因为在拜占庭时期马其顿受其控制；意大利人则会对整个巴尔干半岛提出要求，因为在罗马帝国时期意大利人对半岛进

---

① 保加利亚语"Свобода"，英文"Freedom"，存在于 1869 ~ 1873 年。
② 保加利亚语"Независимост"，英文"Independence"，存在于 1873 ~ 1874 年。
③ 保加利亚语"Българи от старо време"，英文"Old Time Bulgarians"。该书中译本参见〔保〕柳宾·卡拉维洛夫《旧日的保加利亚人》，黛云、海岑译，上海译文出版社，1984。
④ 保加利亚语"Мамино детенце"，英文"Mommy's Boy"。
⑤ 参见 L. Barbar, "The Early History of the Balkan League," *International Review*, Vol. I, 1915, p. 259。

行了占领。① 事实上，倘若诉诸历史，不仅仅希腊人和意大利人如此，塞尔维亚人、保加利亚人等其他民族同样有声称类似要求的"合法源头"。

那么，怎样才能实现巴尔干各民族解放和独立的目标呢？在卡拉维洛夫看来，只有建立一个巴尔干联邦才能使所有巴尔干民族真正和平共处。卡拉维洛夫进一步指出，巴尔干联邦的构成主要包括塞尔维亚（包括波斯尼亚、黑塞哥维那和黑山）、罗马尼亚、保加利亚（包括色雷斯和马其顿）、阿尔巴尼亚、希腊（包括色萨利和伊庇鲁斯）以及自由城市君士坦丁堡。一旦奥匈帝国解体，塞尔维亚将获得达尔马提亚、克罗地亚和巴纳特的南部，罗马尼亚将获得巴纳特的剩余部分以及特兰西瓦尼亚。在这个联邦内，保加利亚、塞尔维亚和罗马尼亚三个多瑙河国家将形成紧密的联盟，拥有一个共同的议会，但各自行使独立的行政权。② 对于希腊和阿尔巴尼亚在联邦中的地位，卡拉维洛夫并没有明确做出说明。然而，据此推测卡拉维洛夫具有斯拉夫主义的情怀尚显武断，因为罗马尼亚也是他主张的巴尔干联邦主体之一。可以说明的是，卡拉维洛夫只是想象了巴尔干联邦的构成，并没有对联邦的内部结构进行设计。

从后来的经历可知，卡拉维洛夫在保加利亚革命失败后意志消沉，于1875年脱离政治活动，并于1879年在保加利亚北部城市鲁塞（Ruse）逝世。与此同时，保加利亚人的民族解放事业正在如火如荼地展开。

与卡拉维洛夫同时代的革命家瓦西尔·列夫斯基不仅是保加利亚民族解放运动的杰出领袖，也是巴尔干联合主张的重要代表。他的原名是瓦西尔·伊凡诺夫·库恩切夫（Vasil Ivanov Kunchev），1837年出生于卡尔洛沃城（Carlovo）的一个手工业者家庭。列夫斯基本来是一个修士，在保加利亚民族解放运动高涨的1862年，他脱下教袍前往贝尔格莱德，参加了格奥尔基·拉科夫斯基（Georgi Sava Rakovski）③ 组织的第一保加利亚志愿军团，

---

① 参见 L. S. Stavrianos, *Balkan Federation*, *A History of the Movement toward Balkan Unity in Modern Times*, p. 117。

② Ibid.

③ 生于1821年，卒于1867年，19世纪保加利亚革命家、作家，是保加利亚民族解放运动的重要人物。有关拉科夫斯基的生平事迹及思想主张，参见马细谱《巴尔干近现代史》（上卷），第139～141页。

投身革命事业。在贝尔格莱德参加塞尔维亚人反对奥斯曼帝国的斗争中，因作战英勇，瓦西尔被赋予列夫斯基即雄狮的美称。瓦西尔·列夫斯基始终认为依靠国外力量的支持和援助是没有希望的，只有依靠人民的力量，通过武装斗争，保加利亚的解放才能实现。列夫斯基积极奔走在巴尔干各地，宣传革命理念，组建秘密组织。1869 年，列夫斯基在罗马尼亚同卡拉维洛夫共同创建保加利亚革命中央委员会。次年，列夫斯基回到保加利亚，在北部城市洛维奇（Lovech）组建保加利亚内部革命组织（Internal Revolutionary Organization）。1872 年，在列夫斯基的倡议下，保加利亚革命中央委员会在布加勒斯特举行第一次全体代表大会。大会推举卡拉维洛夫担任委员会主席，授命列夫斯基在保加利亚领导内部革命组织推动革命。

在宣传和发动革命的实践之外，列夫斯基也对民族解放事业成功之后的国家建构进行了思考。结合保加利亚的实际，列夫斯基支持当时已经出现的关于建立巴尔干联邦的主张，认为第一步是推翻现有的保加利亚专制体制，建立民主共和国。在列夫斯基看来，不管保加利亚人、土耳其人和犹太人在信仰、社会地位等方面有何差异，他们都拥有同样的权利，所有人都应在共同的法律规定下平等相处。"全体保加利亚人，不分他们的社会地位都应参加未来的斗争；所有遭受奥斯曼帝国奴役的民族都应该起来推翻其统治。同时，保加利亚一定要先实现自己的独立和组建自己的国家，然后再寻找朋友和同盟者。"① 因此，一旦保加利亚的革命获得彻底成功，应立即与巴尔干其他民族基于"团结、博爱和完全平等"的原则缔结协定建立联邦。② 这样"两步走"的战略思想主要体现在列夫斯基于 1871 年撰写的《争取保加利亚人民解放工作者条例》（*The Instruction of the Workers for the Liberation of the Bulgarian People*），即《组织章程草案》中。③

1872 年，在策划和准备大起义的时候，列夫斯基因叛徒出卖被捕，次年就义。其就义后第二天黎明时分，成群结队的人拿着鲜花从索非亚的大街小巷涌向土耳其人绞死列夫斯基的广场。到天大亮时，鲜花已堆得像山

---

① 转引自马细谱《巴尔干近现代史》（上卷），第 142 页。

② L. S. Stavrianos, *Balkan Federation*, *A History of the Movement toward Balkan Unity in Modern Times*, p. 118.

③ 关于《组织章程草案》的基本思想，参见马细谱《保加利亚史》，第 93 页。

一样高。他的头发被认为化作了"古老的山"，横贯整个保加利亚。[1] 列夫斯基一生都在为争取保加利亚民族解放而努力，他也因此被视为保加利亚的民族英雄、"自由的使徒"[2]。列夫斯基曾说："如果我成功了，我的成功是为整个民族；如果我失败了，那么，我将独自一人走向死亡。"[3] 虽然生前列夫斯基努力的目标没有实现，但他在保加利亚历史上的重要影响不言而喻。现在的保加利亚到处都有列夫斯基的影子。据统计，保加利亚全国共有一个城镇和六个村庄以他的名字命名。保加利亚国家体育场名为瓦西尔·列夫斯基国家体育场。另外，保加利亚还有瓦西尔·列夫斯基军事大学。2007 年 2 月，保加利亚国家电视台发起的"保加利亚历史上最伟大的人物排行榜"揭晓，列夫斯基高居榜首。[4]

列夫斯基的逝世一度给保加利亚革命运动带来危机，保加利亚革命中央委员会和内部革命组织也发生了分化。在这个时候，赫里斯托·鲍特夫[5]坚持了列夫斯基的革命路线，将保加利亚的民族解放运动又推向了一个高潮。鲍特夫出生在保加利亚中部城镇卡洛费尔（Kalofer），自幼随父亲读书，15 岁时到俄国求学。与卡拉维洛夫一样，鲍特夫在俄国求学时接触到了亚历山大·赫尔岑、尼古拉·车尔尼雪夫斯基等人的革命民主主义思想。1865 年，鲍特夫因同俄国革命者以及当时被沙俄当局拘禁的波兰 1863 年起义参加者建立联系而被开除学籍。1867 年春，鲍特夫回到家乡后积极宣传革命思想，号召人民起来反对奥斯曼帝国的统治。不久，因奥斯曼帝国当局的迫害，鲍特夫前往布加勒斯特。在这里，鲍特夫继续从事革命宣传，先后参与创办《自由报》《独立报》以及主办《保加利亚侨民论坛》《旗帜

---

① 参见〔美〕罗伯特·卡普兰《巴尔干两千年：穿越历史的幽灵》，第 239 页。

② 英国著名的保加利亚历史学家莫西亚·麦克德莫特（Mercia MacDermott）为列夫斯基所写的传记中称其为"自由的使徒"。参见 Mercia MacDermott, *The Apostle of Freedom: a portrait of Vasil Levsky against a background of nineteenth century Bulgaria*, London: G. Allen & Unwin, 1967.

③ 〔英〕R. J. 克兰普顿：《保加利亚史》，周旭东译，中国大百科全书出版社，2009，第 73 页。

④ " Васил Левски беше избран за най - великия българин на всички времена," Feburary 18, 2007, http://www.velikite.bg/index.php? p=4&id=58，访问日期：2021 年 10 月 21 日。

⑤ 关于鲍特夫生平的详细介绍，参见朱庭光主编《外国历史名人传 近代部分 中册》，第 328～334 页。

报》《闹钟》等多种报刊。① 尤其要提到的是《旗帜报》，在《独立报》1874年停刊后，这份报纸成为革命活动家的讲坛和团结革命力量的重要阵地。1875年4月，在保加利亚革命中央委员会大会上鲍特夫入选新的中央委员会，从此成为保加利亚革命事业的重要领袖。

与前两位保加利亚革命者卡拉维洛夫和列夫斯基稍有不同，鲍特夫更倾向于社会主义的主张。鲍特夫同情和赞扬塞尔维亚人马尔科维奇及其巴尔干联邦主张，他强调"在巴尔干各国人民之间结成'自由的和神圣联盟'的思想迄今没有实现。而且，'被召唤来组成这个联盟或邦联的各国人民，迄今也没有掌握这一思想'"②。所以，对于保加利亚来说，摆脱奥斯曼帝国统治和民族压迫的唯一出路就是人民大众的革命。同时，鲍特夫鼓励与保加利亚人具有同样遭遇和命运的其他巴尔干民族起来发动革命，最终建立各民族绝对平等的巴尔干联邦共和国。在鲍特夫看来，"只有巴尔干各国的民主力量取得胜利后，各民族之间才有可能创立牢固的联邦共和国，组成南部斯拉夫联邦或多瑙河联邦"③。针对奥斯曼帝国、奥匈帝国、沙皇俄国以及其他欧洲列强给巴尔干各族人民带来的苦难，鲍特夫指出："只有人民之间明智的兄弟联盟才能消灭人类的痛苦、贫困和寄生虫，只有这个联盟才能产生人间真正的自由、博爱、平等和幸福。"④ 因此，鲍特夫强调，沙皇俄国和西欧列强英国、法国、奥匈帝国等都是巴尔干各民族获得彻底解放的敌人，他们或者想竭力维持巴尔干地区的"均势"，或者试图保全奥斯曼帝国的"安宁"，抑或阴谋策划瓜分奥斯曼帝国的"遗产"。⑤ 从后来的发展可见，鲍特夫的分析是深入的，他的思想也是具有前瞻性的。

其强调社会主义的属性还表现在，鲍特夫积极学习马克思的理论著述，并描绘了保加利亚的社会主义前景。在他生命的最后几年里，鲍特夫在布加勒斯特参加了马克思《资本论》学习小组的活动。鲍特夫在一篇文章中

---

① 马细谱：《保加利亚史》，第94页。
② 转引自马细谱《巴尔干纷争》，第63页。
③ 同上，第62～63页。
④ 转引自朱庭光主编《外国历史名人传 近代部分 中册》，第330页。
⑤ 同上。

积极支持马克思创立的第一国际，祝贺巴黎公社取得的辉煌胜利。由此，鲍特夫还感叹："我主张团结一致的光辉灿烂的共产主义，主张对社会的种种弊端进行矫正。我期待着各民族的奋起，期待着全世界共产主义的未来。"①

在当时，保加利亚革命内部出现不同路线主张，革命温和派主张将保加利亚民族解放事业的前景寄托于大国的干预。1875 年 9 月，鲍特夫毅然辞去了保加利亚革命中央委员会中央委员的职务。但是，鲍特夫并没有远离革命事业，更没有放弃民族解放的理想。1876 年 4 月，保加利亚爆发反对奥斯曼帝国的武装起义。得知这一消息后，鲍特夫十分兴奋，立即创办了《新保加利亚报》，并于同年 5 月发表《致保加利亚人民书》，号召民众团结起来同奥斯曼帝国展开斗争。另外，鲍特夫还在罗马尼亚组织和训练武装人员，并带领一支队伍投入战斗。这支队伍从罗马尼亚战斗到保加利亚，取得了数场胜利。6 月 2 日，鲍特夫的队伍遭遇到了奥斯曼帝国的正规军，由于寡不敌众，鲍特夫在交战时饮弹牺牲，年仅28 岁。

鲍特夫的一生虽然短暂，但在保加利亚历史上占有极其重要的地位。保加利亚共产党领袖、共产国际领导人格奥尔基·季米特洛夫（Georgi Dimitrov）这样评价说：鲍特夫"是上世纪保加利亚民族解放运动中最有才华和最有远见的领袖，是为人民解放和民族独立而斗争的天才诗人"②。与列夫斯基一样，现在的保加利亚也有不少鲍特夫的影子。保加利亚最高的山峰被命名为鲍特夫峰，6 月 2 日被命名为 "鲍特夫日"③。在普罗夫迪夫，体育爱好者为了表达对鲍特夫的纪念于 1912 年创办了以鲍特夫命名的足球俱乐部。同样，鲍特夫不仅属于保加利亚，也属于巴尔干地区。他的革命思想与实践以及巴尔干联邦共和国的主张对于巴尔干各族人民起来反抗外来压迫与统治、实现国家的独立起到了重要的推动作用。

诚如有学者指出的那样，19 世纪的欧洲联邦主义计划大多倾向于模糊

---

① 转引自朱庭光主编《外国历史名人传 近代部分 中册》，第 331 页。

② 同上，第 334 页。

③ 每年的 6 月 2 日，保加利亚全国各地举行各种活动来隆重庆祝 "鲍特夫日"。

表达不同民族实现联合的主张。① 保加利亚的这一特征尤为明显，卡拉维洛夫、列夫斯基、鲍特夫等都提出了建立巴尔干联邦的理念。然而，保加利亚人的联邦理念与当时较为成熟的美国联邦主义实践截然不同。前者十分含混地将联邦理念作为解决民族问题的出路，而后者的联邦主义是在建立国家后对政府配置以及经济问题的一种回应。② 诚然，对于保加利亚革命民主主义者来说，他们思考最多的是摆脱奥斯曼帝国的统治并实现民族解放与自由，至于解放后的国家应该如何构建还来不及认真思索，也不是他们的优先事项。

综上可见，在巴尔干民族解放运动过程中，巴尔干革命民主主义者和思想家提出了诸多关于巴尔干联合的理念与主张。虽然这些方案有的只是表面化的设计，对于未来国家的制度安排与机构设置还缺乏深入的探讨，甚至还存在巴尔干共同国家边界的模糊、各民族适当位置的安排不详等缺陷③，但是他们的思想无疑推动了巴尔干各民族争取解放与独立运动以及促进了各民族的和解与合作。这些方案的提出者尽管身份不同，有的是自由主义的革命家，有的是倾向社会主义的民主人士，但他们的目标和宗旨是近乎一致的。

遗憾的是，这些关于巴尔干联合的思想和主张都无法付诸实施。其原因可以从当时的国际形势和巴尔干地区的发展情况两个方面来加以分析。从前者来看，19世纪的巴尔干半岛是欧洲大国关注的聚焦地，尤其是奥斯曼帝国和奥匈帝国从未对巴尔干半岛的控制放松警惕，而俄国等国家对巴尔干事务的干预也只是出于自身利益的考虑。所以，处于这种拉扯关系中的巴尔干地区常常是各大国外交的"调味剂"，其独立的命运难以自主，更

---

① Ana‑TeodoraKurkina, *Intelligentsia in Exile. Bulgarian Revolutionary Emigration in the Second Half of the 19th Century and the Projects for a Balkan federation*, Inaugural‑Dissertation zur Erlangung der Doktorwürde der Fakultät für Philosophie, Kunst‑, Geschichts‑ und Gesellschaftswissenschaften der Universität Regensburg, 2019, p. 71.

② Emilian Kavalski, "The Balkan America? The Myth of America in the Creation of Bulgarian National Identity," *New Zealand Slavonic Journal*, Vol. 38, 2004, pp. 131‑157.

③ 参见 Ádám Balogh, "The Ideas of Federalism in the Greek Political Thinking in the second part of the Nineteenth Century," 2005, http://acta.bibl.u‑szeged.hu/7707/1/mediterran_014_035‑050.pdf，访问日期：2021年11月15日。

谈不上巴尔干联合的实现。这一点在 1875～1878 年的近东危机中得到了充分的体现。在解决该危机的方案中，"俄国试图通过建立包括马其顿全部、阿尔巴尼亚和塞尔维亚的一部分的大保加利亚，来实现其控制巴尔干半岛的野心。匈奥则希望建立一个大阿尔巴尼亚来保证其帝国势力对巴尔干半岛的渗透"①。这次危机最终以《柏林条约》的签订而结束，巴尔干一些国家的独立和自治获得承认，但都被深深地打上了大国意志的烙印。大国从未考虑巴尔干各民族的意愿，巴尔干各国"不过是大国外交棋局中的小卒，并被看作大国均势的干扰者"②。柏林会议成为巴尔干国家历史的分水岭，它在起到一定稳定作用的同时也在巴尔干地区埋下了许多巨大的矛盾隐患，使巴尔干地区在许多年中甚至在 20 世纪还背着"欧洲火药桶"这一不好的名声。③ 欧洲大国的瓜分"开创了各种民族利己主义的时代，因为这些民族利己主义是在巴尔干半岛划分势力范围这种后果的基础上产生的"④。因而，从某种意义上说，巴尔干这个"欧洲的火药桶"恰恰是欧洲制造的，不是巴尔干人将欧洲拉入战争，而是欧洲将巴尔干置于风暴眼的位置。⑤ 在一定程度上也可以讲，柏林会议以及《柏林条约》的签订是考察巴尔干联合运动的一个重要分期。这也是本章只写到 1878 年的依据所在。

与此同时，在巴尔干各国的联合没有成为时代主导思想的情况下，巴尔干各国的保守主义思潮和民族主义便占据了上风，共同行动只能成为良好的愿望，很难变成现实。⑥ 巴尔干半岛长期处于外族的压迫奴役与分化统治之中，巴尔干革命民主主义者提出的巴尔干联合思想与主张也不大可能得到民众的广泛支持。巴尔干联合思想的先驱里加斯·维列斯迪利斯、巴尔干联邦的坚定支持者瓦西尔·列夫斯基均因被叛徒出卖而就义。在保加利亚、希腊等革命队伍中，同样有坚定者、中间派和妥协派的划分。另外，此时的巴尔干地区不仅文化教育事业发展落后，而且工业化程度也比较低，

---

① 郝时远：《帝国霸权与巴尔干"火药桶"》，第 86 页。
② 朱瀛泉：《近东危机与柏林会议》，南京大学出版社，1995，第 190 页。
③ 参见〔俄〕A. Г. 扎多欣、A. IO. 尼佐夫斯基《欧洲的火药桶——20 世纪的巴尔干战争》，第 71 页。
④ 〔南斯拉夫〕伊万·博日奇等：《南斯拉夫史》（上册），第 456 页。
⑤ 孙兴杰：《"东方问题"与巴尔干化的历史根源》，中央编译出版社，2021，第 92 页。
⑥ 马细谱：《巴尔干近现代史》（上卷），第 224 页。

这也导致巴尔干地区缺乏社会团体或政党组织的基础。这种状况直到19世纪后期才开始发生改变。随着巴尔干各国的政党组织特别是社会主义政党的出现，关于巴尔干联邦的主张也逐渐从个人层面转移到政党组织层面。本章讨论的马尔科维奇与鲍特夫在一定程度上已是巴尔干社会主义的先驱，他们在传播社会主义思想的同时也推动了社会主义运动的进展。

第二节　克罗地亚人、塞尔维亚人的南部斯拉夫联合计划

19世纪中前期，除了巴尔干联合的主张外，巴尔干地区还出现了关于南部斯拉夫人联合的计划。但是，后者并不是突然在这个时期出现的。早在16世纪，巴尔干半岛就已经出现了关于南部斯拉夫人民族起源同一性的认识。[1] 进入17世纪，出现了一系列主张南部斯拉夫人团结、重振中世纪辉煌、歌颂自由独立的著述。[2] 此后，受西欧文艺复兴与宗教改革的影响，巴尔干西部地区的文化艺术和宗教生活发展迅速，与巴尔干其他处于奥斯曼帝国统治的地区在文化发展方面的差异越来越大。这种文学、艺术的繁荣有利于"启发所有南部斯拉夫人对'斯拉夫的'或'伊利里亚的'共同体的意识，这一切都将成为对未来的民族复兴具有重大作用的因素，并且在比当时人民的生活所展现的大大小小地区更为广泛的范围内，通过各种途径成为对民族意识的形成施加影响的因素"[3]。克罗地亚作家帕夫莱·里特尔·维特佐维奇（Pavle Riter Vitezović）曾把当时所有南部斯拉夫人居住的地区都冠以克罗地亚名称，这是首次有人想以政治统一来替代南部斯拉夫民族现实的分裂状况。[4] 这些传说的、文学的思想为后来政治家们的实践提供了精神源头。

一　伊利里亚运动与南部斯拉夫人的联合

进入19世纪，在巴尔干民族解放运动的进程中，出现了一系列关于南

---

① 参见余建华《民族主义、国家结构与国际化：南斯拉夫民族问题研究》，第49页。

② 1601年出版的马福罗·奥尔比尼（Mavro Orbini）的《斯拉夫王国》和尤里·克里热尼奇的《政治》都宣扬巴尔干半岛的斯拉夫人走向联合和统一。参见马细谱《巴尔干近现代史》（上卷），第105页。

③ 〔南斯拉夫〕伊万·博日奇等：《南斯拉夫史》（上册），第185页。

④ 同上，第273页。

部斯拉夫联合或统一的计划，它们表达了南部斯拉夫人实现民族复兴和国家独立的诉求。从巴尔干地区来说，克罗地亚人倡导的伊利里亚运动（Illyrian Movement）是这种主张的较早表达。

约从公元前 10 世纪起，印欧民族的一支伊利里亚人①（Illyrians，拉丁语 Illyrii）在巴尔干半岛的西北部定居，并逐渐扩大地盘。在伊利里亚人的鼎盛时代，他们的疆界北起多瑙河，南到亚得里亚海安布拉基亚湾（Ambracian Gulf），西起亚得里亚海，东达现今北马其顿西部的沙尔山脉（Šar Mountains）。② 此后，伊利里亚人的实力日渐式微，相继遭受罗马人、哥特人的统治。不过，这些统治没有改变伊利里亚人聚居区的民族构成，直到公元 7 世纪前后南部斯拉夫人定居巴尔干半岛后，才使除现在阿尔巴尼亚所包括的地区外的民族结构发生了变化。

在罗马帝国统治时期，这里是伊利里库姆（Illyricum）行省，其"范围及名称时有变更，罗马对于伊利里亚人实施了长逾五百年的统治"③。南部斯拉夫人定居巴尔干半岛后，逐渐建立起一些早期国家。这些国家或者是由一个统治者或统治集团领导、由许多民族和领土构成的"帝国"，或者是由家族统治的"王国"，而不是有固定边界、首都、专职官吏、确定的司法制度和常备军的现代意义上的国家。④ 它们中的有些国家曾一度称霸东南欧，但都因外族的入侵而衰落，先后受制于拜占庭帝国和奥斯曼帝国。

19 世纪初，这里成为法国的占领地。拿破仑在此设置伊利里亚行省（Illyrian Provinces），旨在阻碍中欧和多瑙河流域同英国的商业联系；确保法国经由波斯尼亚将棉花从萨洛尼卡转运到欧洲纺纱厂的商业通道；为将来实行整顿东方的计划建立牢固的战略基础，同时还可以经常监视奥地利，

---

① 希腊人最早使用"伊利里亚人"一词，后由罗马人继之，用以泛指与之存在定期往来的其他一些部落。参见沈坚《古代巴尔干伊利里亚人述论》，《世界历史》2001 年第 3 期。

② 参见《不列颠百科全书（国际中文版）》（第 8 卷），中国大百科全书出版社，1999，第 326 页。

③ 沈坚：《伊利里亚人与外部世界的关系》，《华东师范大学学报》（哲学社会科学版）2000 年第 5 期。

④ 参见孔寒冰《东欧史》，第 26 页。

因为按照拿破仑的说法，伊利里亚是设在维也纳大门前的岗哨"①。不过，当时伊利里亚行省只包括亚得里亚海东岸的一条狭长地带，存在时间也只有 4 年，即从 1809 年到 1813 年。虽然伊利里亚行省作为法国的一部分存在时间不长，但其对维系地区民族情感发挥了重要作用。有学者指出，伊利里亚的复兴源于拿破仑设立的伊利里亚行省时期。② 还有学者认为，在这一时期，"伊利里亚"的理念只是推动了南部斯拉夫人联合和独立的想法，并没有形成一股运动，但毫无疑问其成为后来伊利里亚运动的开端。③

1814 年拿破仑兵败滑铁卢后，法国被迫将伊利里亚行省划给奥地利帝国。奥地利帝国当局担心塞尔维亚人的起义和希腊人的斗争会波及其境内的其他斯拉夫民族，同时也是为了"有效地抗衡俄国的影响及其在当地人民中玩弄的鬼蜮伎俩"，于 1816 年建立了"伊利里亚王国"（Kingdom of Illyria）。这个王国包括了比拿破仑时期更为辽阔的斯洛文尼亚各地区，以及克罗地亚南部，但不包括达尔马提亚。这个解决巴尔干问题的官方的伊利里亚主义未能得到克罗地亚和斯洛文尼亚贵族的支持，因为他们害怕在如此庞大的一个具有民族含义的整体中，贵族旧有的自由和分省的特性会丧失。④ 但必须强调的是，除了疆域的扩大外，这个王国的经济和文化也取得了很大的进步，使南部斯拉夫人的凝聚感和民族意识增强。因为，"只要克罗地亚人、塞尔维亚人和斯洛文尼亚人属于同一政治实体，南部斯拉夫人的共同的民族感情便会油然而生"⑤。随着 19 世纪巴尔干地区民族复兴运动的兴起，底层的南部斯拉夫人拾起"伊利里亚"这个古老的民族名称，来表达他们摆脱外族统治和民族独立的愿望。⑥

率先拾起"伊利里亚"名称的是克罗地亚人。19 世纪 30 年代初期，"克罗地亚贵族从因循守旧、墨守成规中解脱出来，转向顽固的民族主义。

---

① 〔南斯拉夫〕伊万·博日奇等：《南斯拉夫史》（上册），第 304 页。

② L. S. Stavrianos, *Balkan Federation*, *A History of the Movement toward Balkan Unity in Modern Times*, p. 48.

③ L. S. Stavrianos, *Balkan Federation*, *A History of the Movement toward Balkan Unity in Modern Times*, p. 25.

④ 参见〔南斯拉夫〕伊万·博日奇等《南斯拉夫史》（上册），第 310 页。

⑤ Stephen Clissold ed. , *AShort History of Yugoslavia*：*From Early Times to* 1966, p. 33.

⑥ Jennifer Wallace, "A History of Illyria," *Greece & Rome*, Vol. 45, No. 2, 1998, p. 219.

他们近乎病态地反对马扎尔人（匈牙利人的自称——引者注），梦想建立一个包括达尔马提亚、斯洛文尼亚有争议的一些县份的大克罗地亚，并与匈牙利分离。"① 这种民族主义有不少称谓，如伊利里亚运动、伊利里亚主义以及克罗地亚主义，但都代表着克罗地亚的民族、政治、文化运动，为把克罗地亚全民族统一为一个领土、政治和文化的共同体奠定了基础。② 有学者指出："采用'伊利里亚'这一名称的出发点，犹如德国人采用'日耳曼尼亚'这一古典名称一样，是在于用这一名称把没有共同性意识的各民族省份统一起来，南部斯拉夫人也是如此，采用了'伊利里亚'这一名称，以便通过共同使用这一名称来消除不同地区和不同起源的名称。"③ 也有学者强调，之所以称为伊利里亚运动，是因为运动的倡导者们误以为南部斯拉夫是同一人种，都起源于古代生活在巴尔干半岛的伊利里亚人。④ 使用这一名称到底是故意为之还是错误用之难以考证，但对古代伊利里亚人的借用是确定无疑的。

这一时期以推翻外族统治恢复伊利里亚人原有疆界和统治的运动被称为"伊利里亚运动"，其主张包括："南部斯拉夫人各族其实是同一个共同体，源于相同的种族，语言文化接近，又面临着实现民族独立的共同历史使命"⑤；只有伊利里亚思想和伊利里亚人才能联合南部斯拉夫人，"确信克罗地亚只是统一的南斯拉夫民族的一部分，虽然'南斯拉夫'这一名称在普遍使用同义词'伊利里亚'来表达这一概念时还不曾出现"。⑥ 伊利里亚运动的主要代表人物包括扬科·德拉什科维奇（Janko Drašković, 1770 - 1856）、路德维特·盖伊（Ljudevit Gaj, 1809 - 1872）以及迪米特里亚·德梅特（Dimitrija Demeter, 1811 - 1872），他们主要通过出版著作或创办杂志来宣扬南部斯拉夫民族联合的思想与主张。

扬科·德拉什科维奇1770年出生于萨格勒布。德拉什科维奇的家族是

① 〔英〕克劳利编《新编剑桥世界近代史》（第9卷），中国社会科学院世界历史研究所组译，中国社会科学出版社，1999，第541页。
② 参见左娅编著《列国志·克罗地亚》，社会科学文献出版社，2007，第62页。
③ 〔南斯拉夫〕伊万·博日奇等：《南斯拉夫史》（上册），第337页。
④ 马细谱：《巴尔干近现代史》（上卷），第226页。
⑤ 余建华：《民族主义、国家结构与国际化：南斯拉夫民族问题研究》，第50页。
⑥ 〔南斯拉夫〕伊万·博日奇等：《南斯拉夫史》（上册），第335页。

克罗地亚世袭权贵①，因此人们一般称其为扬科·德拉什科维奇伯爵（Count Janko Drašković）。德拉什科维奇从小受过良好的教育，甚至被视为那个时期克罗地亚受过最好教育的人。当时的克罗地亚是哈布斯堡王朝统治下的匈牙利一部分。当 18 世纪末哈布斯堡王朝在帝国境内包括在匈牙利推行新的语言法令即将德语作为官方语言时，克罗地亚人、斯洛文尼亚人均站在匈牙利人一边。克罗地亚贵族打出了同匈牙利人是"友好兄弟"的口号。在 1790 年的克罗地亚议会会议上，克罗地亚贵族同意将匈牙利语列为学校的非必修课程。② 随着 18 世纪初匈牙利加紧推行匈牙利化政策，坚持将匈牙利语作为克罗地亚的官方语言和学校必修课程，克罗地亚贵族又走向了匈牙利的对立面。诚如有学者所强调的：南部斯拉夫各民族复兴时，都把语言看作复兴本民族的基础。③ 克罗地亚、塞尔维亚、斯洛文尼亚均涌现出一批改革语言及捍卫语言地位的思想家。

在克罗地亚，当时的人们并不能区分语言权利运动和政治运动的关系，他们主要争取的是什托卡夫方言的正统性。④ 德拉什科维奇率先赋予语言权利运动以实际的政治需要，二者的统一为克罗地亚实现民族复兴提供了有力论据。1832 年，德拉什科维奇在用民间方言发表的《致我王国的合法使者以及将来被派遣出席未来匈牙利议会的受权的立法者的答辩论文，或谈话》（*Dissertation, or Treatise, Given to the Honourable Lawful Deputies and Future Legislators of Our Kingdoms, Delegated to the Future Hungarian Diet*）中指出："如果事物局限在克罗地亚城镇居民的范围内，那么克罗地亚将会永远屈从于匈牙利，而克罗地亚是有能力移动政治'天平'的，使之有利于自己，如果它用'大伊利里亚'这种从亚得里亚海到多瑙河以至斯洛文尼

---

① 据学者考证，有关德拉什科维奇家族的记载最早见于 1490 年，该记录在现匈牙利国家档案馆保存。家族史上较具名气的是巴尔托·德拉什科维奇（Bartol Drašković），他从匈牙利来到克罗地亚定居，在 1567 年获得男爵爵位。1631 年，家族由男爵变更为伯爵。从 16 世纪到 20 世纪，德拉什科维奇家族涌现出一系列政治家、军事家、宗教领袖。参见 "The Draskovic family," http：//mdc. hr/trakoscan/eng/2 -2povijest. html，访问日期：2021 年 11 月 19 日。

② 〔南斯拉夫〕伊万·博日奇等：《南斯拉夫史》（上册），第 281 页。

③ 同上，第 331 页。

④ 当时的克罗地亚及周边地区共有七种不同的正字法，包括克罗地亚城镇居民通行的卡伊卡夫方言"匈牙利式拼写法"，斯拉沃尼亚通行的什托卡夫方言"斯拉沃尼亚式拼写法"，克罗地亚沿海地区、达尔马提亚、伊斯特拉、杜布罗夫尼克和波斯尼亚等各自的拼写法。

亚广为传播的斯拉夫思想来反对匈牙利人的话。"① 这篇文章揭示了克罗地亚民族复兴运动的历史意义，可谓 1918 年以前克罗地亚民族复兴运动的指路明灯。② 1838 年，德拉什科维奇在《致伊利里亚儿女们的话》（*Word on Illyrian Magnanimous Daughters*）一文中明确提出了"大伊利里亚计划"，强调大伊利里亚的疆域"包括从亚得里亚海到多瑙河的所有南部斯拉夫各国，甚至还包括阿尔巴尼亚和保加利亚的部分地区。它未来还会将部分非斯拉夫民族的土地也纳入其版图"③。这个计划的实现应该包括三个阶段：第一阶段，统一亚得里亚海和德里纳河之间的克罗地亚、斯拉沃尼亚和达尔马提亚、里耶卡；第二阶段，扩大到斯洛文尼亚各省；第三阶段，扩大到塞尔维亚、保加利亚和部分阿尔巴尼亚。④ 虽然德拉什科维奇和一部分克罗地亚舆论共有的这种激进思想在形式上还没有超越哈布斯堡帝国合法政治和传统的范围，但是这些思想揭示出克罗地亚民族复兴的正确方向，使克罗地亚的民族复兴开始慢慢从文化转向政治。⑤

德拉什科维奇的"大伊利里亚计划"指向所有南部斯拉夫民族的统一，这个统一是政治意义上的民族联合。德拉什科维奇主张的"大伊利里亚"包括达尔马提亚、波斯尼亚以及斯洛文尼亚，比前述"伊利里亚王国"的疆域更为广阔。⑥ 同样需要强调的是，与里加斯一样，德拉什科维奇也充分尊重人权，重视性别平等。在《致伊利里亚儿女们的话》一文中，德拉什科维奇认为女性解放也是民族解放的重要组成部分。⑦ 从这个层面看，其思想当时不仅在巴尔干地区甚至在整个欧洲都是比较先进的。

真正使伊利里亚运动变成民族自觉运动的是路德维特·盖伊。盖伊 1809 年出生在克拉皮纳（Krapina）。由于父亲的德意志血统，以及在奥地

---

① 〔南斯拉夫〕伊万·博日奇等《南斯拉夫史》（上册），第 336 页。

② 参见左娅编著《列国志·克罗地亚》，第 62 页。

③ 马细谱：《巴尔干纷争》，第 58 页。

④ 余建华：《民族主义、国家结构与国际化：南斯拉夫民族问题研究》，第 50~51 页。

⑤ 〔南斯拉夫〕伊万·博日奇等：《南斯拉夫史》（上册），第 336 页。

⑥ Balázs Trencsényi and Michal Kopeček. , *Discourses of Collective Identity in Central and Southeast Europe*, Vol. 2, *National Romanticism*: *Formation of National Movements*, Budapest: Central European University Press, 2007, p. 343.

⑦ Marina Vujnović, *Forging the Bubikopf Nation*: *Journalism*, *Gender and Modernity in Interwar Yugoslavia*, New York: Peter Lang Inc. , 2009, p. 48.

利、捷克等地的学习经历，盖伊掌握了多种语言，思想也极为活跃。盖伊不仅支持"大伊利里亚计划"，而且还推动伊利里亚运动从政治、地域层面扩展到复兴克罗地亚的民族文化和历史记忆层面。盖伊一生积极投入文学、语言以及文化的推广事业，试图通过语言改革来统一南部斯拉夫各民族。在盖伊看来，克罗地亚语的改革和标准化之所以与伊利里亚能够结合，是因为它有助于克服地域性特征进而实现克罗地亚语的文字统一。[1]

1828 年，盖伊等人在格拉茨大学创建的由数个南部斯拉夫人团体组成的"伊利里亚俱乐部"（ilirski klub），这被视为揭开了伊利里亚运动的序幕。[2] 1830 年，盖伊出版《克罗地亚—斯拉沃尼亚正字法概要》（*Brief Basics of the Croatian – Slavonic Orthography*）一书，改革了克罗地亚文字的拼写规则。[3] 1833 年，盖伊创作歌曲《克罗地亚没有消逝》（*Croatia is still not lost*）。1835 年，盖伊开始出版《克罗地亚新闻》（*Croatian Newspaper*）杂志及文学副刊《克罗地亚、斯拉沃尼亚和达尔马提亚晨星》（*The Morning Star of Croatia, Slavonia, and Dalmatia*）。[4]《克罗地亚新闻》出版的意义非常重大，其办刊思想在一定程度上对后来克罗地亚人追求民族独立起到了理念规范作用。最为重要的是，这两个刊物改用"伊利里亚"一词来代替"克罗地亚"，并于 1836 年更改为《伊利里亚人民日报》（*The National Illyrian Newspaper*）和《伊利里亚启明星》（*Illyrian Morgenstern*）。[5] 这一系列举措助推克罗地亚人确立了"新的具有深远影响的民族战略，摒弃了百年来倒向多瑙河流域的方针和脱离了与同一信仰的匈牙利人结成的共同体，从此，克罗地亚转向巴尔干半岛，并和塞尔维亚人结成共同体"[6]。1836 年，盖伊倡议建立"伊利里亚民族教育之友协会"（Society of the Friends ofIllyrian

---

[1] Vlasta Švoger, "Political Rights and Freedoms in the Croatian National Revival and the Croatian Political Movement of 1848 – 1849: Reestablishing Continuity," *The Hungarian Historical Review*, Vol. 5, No. 1, 2016, p. 75.

[2] George Thomas, *The Impact of the Illyrian Movement on the Croatian Lexicon*, Berlin: Peter Lang GmbH, 1988, p. 16.

[3] Keith Langston and Anita Peti – Stantic, *Language Planning and National Identity in Croatia*, New York: Palgrave Macmillan, 2014, p. 75.

[4] 参见〔南斯拉夫〕伊万·博日奇等《南斯拉夫史》（上册），第 337 页。

[5] "Ljudevit Gaj", https://memim.com/ljudevit – gaj.html, 访问日期: 2021 年 11 月 19 日。

[6] 参见〔南斯拉夫〕伊万·博日奇等《南斯拉夫史》（上册），第 337 页。

National Enlightenment) 作为统一的文化团体来推进伊利里亚运动，尤其是要在发展民族文化和语言上发挥作用。[①] 因此，1836 年被视为伊利里亚运动的肇始年。[②]

由于得不到奥地利帝国当局的支持，伊利里亚运动先驱们建立统一文化团体的尝试未能成功，他们转而建立地方性的文化团体。1838 年，盖伊等人在瓦拉日丁（Varaždin）、卡尔洛瓦茨（Karlovac）和萨格勒布建立了地方性协会，作为筹建文化团体的场所。其中，设在萨格勒布的"伊利里亚戏剧协会"（Illyrian Theatrical Society）于 1842 年发展成"伊利里亚马蒂察"（Matica Ilirska），致力于发展语言和民族文化事业。[③] 在克罗地亚语中，"马蒂察"即"文化协会"或学会的意思。"伊利里亚马蒂察"是克罗地亚最早的文化团体，汇集了大量伊利里亚运动的支持者，它的出现对于唤醒克罗地亚人的民族意识起到了重大作用。随着伊利里亚运动影响力的下降，"伊利里亚马蒂察"也更名为"克罗地亚马蒂察"（Matica hrvatska），后者一直是克罗地亚国家发展的重要文化阵地。[④]

在克罗地亚，伊利里亚运动成为克罗地亚人实现民族独立的路标和指针，促进了克罗地亚民族意识的形成。除德拉什科维奇和盖伊外，德梅特也是重要代表人物之一。严格说起来，德梅特是希腊裔克罗地亚人，他的父母于 1790 年从锡阿蒂斯塔（Siatista）来到克罗地亚并定居下来。德梅特 1811 年出生在萨格勒布，从小接受了良好教育。起初，德梅特致力于科学研究，1836 年以"脑膜炎"为研究主题获得博士学位。但是，德梅特并没有坚守他的科学研究，转而投入克罗地亚民族复兴事业，其与盖伊交往颇深，成为伊利里亚运动的核心人物之一。与盖伊积极投入新闻出版事业不同的是，德梅特的成就主要在戏剧和文学写作方面。1844 年，德梅特发表了他最为重要的、被称为克罗地亚人第一部民族戏剧的《提乌塔》

---

① Elinor Murray Despalatović, Ljudevit Gaj and the Illyrian Movement (to 1843), p. 235.
② Klen Barbara, *The Illyrian Movement and the Construction of the South Slav - Croatian Identity*, Master Thesis of University of Amsterdam, 2008, p. 16.
③ 参见 Elinor Murray Despalatović, Ljudevit Gaj and the Illyrian Movement (to 1843), p. 321。
④ 目前，"克罗地亚马蒂察"既有出版和期刊事业，也主办大量文化活动。据统计，"克罗地亚马蒂察"在海外有 120 多个分支机构，参见其官网 https: //www. matica. hr/。

（*Teuta*）。戏剧借用伊利里亚女王提乌塔在公元前 231 年到公元前 228 年统治期间同罗马帝国抗争的故事，来唤醒所有南部斯拉夫人有关"伊利里亚之源"的意识。[①] 1860 年，德梅特发起并创建克罗地亚剧院。该剧院系现克罗地亚国家剧院的前身。更为重要的是，1907 年，在德梅特逝世的第 35 年，克罗地亚创立戏剧最高荣誉奖并将其命名为"德梅特戏剧奖"。该奖项一直延续至今。

　　除了前述三大领袖人物，当时的克罗地亚还有一大批文学家、诗人通过撰写文学作品来表达对伊利里亚运动的支持。这一领域的代表同样有三位重要人物，他们分别是斯坦科·弗拉兹（Stanko Vraz，1810 – 1851）[②]、佩塔尔·普雷拉多维奇（Petar Preradović，1818 – 1872）[③] 以及伊万·马祖拉尼奇（Ivan Mažuranić，1814 – 1890）[④]。事实上，他们的身份多元，普雷拉多维奇是位出色的将军，马祖拉尼奇则在法律和语言学上有很深的造诣。同时，普雷拉多维奇和马祖拉尼奇在奥地利以及后来的奥匈帝国的影响力也非常大。[⑤] 此外，值得提及的是，1835 年，《克罗地亚、斯拉沃尼亚和达尔马提亚晨星》杂志刊发了安东·米哈诺维奇（Antun Mihanović）的诗歌

---

① Theodor de Canziani Jaksic, "The Heritage of Dr Dimitrija Demeter in the Mažuranić – Brlić – Ruži ć Memorial Library and Collection," *Acta Med Hist Adriat*, Vol. 6, No. 2, 2008, p. 243; Marcel Cornis – Pope and John Neubauer, eds., *History of the Literary Cultures of East – Central Europe: Junctures and Disjunctures in the 19th and 20th centuries*, Amsterdam: John Benjamins Publishing Company, 2007, p. 42; Wayne S. Vucinich, "Modern Yugoslav Drama," *The American Slavic and East European Review*, Vol. 5, No. 1/2, 1946, pp. 1 – 18; Ian Brown, *History as Theatrical Metaphor: History, Myth and National Identities in Modern Scottish Drama*, New York: Palgrave Macmillan, 2016, p. 15.

② 斯坦科·弗拉兹出生在现斯洛文尼亚境内，原名雅各布·弗拉斯（Jakob Frass），1836 年更改为斯拉夫化的名字。弗拉兹被认为是第一位以职业作家身份谋生的克罗地亚人。1842 年，弗拉兹参与创建克罗地亚最早的文学杂志之一的《科罗》（*Kolo*）。科罗舞是南部斯拉夫人传统的一种手拉手围成圆圈而跳的民间舞蹈，取该名足见弗拉兹对南部斯拉夫民族历史和身份认同的追求。

③ 普雷拉多维奇出生在塞尔维亚族裔家庭，但在青年时期由东正教改信天主教。

④ 马祖拉尼奇于 1873 年至 1880 年获得克罗地亚—斯拉沃尼亚王国（Kingdom of Croatia – Slavonia，1868 – 1918）的男爵爵位，是克罗地亚第一位非世袭的男爵。

⑤ 有关三人的具体事迹及其影响，参见 Klen Barbara, *The Illyrian Movement and the Construction of the South Slav – Croatian Identity*, Master Thesis of University of Amsterdam, 2008, pp. 35 – 73。

《克罗地亚祖国》（*Croatian Homeland*），这首诗歌于1846年被谱曲，歌词大部分为现克罗地亚国歌"我们美丽的祖国"（*Our Beautiful Homeland*）所吸收。①

伊利里亚运动主要活跃在克罗地亚境内，但在斯拉沃尼亚、达尔马提亚以及波斯尼亚和斯洛文尼亚等地也都有支持者，并产生了不同程度的影响。② 从这个角度讲，伊利里亚运动成为南部斯拉夫民族自觉的一面旗帜。但是，伊利里亚运动在主张南部斯拉夫人统一的同时忽视了南部斯拉夫各民族之间的差异，所具有的大克罗地亚主义色彩也使反对它的力量不断增大。伊利里亚运动遭遇最强大的抵制力量来自塞尔维亚人。塞尔维亚人反对伊利里亚运动的倡导者使用"伊利里亚"一词，认为它来自拉丁语，是对他们古代塞尔维亚国家的否定。同时，塞尔维亚人还认为，为避免在南部斯拉夫民族中制造排他主义（Particularism），应该使用南斯拉夫一词。③ 所以，伊利里亚运动与塞尔维亚民族复兴运动之间存在对冲，"伊利里亚运动没有能够使塞尔维亚的民族复兴在伊利里亚确定的历史基础上朝着建立统一的南斯拉夫民族的方向发展，尽管当时的和以后的塞尔维亚民族复兴者也提出了建立南斯拉夫共同体的要求"④。此外，黑山人也不愿意加入由克罗地亚人主导的伊利里亚运动。黑山国王、著名诗人佩塔尔二世佩特罗维奇·涅戈什（Petar Ⅱ Petrović – Njegoš）对南部斯拉夫人联合和统一的事业表示同情，但对伊利里亚运动并不积极。⑤ 而在斯洛文尼亚人内部，既有倾向于支持伊利里亚运动和实现南部斯拉夫民族联合的约瑟夫·泽姆利亚

① Marilyn J. Cvitanic, *Culture and Customs of Croatia*, Santa Barbara, CA: Greenwood, 2010. 1972年2月，南斯拉夫克罗地亚共和国议会通过《宪法修正案》，批准《我们美丽的祖国》为克罗地亚国歌。1990年克罗地亚新宪法重申了这一点。

② 关于这些地方出现的活动及其影响，参见〔南斯拉夫〕伊万·博日奇等《南斯拉夫史》（上册），第339～341页；Elinor Murray Despalatović, Ljudevit Gaj and the Illyrian Movement (to 1843), pp. 293–297. 需要指出的是，斯拉沃尼亚、达尔马提亚如今属于克罗地亚，但在那个时候并不是，在1868年至1918年克罗地亚与斯拉沃尼亚共同组成了自治王国。

③ Elinor Murray Despalatović, Ljudevit Gaj and the Illyrian Movement (to 1843), pp. 291–292.

④ 〔南斯拉夫〕伊万·博日奇等：《南斯拉夫史》（上册），第341页。

⑤ Marc L. Greenberg, "The Illyrian Movement: A Croatian Vision of South Slavic Unity," in Joshua A. Fishman and Ofelia García eds., *Handbook of Language and Ethnic Identity: The Success – Failure Continuum in Language Identity Efforts*, Vol. 2, Oxford: Oxford University Press, 2011, p. 371.

（Jožef Žemlja，1805 - 1843）①，也有坚守斯洛文尼亚民族身份的弗兰采·普雷舍伦（France Prešeren，1800 - 1849）。② 随着 19 世纪 30 年代普雷舍伦推动的斯洛文尼亚文学复兴运动，其理念越来越占上风，伊利里亚思想失去了土壤。如今，斯洛文尼亚首都卢布尔雅那中心广场竖立的是普雷舍伦的塑像，斯洛文尼亚国歌也主要依据普雷舍伦的著名诗作《祝词》创作而成。在波斯尼亚，伊利里亚运动的影响仅限于教会人士。比如，马丁·内迪奇（Martin Nedić）、伊万·尤基奇（Ivan Jukić）以及格尔戈·马尔蒂奇（Grgo Martić）等人积极为伊利里亚报刊撰稿，试图以此扩大影响。然而，波斯尼亚教会对他们的行动提出了警告，对波斯尼亚境内的伊利里亚分子更是进行打压。在达尔马提亚，人们对于伊利里亚运动的态度比较复杂，既有不少人支持伊利里亚运动，也有一些人鼓励同塞尔维亚人合作，更有部分人强调应当维持波斯尼亚独特的一面。③

总体来看，进入 19 世纪 40 年代，随着塞尔维亚人以及斯洛文尼亚人的民族自觉显著增强，以及克罗地亚民族势力内部的分化和盖伊威望的下降，伊利里亚运动渐入低潮并逐渐失去影响力。1843 年 1 月，奥地利皇帝斐迪南一世（Ferdinand Ⅰ）宣布禁止使用"伊利里亚"的称谓。皇帝无意干涉克罗地亚人使用他们语言的权利，甚至认为这是制衡匈牙利的一种手段④，但是伊利里亚运动会对帝国造成不稳定，因此必须要予以解决⑤。在帝国的压力下，伊利里亚运动的支持者们不得不转入地下活动甚至转移到克罗地亚域外活动，盖伊也在其中。盖伊遭到一些激进民族分子的斥责与排挤，

① 泽姆利亚发表的《七子之歌》最能体现他的斯拉夫联合思想。这首歌的主要思想是，俄罗斯人、波兰人、波希米亚人、克罗地亚人、风之子（Winds）、伊利里亚人以及保加利亚人被母亲无情遗弃，他们的父亲班·米基奇（Ban Mikić）在他们长大成人时重新将他们集合起来，并要求孩子们原谅母亲。泽姆利亚希望借这个故事促使斯拉夫人走向团结。参见 Marc L. Greenberg, "The Illyrian Movement: A Croatian Vision of South Slavic Unity," p. 364。此处的风之子可能指的是"塞尔维亚人"。

② Marc L. Greenberg, "The Illyrian Movement: A Croatian Vision of South Slavic Unity," p. 364.

③ Ivo Banac, "The Confessional 'Rule' and the Dubrovnik Exception: The Origins of the 'Serb - Catholic' Circle in Nineteenth - Century Dalmatia," *Slavic Review*, Vol. 42, No. 3, 1983, p. 451.

④ Slavko Ježić, *Hrvatska književnost od početka do danas* 1100 - 1941, Zagreb: Grafički zavod Hrvatske, 1993, p. 204.

⑤ Marc L. Greenberg, "The Illyrian Movement: A Croatian Vision of South Slavic Unity," p. 369.

他在困难之中与塞尔维亚人以及波兰人的联络也招致怀疑。1845 年奥地利帝国当局又宣布一道禁令后，伊利里亚运动几乎再也没有被人提起。特别是 1849 年《伊利里亚启明星》停刊，伊利里亚运动也失去了最后的阵地。

对于伊利里亚运动的评价，需要从文化和政治两个维度展开。从文化的角度看，伊利里亚运动对于语言标准化的强调推动了后来塞尔维亚语与克罗地亚语的统一[①]，进而为南斯拉夫国家的构建准备了思想文化基础。从政治层面讲，伊利里亚运动在当时并没有取得理想中的成果。但是，伊利里亚运动对于凝聚克罗地亚民族认同起到了显著作用，也为南部斯拉夫人联合注入了思想源泉。事实上，其他南部斯拉夫民族基于自身民族的演进和各自的利益存在不同的看法也是可以理解的，伊利里亚运动的消逝在很大程度上是因为没能得到更多他族的认同。有学者这样总结伊利里亚运动的政治影响：作为克罗地亚民族的国家构建计划，伊利里亚运动在 10 分中可以得到满分；作为一个联合所有南部斯拉夫民族的方案，伊利里亚运动或许只能得 5 分，其在此后近一个半世纪（1850～1990 年）里联合了多数民族但不是全部。[②] 这种不尽相同的评价还原了真实的伊利里亚运动。它在当时虽然被压制了下去，但点燃了克罗地亚人客观上也增强了其他南部斯拉夫人的民族意识。1896 年，时任克罗地亚艺术协会主席的著名画家弗拉霍·布科瓦克（Vlaho Bukovac）绘就的《荣耀属于他们》（*Glory to Them*），生动描绘了伊利里亚运动"想象的未来"，这在克罗地亚艺术史上经常被提及。从另外的角度看，在克罗地亚人主导的伊利里亚运动走向沉寂的同时，塞尔维亚人的南部斯拉夫联合计划已经开始付诸行动。

二 加拉沙宁与南部斯拉夫民族联合计划

与克罗地亚人一样，在奥斯曼帝国统治下的塞尔维亚人也在积极开展

[①] 1850 年，数名克罗地亚和塞尔维亚文学家、作家在维也纳签署《维也纳文学协定》（Bečki književni dogovor），将塞尔维亚语和克罗地亚语统一。参见 Ljudevit Jonke, *Hrvatski književni jezik – 19. i 20. stoljeće*, Zagreb：Matica Hrvatska, 1971, p. 181。但是，盖伊等伊利里亚运动的领导者们既没有参加这次会议也不认可这一协定。

[②] Marc L. Greenberg, "The Illyrian Movement：A Croatian Vision of South Slavic Unity," p. 378.

民族复兴运动，以实现民族国家的独立和统一。进入 19 世纪，这种愿望更加强烈，思想和行动同时出现。在欧洲启蒙运动和民族复兴思潮的推动下，塞尔维亚文学也逐渐摆脱中世纪传统的束缚，描写世俗题材的文学作品大量涌现。其中，多西特伊·奥布拉多维奇（Dositej Obradović，1739 - 1811）是一位重要代表人物。奥布拉多维奇认为，旧文学语言创作的作品难以使平民百姓理解，应该创造比较简化的文字（拉丁化的基里尔字母），在文学中采用民间语言，以及使文化同教会分离。① 奥布拉多维奇投入文学创作，其作品相当丰硕，并翻译了《伊索寓言》等大量西欧国家的经典作品。奥布拉多维奇担任了塞尔维亚第一任教育部部长，创建了塞尔维亚第一所高等院校，创作了塞尔维亚爱国歌曲《起来，塞尔维亚》（Arise，Serbia！）②。奥布拉多维奇被誉为塞尔维亚民族解放运动的思想先驱，也有"泛塞尔维亚主义之父"③ 的称谓。虽然奥布拉多维奇没有在语言改革上做出更多的努力，然而，"他的思想在同时代人的脑海中产生了深刻的疑虑，以致经过了几十年以后才产生了非同寻常的成果"④。

与此同时，塞尔维亚民族解放运动也如火如荼地展开，尤其表现为 19 世纪初的两次塞尔维亚人起义。由于受到奥斯曼帝国的残酷镇压，1804 ～ 1813 年和 1815 年的起义均以失败告终，但它们对塞尔维亚以及其他巴尔干民族的解放运动产生了重要的影响。当时，在克罗地亚境内出现的伊利里亚运动也引起了塞尔维亚人的广泛关注。不过，塞尔维亚人"一方面对克罗地亚的伊利里亚运动存在不信任的问题，另一方面它正在为独立建国创造条件而竭力避免来自奥地利和沙俄的反对"⑤，他们提出了自身关于南部斯拉夫民族联合和统一的计划。

19 世纪 40 年代，塞尔维亚民族独立的情绪达到高潮。1844 年，塞尔维亚公国内政大臣伊利亚·加拉沙宁（Ilija Garašsanin，1812 - 1872）制定了

---

① 〔南斯拉夫〕伊万·博日奇等：《南斯拉夫史》（上册），第 287 页

② 一直有塞尔维亚"准国歌"之称，1992 年曾提名参选国歌未获通过。

③ Branimir Anzulović，*Heavenly Serbia：From Myth to Genocide*，New York：New York University Press，1999，p. 73.

④ 〔南斯拉夫〕伊万·博日奇等：《南斯拉夫史》（上册），第 287 页

⑤ 郝时远：《帝国霸权与巴尔干"火药桶"》，第 75 页。

一个名为《略图》①（*Načertanije*）的纲领，这成为塞尔维亚19世纪对外政策中最重要的文件，也是塞尔维亚统一南部斯拉夫各民族的第一份秘密计划。② 加拉沙宁制订这个计划除了他作为内政大臣拥有的抱负外，主要受到了波兰亲王恰尔托雷斯基的影响。恰尔托雷斯基主张建立一个以塞尔维亚为基础的大南斯拉夫，他曾访问贝尔格莱德并向塞尔维亚统治者表达了自己对塞尔维亚未来前景的看法。③ 但正如前所述，这个主张只是恰尔托雷斯基重建波兰—立陶宛帝国计划的一部分。

《略图》的中心思想是以塞尔维亚为中心建立一个包括波斯尼亚、黑塞哥维那、阿尔巴尼亚北部在内的庞大国家，与解放了的保加利亚建立某种联系。④ 加拉沙宁在《略图》前言中开宗明义："只有塞尔维亚才能统一南部斯拉夫人的土地，它应该起到皮埃蒙特王国在意大利的事业中所起到的那种作用。"⑤ 这是因为，"在南部斯拉夫民族中，当时只有塞尔维亚和黑山获得了内部自治，但是在地理位置、资源、历史以及抵抗能力方面塞尔维亚都比黑山要优越"⑥。接着，加拉沙宁进一步详细阐述了实现南部斯拉夫民族统一计划的具体内容。第一，塞尔维亚不会袖手旁观，应该支持巴尔干其他南部斯拉夫民族的解放运动。因此，塞尔维亚的政策将会是南部斯拉夫政策。第二，塞尔维亚应该成为建立一个强大的南部斯拉夫民族国家的中心，它在土耳其人到来之前曾是一个大国，因而这一主张应被视为恢复历史的权利。第三，需要阻止俄罗斯向保加利亚施压，但塞尔维亚努力

---

① 英文名有 Draft Plan 或 Outline。关于这个纲领的译名有很多，有的译成《略图》，参见马细谱《巴尔干纷争》，第59页；余建华《民族主义、国家结构与国际化：南斯拉夫民族问题研究》，第51页。有的译成《回忆》，参见〔南斯拉夫〕伊万·博日奇等《南斯拉夫史》（上册），第342页；郝时远《帝国霸权与巴尔干"火药桶"》，第75页。有的译成《草案》，参见汪丽敏《前南斯拉夫的民族问题》，《东欧中亚研究》2000年第2期，第25页。本书为叙述方便，统一使用《略图》。

② David MacKenzie, *Ilija Garašanin: Balkan Bismarck*, 1985, p. 42.

③ Dusan T. Batakovic, "Ilija Garašanin's Nacertanije: A Reassessment," pp. 157 – 160.

④ Ivo Banac, *The National Question in Yugoslavia: Origins, History, Politics*, Ithaca and London: Cornell University, 1984, pp. 83 – 84.

⑤ 转引自〔俄〕А. Г. 扎多欣、А. Ю. 尼佐夫斯基《欧洲的火药桶——20世纪的巴尔干战争》，第12页。皮埃蒙特（Piemonte）位于意大利西北区，皮埃蒙特王国是1859年到1861年间意大利统一运动的发源地。

⑥ David MacKenzie, *Ilija Garaššanin: Balkan Bismarck*, p. 44.

的主要方向应放在波斯尼亚—黑塞哥维那—阿尔巴尼亚北部和黑山这条线上，以确保新成立的国家拥有出海口。第四，上述地区必须统一在一个王朝即卡拉乔尔杰维奇王朝之下。[①] 简言之，这个计划的最终目标是恢复 14 世纪中期的斯蒂芬·杜尚（Stefan Dušan）帝国，以塞尔维亚为中心来建立一个南斯拉夫国家。[②] 在塞尔维亚人的历史上，斯蒂芬·杜尚给这个国家带来了无上的荣耀，赋予了这个民族独特的传统和记忆。[③] 恢复杜尚时期的疆域以及影响是塞尔维亚人孜孜不倦的追求。

由于当时巴尔干半岛仍处于外族的统治之中，上述计划不可能在短期内实现，必须分步骤、分阶段地推进。因此，一批以贝尔格莱德为行动基地的青年积极分子广泛地深入克罗地亚、达尔马提亚、波斯尼亚、黑塞哥维那以及阿尔巴尼亚、马其顿和保加利亚部分地区，开展秘密活动，尤其是为建立以塞尔维亚为中心的南部斯拉夫民族统一国家进行宣传鼓动工作，他们因此也被称为"贝尔格莱德秘密泛斯拉夫团体"[④]。这些人热衷于创立统一的南斯拉夫语和以塞尔维亚国家为中心的南斯拉夫民族，他们"与克罗地亚和波斯尼亚的伊利里亚主义者，以及与保加利亚的某些民族复兴者，都保持着联系"[⑤]。但是，他们回避承认克罗地亚人有权将哈布斯堡统治下的南部斯拉夫人，特别是斯洛文尼亚人，团结在自己的旗帜之下。[⑥] 值得一提的是，1861 年塞尔维亚秘密青年运动组织"奥姆拉丁纳"[⑦]（Omladina）在宣传南部斯拉夫民族统一的活动中，在萨格勒布议会上创造了"南斯拉夫"（Yugoslav）这个词。[⑧] 从此，"南斯拉夫"成为巴尔干半岛塞尔维亚等

---

① 转引自马细谱《巴尔干纷争》，第 59～60 页。
② John R. Lampe, *Yugoslavia as History: Twice There Was a Country*, Cambridge: Cambridge University Press, 2000, p. 52.
③ 参见〔英〕哈罗德·坦珀利《塞尔维亚史：困扰巴尔干半岛一千五百年的火药桶》，张浩译，华文出版社，2020，第 126 页。
④ 参见余建华《民族主义、国家结构与国际化：南斯拉夫民族问题研究》，第 52 页。
⑤〔南斯拉夫〕伊万·博日奇等：《南斯拉夫史》（上册），第 343 页。
⑥ 同上，第 400 页。
⑦ 该组织在 1866 年发展成"塞尔维亚青年联盟"，1871 年解散。先后在 1866 年和 1867 年召开过两次会议。参见 L. S. Stavrianos, *Balkan Federation, A History of the Movement toward Balkan Unity in Modern Times*, p. 115.
⑧ 参见〔英〕艾伦·帕尔默《夹缝中的六国——维也纳会议以来的中东欧历史》，第 103 页。

民族独立建国的理念符号。① 到 19 世纪 60 年代中后期，"建立单独的南斯拉夫国家的政治思想，确实处于它的发展高潮时期"②，尤其是在塞尔维亚公国。

加拉沙宁非常注重与巴尔干其他南部斯拉夫民族保持联系、合作甚至是建立同盟，"试图在巴尔干国家之间和几乎所有的巴尔干民族运动之间，以塞尔维亚为中心建立巴尔干联盟"③。加拉沙宁的计划也得到了塞尔维亚统治者的支持。1866 年 9 月，塞尔维亚公国与仍处于奥地利帝国统治下的克罗地亚开始讨论建立既独立于奥斯曼帝国又独立于奥地利帝国的南斯拉夫国家，也就是在统一的民族基础上建立联邦国家。加拉沙宁声称："克罗地亚和塞尔维亚是一个民族，即南斯拉夫（斯拉夫）民族；宗教不应对民族事务横加干预；民族是国家的唯一基础。宗教把我们一分为三，使我们彼此分离，因此宗教决不能成为我们联合为一个国家的原则；只有民族才能起这一作用，因为我们是一个民族。"④ 虽然加拉沙宁未必意识到了宗教的差异会使南部斯拉夫民族的联合变得困难重重，但可以肯定的是：他的统一计划试图包含所有南部斯拉夫民族，用民族的联合来建构一种国家的共同体。加拉沙宁的目标不仅限于建立南部斯拉夫人的联合，而且要建立一个以塞尔维亚为主导的巴尔干联邦。

在加拉沙宁思想的指引下，塞尔维亚公国加紧了与巴尔干其他地区的联合，继 1866 年 9 月与黑山结盟后，1867 年 8 月又同希腊结盟。塞尔维亚与希腊还商定采取共同行动来推动阿尔巴尼亚的民族起义，强调"对于参加斗争的人民，如果他们坚决要求建立单独的国家，将承认他们的选择权，但这些国家必须是在巴尔干联邦范围内组织的"⑤。是年，塞尔维亚公国还同侨居国外的保加利亚革命中央委员会制订了成立"南斯拉夫帝国"的详细计划，通过协商双方甚至还就共同的议会、首都、国王、立法、国旗及

---

① 郝时远：《帝国霸权与巴尔干"火药桶"》，第 77 页。
② 〔南斯拉夫〕伊万·博日奇等：《南斯拉夫史》（上册），第 391 页。
③ 同上，第 398 页。
④ 同上，第 399 页。
⑤ 同上，第 400 页。

货币单位等达成了共识，强调双方应保持两种语言文字和拥有各自的行政机关。① 然而，在塞尔维亚人和保加利亚人内部对这个计划存在异议，"在保加利亚人中间，势力强大的反塞尔维亚派别与倾向于贝尔格莱德的派别相对抗，而在塞尔维亚，在马其顿问题上人们私下或者公开都表示怀疑"②。1868 年 1 月，塞尔维亚与罗马尼亚结成了同盟。但是，塞尔维亚人建立的同盟依然难以摆脱被大国控制的命运，各民族之间的对立情绪也不断滋生。尤其是塞尔维亚人的雄心已经充分暴露，奥斯曼帝国和奥匈帝国不允许这样的联合出现，巴尔干民族主义的对抗也使建立一个统一的南部斯拉夫民族国家或巴尔干联邦缺乏客观的基础。不过，可以看出的一点变化是，加拉沙宁在关于南部斯拉夫民族国家中塞尔维亚起主导作用的思想方面多少有些让步，也开始重视其他斯拉夫民族的参与。这个拟成立的国家既要联合所有塞尔维亚人，也要团结其他斯拉夫民族。③

　　总之，塞尔维亚公国试图通过建立联盟的形式来扩大塞尔维亚的计划未能实现。一方面，不管是实现大塞尔维亚主义还是以塞尔维亚为基础联合其他南部斯拉夫民族，这种行动在当时已经与其他斯拉夫民族甚至欧洲大国的利益相抵触。"建立统一的南斯拉夫国家和各民族之间相互的猜忌、矛盾始终是并行的。"④ 另一方面，欧洲大国的干预加大了巴尔干内部的分歧。欧洲各大国利用南部斯拉夫人的历史仇恨推行分化政策，使大民族主义的情绪越来越加剧。1868 年塞尔维亚大公米哈伊洛·奥布雷诺维奇（Mihailo Obrenović）遇刺身亡后，塞尔维亚作为建立南部斯拉夫民族国家的中心地位遭受挫折，各民族之间的矛盾与冲突更加凸显，南部斯拉夫民族联合计划也暂告一段落。

　　关于这一时期塞尔维亚人的南部斯拉夫民族联合计划还有两点需要提及。第一，加拉沙宁制定的《略图》在相当长的时期里都是秘密的，只有

---

① 马细谱：《巴尔干纷争》，第 60 页。

② 〔南斯拉夫〕伊万·博日奇等：《南斯拉夫史》（上册），第 398 页。

③ Sugar and Ivo J. Lederer, eds., *Nationalism in Eastern Europe*, Seattle: University of Washington Press, 1971, pp. 424 – 425; David MacKenzie, "Serbia as Piedmont and the Yugoslav Idea, 1804 – 1914," *East European Quarterly*, Vol. 28, No. 2, 1994, pp. 153 – 182.

④ 郝时远：《帝国霸权与巴尔干"火药桶"》，第 84 页。

他的一些私人朋友以及塞尔维亚的大公才知道。《略图》直到 1906 年才首次公开，但遗憾的是没有引起当时历史学家的重视。1931 年南斯拉夫学者德拉格斯拉夫·斯特拉尼亚科维奇（Dragoslav Stranjaković）开始关注并指出《略图》是加拉沙宁的南部斯拉夫民族联合计划后[①]，学术界关于加拉沙宁和《略图》的讨论和争议持续不断。有学者认为《略图》体现了加拉沙宁的南斯拉夫主义情怀[②]；也有学者认为加拉沙宁是一个不折不扣的大塞尔维亚主义者[③]；还有学者认为加拉沙宁既不是南斯拉夫主义者也不是大塞尔维亚主义者，《略图》只是塞尔维亚民族实现复兴的一份纲领文件而已[④]。直到现在，学术界对于加拉沙宁及其《略图》的评价仍然没有盖棺定论。但是，不管加拉沙宁制订这个计划是基于何种立场，他试图统一南部斯拉夫民族的计划在当时遭到了阻遏。

第二，在当时的塞尔维亚，加拉沙宁并不是唯一提出南部斯拉夫民族联合计划的人。在南部斯拉夫地区，有不少学者、思想家通过语言文学活动来推进南部斯拉夫各民族的联合。受奥布拉多维奇影响，塞尔维亚著名的语言文字改革者武克·斯特凡诺维奇·卡拉季奇（Vuk Stefanović Karadzić）将塞尔维亚民族意识形态世俗化，主张把语言作为划分民族的基础，把塞尔维亚人只看作南部斯拉夫民族共同体中的一个民族，使塞尔维亚人的民族意识逾越了东正教的传统界限而推向欧洲。[⑤] 与加拉沙宁一样，卡拉季奇也强调民族而不是宗教是统一南部斯拉夫人的基础，认为塞尔维亚将注定要吸纳其他弱小的斯拉夫民族。[⑥] 同时，他们还热衷于以塞尔维亚为中心来建立统一的南部斯拉夫民族国家。此外，前述黑山的涅戈什对克罗地亚人倡导的伊利里亚运动和塞尔维亚人的南部斯拉夫民族联合计划既没有明

① 参见 David MacKenzie，*Ilija Garašsanin：Balkan Bismarck*，p. 56。

② Ibid.

③ Ibid. ，p. 57.

④ 参见 Paul N. Hehn，"The Origins of Modern Pan - Serbism—The 1844 Načertanije of Ilija Garašanin：An Analysis and Translation，" pp. 158 – 169；Edislav Manetovic，"Ilija Garasanin：Načertanije and Nationalism，" pp. 137 – 173。

⑤ 参见章永勇编著《列国志·塞尔维亚和黑山》，社会科学文献出版社，2005，第 94 页。

⑥ Marcus Tanner，"Illyrianism and the Croatian Quest for Statehood，" *Daedalus*，Vol. 126，No. 3，1997，p. 54.

确表示支持，也不加以反对。涅戈什一生致力于追求南部斯拉夫民族的联合，并积极在西欧国家游说以获支持。涅戈什积极通过文学作品来宣传南部斯拉夫各民族"统一大帝国"的思想①，这不仅在黑山也在其他南部斯拉夫国家中影响深远②。虽然说这些思想与实践在当时并没有促成南部斯拉夫人的联合，但无疑对于它们追求民族解放与国家统一起到了重要的思想解放作用。

三　19 世纪中前期南部斯拉夫民族联合失败的原因

有关克罗地亚人和塞尔维亚人之于南部斯拉夫民族联合的作用，已故英国学者哈罗德·坦伯利（Harold Temperley）的一番总结颇为形象和精确：克罗地亚是促使南部斯拉夫民族统一的精神力量，而塞尔维亚则是实现南部斯拉夫民族统一的物质力量。③ 换言之，克罗地亚人积极通过思想和理念来引导南部斯拉夫民族的集体认同，而塞尔维亚人则看重实践行动。同样，已故的英国学者克利福德·达比（Clifford Darby）和斯蒂芬·克利索德（Stephen Clissold）也曾一针见血地指出：克罗地亚人和塞尔维亚人之间的紧张关系对于建立南斯拉夫国家的理想是致命的威胁。④ 事实上，无论是 19 世纪中前期克罗地亚人倡导的伊利里亚运动理念，还是塞尔维亚人提出的南部斯拉夫民族联合计划，均以自我为中心而非以共同命运为导向，难以赢得所有南部斯拉夫民族的共同认可，随着欧洲大国加强干涉和阻碍，其走向失败的命运也就不可避免了。

首先，在选择统一南部斯拉夫民族的中心上出现了冲突。"统一民族的中心地带，按照伊利里亚主义者的主张，是萨瓦河谷地区，从斯洛文尼亚和萨格勒布往东，经由贝尔格莱德到保加利亚，其中心是在北部的城市，而且大部分是已经失去民族特征的城市。但是，按照武克（卡拉季奇——

---

① 〔南斯拉夫〕伊万·博日奇等：《南斯拉夫史》（上册），第 364 页。

② Boban Batrićević, "The Red Njegoš: Petar Ⅱ Petrović in Yugoslav and Communist Ideology and Propaganda of Montenegrin Communists," *Journal of Balkan and Black Sea Studies*, Vol. 1, No. 1, 2018, p. 116.

③ 〔英〕哈罗德·坦珀利：《塞尔维亚史：困扰巴尔干半岛一千五百年的火药桶》，引言第 7 页。

④ 参见〔英〕斯蒂芬·克利索德主编《南斯拉夫简史》，第 64 页。

引者注）和加拉沙宁的主张，统一民族的中心地带是从贝尔格莱德一直到
南方海岸。"① 在克罗地亚人看来，"塞尔维亚受欧洲外交的控制，并且文化
也不发达，它不可能成为南部斯拉夫人解放的中心，而应让位于克罗地
亚。"② 显然，克罗地亚人和塞尔维亚人均选择自己民族的发源地和居住地
作为民族复兴和统一的中心，克罗地亚人选择的是萨格勒布，塞尔维亚人
选择的是贝尔格莱德。进一步说，无论是克罗地亚人还是塞尔维亚人主张
的南部斯拉夫民族联合都强调本民族的优越性和主导地位。诚如有学者强
调的，在整个 19 世纪，塞尔维亚人控诉克罗地亚借助天主教的势力进行扩
张，克罗地亚人则谴责塞尔维亚致力于重建杜尚帝国的"大塞尔维亚理
念"。③ 可见，两大民族间排他性而非包容性的理念针锋相对，得不到彼此
的支持也就不难理解了。

其次，宗教信仰差异是实现两个民族精神共鸣的重要阻碍。克罗地亚
人主要信奉天主教，塞尔维亚人主要信奉东正教。虽然他们都强调和肯定
南部斯拉夫民族的同一性，但宗教信仰的客观差异却对联合形成障碍。有
学者指出："被宣布为语言共同体的民族，对于仍然以宗教尺度衡量一切的
巴尔干世界来说，是不可能抹掉过去若干世纪以来教会所造成的鸿沟的。
在塞尔维亚—克罗地亚区域内，宗教成了民族的分水岭，而语言学家以至
整个文化都十分软弱，无法跨越这条古老的界线。"④ "在具体划清每一个民
族真正分界线时，语言方面的'塞尔维亚—克罗地亚语'或'克罗地亚—
塞尔维亚语'无法作为标准，而宗教的因素仍旧是最重要的分野。"⑤ 在伊
利里亚运动开展时期，塞尔维亚人就提出了该运动与宗教的密切关系，认
为伊利里亚运动是罗马天主教的工具，对塞尔维亚人的名字、语言以及宗
教产生了极大的破坏作用。⑥ 虽然塞尔维亚人没有强调宗教的分化而只是突
出民族的共同特征，加拉沙宁甚至认为宗教并非南部斯拉夫民族联合的障

---

① 〔南斯拉夫〕伊万·博日奇等：《南斯拉夫史》（上册），第 343 页。
② 同上，第 399 页。
③ David Bruce Macdonald, *Balkan Holocausts?*: *Serbian and Croatian Victim Centred Propaganda and the War in Yugoslavia*, Manchester: Manchester University Press, 2002, p. 107.
④ 〔南斯拉夫〕伊万·博日奇等：《南斯拉夫史》（上册），第 344 页。
⑤ 郝时远：《帝国霸权与巴尔干"火药桶"》，第 83 页。
⑥ Elinor Murray Despalatović, *Ljudevit Gaj and the Illyrian Movement* (to 1843), p. 292.

碍，但是南部斯拉夫各民族的宗教差异早就成为区分彼此的重要因素。所以，宗教上的分界线影响了克罗地亚人的伊利里亚运动和塞尔维亚人的南部斯拉夫民族联合计划的走向，也影响了此后南部斯拉夫人的统一甚至是巴尔干联合的进程。

除了上述两个民族之间的对立因素外，外部力量的干预以及大民族主义的存在和南部斯拉夫地区经济社会发展的落后也是导致南部斯拉夫民族联合未能实现的因素。南部斯拉夫民族联合最主要的阻碍来自俄国和奥地利帝国。俄国反对南部斯拉夫民族联合是因为它担心自己前往君士坦丁堡的通道会受阻；奥地利帝国的反对则是因为担心这会影响和波及帝国内其他斯拉夫民族。[1] 奥地利视任何解放运动为洪水猛兽，因此从 1849 年到 1878 年它一直阻止这样的解放运动把南部斯拉夫民族聚集在自己周围。[2] 从历史的演进可知，克罗地亚在其地方自治权于 1849 年被取消后一直强烈要求与周围的南部斯拉夫地区合并，以同奥地利、匈牙利享有平等权利，但 1867 年的奥匈协定和 1868 年克罗地亚与匈牙利签订的协议使克罗地亚成了匈牙利领土的一部分。[3] 在这种努力失败后，克罗地亚人寄希望于塞尔维亚扩展成为未来南斯拉夫共同体的自由中心，以从根本上改变克罗地亚历史的不利进程。但是，塞尔维亚人选择了同匈牙利人达成协议，这使其失去了与克罗地亚联合的机会。[4] 随着奥地利在普鲁士战争中的失利以及俄国对保加利亚人的扶持，南部斯拉夫民族争取联合的机会越来越少。

从内部来讲，种族、语言、风俗、习惯、信仰都接近的南部斯拉夫人并不同属一个民族，很难用大民族主义来实现各民族的统一与联合。正如有学者对加拉沙宁的南部斯拉夫民族联合计划的评价那样："伊里亚·加腊沙宁（伊利亚·加拉沙宁——引者注，下同）和他的顾问们把 19 世纪下半叶的政治现实强行装进一种抽象的思维，完全不考虑斯特范·杜山国王（斯蒂芬·杜尚——引者注）死后 500 年中巴尔干半岛居民民族成分所发生

① L. S. Stavrianos, *Balkan Federation*, *A History of the Movement toward Balkan Unity in Modern Time*, pp. 51 – 52.
② 〔南斯拉夫〕伊万·博日奇等：《南斯拉夫史》（上册），第 375 页。
③ 参见余建华《民族主义、国家结构与国际化：南斯拉夫民族问题研究》，第 47 页。
④ 参见〔南斯拉夫〕伊万·博日奇等《南斯拉夫史》（上册），第 401～402 页。

的那些变化。在被加腊沙宁称为古老的塞尔维亚的科索沃，在此之前除了塞尔维亚族居民以外还居住着大量阿尔巴尼亚族居民，而在被加腊沙宁视为未来大塞尔维亚组成部分之一的北部阿尔巴尼亚则几乎没有塞尔维亚人。但是，大塞尔维亚思想的创造者们对此视而不见。"[①] 在塞尔维亚人看来，克罗地亚人倡导的伊利里亚运动也充斥着大民族主义的理想，完全忽视了塞尔维亚的历史传统与民族情感。其他南部斯拉夫民族也拥有同样的感受。

此外，南部斯拉夫民族不能联合在一起还因为"南部斯拉夫人的社会是自给自足的、闭关自守的农业社会。各农业国家照例彼此不相容，分裂的本能支配着它们"[②]。19 世纪中期，"保加利亚和塞尔维亚的社会与政治结构颇多相似之处：它们根本上都是农业国；仅有的一点工业均属外资所创办和拥有"[③]。克罗地亚的工业基础稍好一些，但发展较不均衡，特别是城市与农村的差异相当大。也正因如此，南部斯拉夫民族的联合缺乏统一的物质基础。另外，对民众的思想启迪尚未展开，联合的理念仍然缺乏群众基础。"致力于克罗地亚民族复兴的是中等贵族、市民以及下层神职人员，还有大多数克罗地亚城市的青年。人民群众基本没有参与这些政治斗争。"[④] 同样，在塞尔维亚，有关南部斯拉夫民族联合的计划来自上层权贵人士，从一定程度上说，这一计划还带有秘密的色彩。

总之，在 19 世纪中前期，种种因素使建立一个统一的南部斯拉夫民族国家缺乏主客观条件和基础。不过，无论是克罗地亚人倡导的伊利里亚运动还是塞尔维亚人提出的南部斯拉夫民族联合计划都是南部斯拉夫民族联合自强的尝试，均为民族意识觉醒的产物。更为重要的是，这些思想和实践为 20 世纪南斯拉夫国家的建立提供了经验和养分。此外，虽然上述关于南部斯拉夫民族联合的方案并不包括非斯拉夫族的希腊人和罗马尼亚人，没有涉及建立一个包含所有巴尔干民族的巴尔干联邦国家的目标，但其无疑在促进巴尔干民族抗争以及解放层面产生了广泛而深远的影响。

---

① 〔俄〕А. Г. 扎多欣、А. Ю. 尼佐夫斯基：《欧洲的火药桶——20 世纪的巴尔干战争》，第 22 页。

② 〔南斯拉夫〕伊万·博日奇等：《南斯拉夫史》（上册），第 405 页。

③ 〔英〕艾伦·帕尔默：《夹缝中的六国——维也纳会议以来的中东欧历史》，第 134 页。

④ 〔南斯拉夫〕伊万·博日奇等：《南斯拉夫史》（上册），第 336 页。

巴尔干各民族拥有自治的文化条件，经济上相互联系，政治上也应该密切合作，维持它们团结的基础则是社会主义。

——1911 年 9 月社会党国际局在苏黎世发表的反战宣言

巴尔干联邦只有寄希望于建立民主共和国联盟才能行得通，而且按照列宁的意见——只能在俄国革命胜利以后。

——〔俄〕А. Г. 扎多欣、А. Ю. 尼佐夫斯基：《欧洲的火药桶——20 世纪的巴尔干战争》（2004），第 213 页。

即使一个有缺陷的南斯拉夫也比没有南斯拉夫好。

——〔美〕约翰·兰普：《作为历史的南斯拉夫：两次为国》（2000），第 3 页。

第三章
1878～1929 年的巴尔干
联合主张与实践

　　19 世纪后期，在第二次科技革命蓬勃发展以及资本主义不断扩张的同时，欧洲工人运动再现高潮，几乎所有西欧国家都先后建立起了社会主义政党组织。① 社会主义思想也越出了资本主义已有相当程度发展的西欧，逐渐扩展到了工业化程度比较落后的欧洲东部和东南部地区。在巴尔干地区，一些工人团体和社会主义政党组织②也相继出现。第一次世界大战结束之后，社会主义政党发生分化，共产党组织成为一股重要的社会主义力量。巴尔干社会民主党人积极宣传和传播社会主义思想，同时提出了关于巴尔干各民族解放与联合的主张，而巴尔干共产党人则主张以无产阶级的联合解决巴尔干民族问题。这样，推动巴尔干联邦运动的主要力量从个人和精英向社会组织发生转变。③ 与此同时，有关建立南部斯拉夫人统一国家的主张不断涌现，直到一战结束终获实现，塞尔维亚人—克罗地亚人—斯洛文尼亚人王国成为南部斯拉夫人历史上首个联合国家。

---

① 张光明：《布尔什维主义与社会民主主义的历史分野》，中央编译出版社，1999，前言第6 页。

② 社会主义政党组织有社会民主党、社会民主工党、社会党等。为表述方便，下文统称社会民主党。

③ 参见 L. S. Stavrianos, *Balkan Federation*, *A History of the Movement toward Balkan Unity in Modern Times*, p. 176。

第一节　社会主义者的巴尔干联邦主张

19世纪中后期，绝大多数巴尔干国家已在反抗奥斯曼帝国统治中实现了民族自治或国家独立，并慢慢走上资本主义发展道路，开始工业化进程。从政治角度看，多数巴尔干国家在国家层面实行君主制统治，且由外国人担任本国君主；在社会层面，一系列政治团体和政党组织相继建立，推动西欧式的议会民主制度在此生根发芽。其中，社会主义政党组织也是一股重要的力量。

一　社会民主党人的巴尔干联邦主张

19世纪70~80年代，马克思主义开始从西欧向东欧传播，社会主义运动渐渐兴起，一批社会主义团体和组织也相继建立。在巴尔干地区，社会主义团体和组织的出现以及工人运动的发展为工人阶级政党的建立准备了条件。巴尔干各个国家和地区工人阶级形成的政治经济条件不同，所以工人阶级的地位和影响也是不一样的。例如，斯洛文尼亚和克罗地亚与特兰西瓦尼亚和伏伊伏丁那地区具有较发达的工业，工人阶级诞生于奥匈帝国的经济剥削和民族压迫之下；波斯尼亚直到被奥匈帝国兼并之后才开始形成工人阶级；在奥斯曼帝国管辖之下的马其顿、阿尔巴尼亚、色雷斯、克里特地区工人运动的形成和发展更是处于不利的环境中；在新兴的独立国家希腊、塞尔维亚、黑山、罗马尼亚、保加利亚以及奥斯曼帝国本土，工会组织及其活动被设置了诸多障碍。如果与政治经济较为发达的西欧国家相比，巴尔干国家的工人阶级无论在数量上还是在组织规模以及影响力方面都难以同日而语。[1]　就巴尔干地区而言，保加利亚和塞尔维亚的社会主义力量比较强大，罗马尼亚次之，希腊和土耳其[2]则比较弱小。希腊社会主义力量比较弱小一方面是因为其内部存在分歧，另一方面是因为希腊总理埃莱夫塞里奥斯·韦尼泽洛斯（Eleftherios Venizelos）实施的社会改革方案获

---

[1]　马细谱：《巴尔干近现代史》（上卷），第216页。

[2]　奥斯曼土耳其帝国到1922年才解体。为叙述方便，本节将解体前的奥斯曼帝国也简称为土耳其。

得了工人阶级的广泛支持，这在一定程度上削弱了社会主义政党的群众基础。① 土耳其的工人运动直到 1908 年青年土耳其党（The Young Turk）发动革命后才渐渐出现。②

社会主义政党的建立时间也大体呈现这一趋势。继 1891 年保加利亚社会民主党（Bulgarian Social Democratic Party）建立后，罗马尼亚社会民主工党（Romanian Social – Democratic Workers' Party）于 1893 年、克罗地亚和斯拉沃尼亚社会民主党（the Social Democratic Party of Croatia and Slavonia）于 1894 年、斯洛文尼亚的"南斯拉夫社会民主党"（Slovene Yugoslav Social Democratic Party）于 1896 年、塞尔维亚社会民主党（Serbian Social Democratic Party）于 1903 年、波斯尼亚和黑塞哥维那社会民主党（the Social Democratic Party of Bosnia and Herzegovina）于 1906 年以及希腊社会党（Greek Socialist Party）于 1909 年先后成立。实际上，19 世纪末 20 世纪初，保加利亚和塞尔维亚的社会主义政党成为推动巴尔干工人运动和民族解放以及促进巴尔干联合的主导力量。此外，需要交代的一点是，与斯洛文尼亚、克罗地亚、伏伊伏丁那、特兰西瓦尼亚和波斯尼亚的社会主义运动主要受德国、奥地利和匈牙利社会主义思想的熏陶不同，保加利亚、塞尔维亚和罗马尼亚的社会主义运动则更多地受到俄国社会主义者的影响和帮助。

说起保加利亚的社会主义运动，不能不提到季米特里·布拉戈耶夫（Dimitar Blagoev，1856 – 1924）。布拉戈耶夫早年在俄国求学，在那里开始学习和宣传社会主义思想。1883 年，布拉戈耶夫创办了一个马克思主义团体——布拉戈耶夫小组（Blagoev Group），随后该团体以"俄国社会民主主义者党"的名义创办了俄国最早的社会民主主义的秘密报纸《工人报》。③ 1885 年，因从事革命活动，布拉戈耶夫被沙皇当局以"政治上不可靠"的

① 参见 L. S. Stavrianos，"The Balkan Federation Movement：A Neglected Aspect，" p. 32。

② 参见 L. S. Stavrianos，*Balkan Federation，A History of the Movement toward Balkan Unity in Modern Times*，p. 185。青年土耳其党 1889 年成立，又称统一进步协会。1913 年更名为统一进步党。1918 年 11 月，该党宣布自行解散。

③ Marin Pundeff，"Marxism in Bulgaria before 1891，" *Slavic Review*，Vol. 30，No. 3，1971，p. 523.

理由逮捕并被驱逐出境。① 回到保加利亚后，布拉戈耶夫通过创办杂志《当代指南》（*Contemporary Index*）（月刊）来宣传社会主义。② 布拉戈耶夫在马克思主义理论上也有很深的造诣，撰写了《马克思主义还是伯恩施坦主义？》《机会主义还是社会主义》《学习马克思主义》等著述。③ 同时，在布拉戈耶夫周围迅速形成了一个由青年学生、进步知识分子组成的团体，为保加利亚社会主义团体与政党的建立培养了人才。布拉戈耶夫由此成为推动保加利亚甚至巴尔干地区社会主义运动的重要人物，他也被誉为保加利亚的"马克思主义之父"和社会主义工人运动的奠基者。④

1886 年，保加利亚第一份社会主义报纸《晨报》（*Dew*）（周刊）在加布罗沃（Gabrovo）创刊。很快，《晨报》就成了传播社会主义思想的阵地，马克思的著作《雇佣劳动与资本》也由伊夫蒂姆·达贝夫（Evtim Dabev）译成保加利亚语首次在《晨报》刊发。⑤ 在布拉戈耶夫等人的推动下，社会主义思想在保加利亚逐渐得到传播。1890～1891 年，保加利亚五个社会主义团体分别在加布罗沃、塞夫列沃（Sevlievo）、卡赞勒克（Kazanluk）、德里亚诺夫（Drianovo）和大特尔诺沃（VelikoTurnovo）等地建立。⑥ 1891 年 5 月，根据布拉戈耶夫等人的提议，保加利亚各社会主义团体代表在大特尔诺沃召开秘密会议。这次会议的重要议题是商议建立社会民主党。由于与会者意见不一，会议决定另行召开一次更具代表性的大会来讨论这个问题。同年 8 月，保加利亚全国社会主义团体的代表再一次召开秘密代表会议，经

---

① D. Labelle, "Dmitrii Blagoev in Russia: An Autobiographical Letter," *International Review of Social History*, Vol. 9, No. 2, 1964, p. 294.

② Marin Pundeff, "Marxism in Bulgaria before 1891," *Slavic Review*, Vol. 30, No. 3, 1971, p. 536.

③ 〔保〕布拉戈耶夫：《马克思主义还是伯恩施坦主义？》，魏城、冯维静译，三联书店，1964。

④ Roumen Daskalov and Diana Mishkova eds., *Entangled Histories of the Balkans – Volume Two: Transfers of Political Ideologies and Institutions*, Brill, 2013, p. 64; Mercia MacDermott, *Lone Red Poppy: a Biography of Dimiter Blagoev, Founder of the First Marxist Circle in Russia and of the Bulgarian Communist Party*, 2014; 〔保〕利·斯比利多诺夫：《季米特尔·布拉戈耶夫的事业》，《世界知识》1954 年第 10 期。

⑤ Marcel van der Linden and Jürgen Rojahn, *The Formation of Labour Movements*, 1870 – 1914: *An International Perspective*, Leiden Brill Academic Pub, 1990, pp. 403 – 404.

⑥ Ibid., p. 404.

讨论协商决定成立社会民主党，并通过了党章和党纲，选举了党的领导机关。然而，成立后的社会民主党由于内部分歧较大，不到一年就宣布解散了，到 1894 年重建并更名为社会民主工党。当时，该党与世界上其他的工人阶级政党面临同样的难题，即是否应该与资产阶级政党进行合作。也正是在这个问题上，党内出现了分歧。1903 年，社会民主工党分裂为"紧密派"（Narrow）和"广泛派"（Broad），分别由季米特里·布拉戈耶夫和扬科·萨克佐夫（Yanko Sakuzov）领导。①

在建立和发展社会主义政党组织的同时，布拉戈耶夫重点对如何解决巴尔干民族问题，尤其是马其顿问题②进行了思索，并在此基础上提出了建立巴尔干联邦的思想。1885 年，布拉戈耶夫以《巴尔干联邦与马其顿》（*The Balkan Federation and Macedonia*）为题连续发表两篇文章，重申列夫斯基和鲍特夫等保加利亚革命民主主义者曾经提出的巴尔干联邦思想，强调这是巴尔干所有被压迫民族摆脱帝国制度和巴尔干各国资产阶级专制统治的正确途径③，同时反对欧洲大国利用巴尔干的复杂局势推行扩张主义政策。1903 年，布拉戈耶夫在俄国社会民主工党中央机关报《火星报》上连续发表《马其顿、保加利亚和俄国政府》《俄国政府对保加利亚和马其顿的态度》等文章，谴责俄国在 1877～1878 年俄土战争后把保加利亚变成"俄国的一个省"的企图和利用马其顿达到扩张目的的做法。④

也是在这个时候，1889 年成立的第二国际⑤开始关注巴尔干半岛的局

---

① 以扬科·萨克佐夫为首的机会主义派别，提出要对马克思主义进行"广泛"的理解，把社会主义说成工人、资本家、农民、手工业者等各生产阶层的"共同事业"，故被称为"广泛派"，因他们出版《共同事业》杂志，又被称作"共同事业派"。他们指责坚持科学社会主义的布拉戈耶夫等人对马克思主义做了"狭隘"的理解，因其与"广泛派"相对立而被称为"紧密派"。参见黄安森主编《国际共运名人传》，北京出版社，1988，第 87～88 页。

② 马其顿问题是在 1877～1878 年俄土战争中产生的，此后几乎在整个 20 世纪上半期它都是巴尔干地区的一个中心问题，其核心主要表现为保加利亚、希腊和塞尔维亚对马其顿的分割。关于马其顿问题的由来与演变，参见马细谱《巴尔干纷争》，第 329～367 页；Vladimir Ortakovski, *Minorities in the Balkans*, New York: Transnational Publishers, Inc., 2000, pp. 40 - 44。

③ 朱庭光主编《外国历史名人传 近代部分 下册》，第 264 页。

④ 同上。

⑤ 第二国际（Second International），是一个由世界各国工人政党组成的国际联合组织。1889 年成立，1916 年解散。

势，特别重视马其顿问题。1904 年 2 月，社会党国际局（International Socialist Bureau）① 在第四次会议上通过一项决议，强烈抗议马其顿人遭受的不平等待遇，要求让马其顿实行完全的自治，同时给该地区所有民族以生存和发展的权利。② 1907 年 4 月，保加利亚社会民主工党中央委员会致信社会党国际局，阐述了马其顿问题所面临的形势，以巴尔干的社会主义和社会进步的名义呼吁社会党国际局支援马其顿人获取自由和解放。③ 这次呼吁随即得到了社会党国际局的响应。同年 8 月，社会党国际局斯图加特代表大会呼吁巴尔干社会主义者采取共同行动来反对战争的威胁，决定由塞尔维亚社会民主党在贝尔格莱德召集一次由所有巴尔干社会民主党参加的代表大会。从这时起，塞尔维亚社会民主党逐渐活跃起来，与保加利亚社会民主工党一道致力于推动巴尔干社会主义运动。同样，塞尔维亚社会民主党也在其党纲中明确提出了关于建立巴尔干联邦的思想，认为这是解决巴尔干民族问题的一个重要措施。④ 这就表明，巴尔干联邦的主张在 20 世纪初已经得到巴尔干多国社会民主党人的支持。鉴于自身力量并不强大，巴尔干各国社会民主党人主要是通过参加巴尔干地区和社会党国际局的代表大会来阐述这一主张并获得国际影响与支持。

　　1909 年 12 月，在布拉戈耶夫和塞尔维亚社会民主党领导人迪米特里耶·图措维奇⑤（Dimitrije Tucović, 1881 – 1914）的共同推动下，巴尔干社会民主党代表会议在贝尔格莱德召开。布拉戈耶夫在会上号召巴尔干各国社会民主党联合起来，向巴尔干各国资产阶级和封建王朝的沙文主义宣战。布拉戈耶夫和之后发言的图措维奇都强调建立巴尔干联邦共和国是解决欧洲东南部民族问题的一条道路。⑥ 另外，图措维奇在后来撰写的《塞尔维亚

---

① 在很长时间内，第二国际没有常设领导机构。1900 年巴黎大会决定成立常务委员会，名为社会党国际局，1905 年后改称社会党国际局执行委员会，由每个国家的党选派代表一名（后增为两名）组成。

② 参见《国际共产主义运动史文献》编辑委员会编《社会党国际局文件 1900 – 1907》，中国人民大学出版社，1990，第 115 页。

③ 马细谱：《巴尔干纷争》，第 336 ～ 337 页。

④ 同上，第 64 页。

⑤ 在中文译文中，也有译成德米特里·杜采维奇或迪米特里耶·图佐维奇的。

⑥ 转引自马细谱《巴尔干纷争》，第 64 ～ 65 页。

与阿尔巴尼亚：对塞尔维亚资产阶级扩张政策的批判》（*Serbia and Albania：A Contribution to the Critique of the Conqueror Policy of the Serbian Bourgeoisie*）一书中还详细阐述了关于"在充分民主和平等的基础上成立巴尔干各国人民的联邦共和国是解决巴尔干民族问题的唯一可能的一种形式"[①] 的理念。从这里可以看出，保加利亚和塞尔维亚的社会主义者强调通过建立巴尔干各民族的联邦国家来解决历史上存在的问题，但对这个联邦国家将是什么样的并没有进行具体的设计与构想。

1910 年 1 月，第一届巴尔干社会民主党代表大会在贝尔格莱德举行，出席大会的有塞尔维亚、保加利亚、罗马尼亚、土耳其、黑山、马其顿以及奥匈帝国境内的克罗地亚、波斯尼亚—黑塞哥维那、斯洛文尼亚和鲁米利亚的社会民主党人，希腊社会党没有派出代表参加，但向大会发来了贺电。经过三天的讨论，大会通过了一系列反对战争、反对帝国主义列强和巴尔干君主的决议，呼吁巴尔干各民族进行经济和政治合作。大会正式讨论了建立一个巴尔干联邦的问题，提出这个拟建立的联邦将是一个"民主的共和国"[②]。在这次大会上，图措维奇还表达了他对南部斯拉夫民族未来的构想："在民族平等的基础上，在建立巴尔干共和国联邦的范围内来实现南斯拉夫的联合。"[③] 这次大会还建议巴尔干地区的社会民主党之间保持密切的联系，决定于 1911 年在索非亚召开第二届代表大会。

1911 年 9 月意土战争爆发后，社会党国际局立即在苏黎世召开会议并发表反战宣言。宣言指出："巴尔干各民族拥有自治的文化条件，经济上相互联系，政治上也应该密切合作，维持它们团结的基础则是社会主义。"[④] 宣言还力促奥斯曼帝国政府认清当前的形势并满足各个族群以及工人阶级的愿望，以助于推进巴尔干各民族的和解与建立一个更加紧密的联邦组织。[⑤] 10 月 18 日，巴尔干社会民主党临时会议在贝尔格莱德召开，有来自塞尔维亚、罗马尼亚、克罗地亚、波斯尼亚—黑塞哥维那以及土耳其的代

① 转引自马细谱《巴尔干纷争》，第 65 页。
② 同上，第 64～65 页。
③ 参见〔南斯拉夫〕伊万·博日奇等《南斯拉夫史》（下册），第 532 页。
④ 参见 L. S. Stavrianos，"The Balkan Federation Movement：A Neglected Aspect，" p. 31。
⑤ L. S. Stavrianos，"The Balkan Federation Movement：A Neglected Aspect，" p. 31。

表参加。这次会议的目的之一是组织巴尔干社会民主党人的共同行动来进行反战宣传。临时会议决定于 10 月 23 日在整个巴尔干半岛召集群众性的反战大会，向各国政府施压，获取民众对巴尔干社会民主党人纲领的支持，建立一个包括土耳其在内的巴尔干联邦共和国和实现巴尔干国家的民主化。① 临时会议还决定推迟举行第二届巴尔干社会民主党代表大会，因为保加利亚社会民主工党"紧密派"要求将"广泛派"排除在外。所以，当"广泛派"受到参会邀请时，"紧密派"又拒绝参加大会。在临时会议上，与会代表决定拥护社会党国际局关于巴尔干所有的社会主义政党和团体均应被邀请参加代表大会的决议，再次推迟召开代表大会。

临时会议召开之后，巴尔干各地出现了不同规模的反战集会。在希腊萨洛尼卡，约 8000 名民众参加了反战集会。集会发表的一项宣言称："奥斯曼帝国统治下的无产阶级将与世界无产阶级联合起来反对战争的行为……只有一个巴尔干国家的联邦才能保证巴尔干各民族的独立与发展。"② 在保加利亚和塞尔维亚，有多个地方出现了反战集会。波斯尼亚—黑塞哥维那的反战集会由于政府当局的严厉禁止而没有进行，社会民主党人最后以发表宣言的形式来反对战争。③

虽然所有这些行动难以改变巴尔干地区以及欧洲的形势，但充分显示了巴尔干社会民主党人向往和平以及建立一个巴尔干联邦的愿望。在临时会议和反战宣言上，巴尔干社会民主党人高呼："巴尔干属于巴尔干人民，自由的联邦属于巴尔干半岛所有平等的民族。"④ 第一次巴尔干战争爆发后不久，社会党国际局于 1912 年 11 月在巴塞尔召开非常代表大会。与会代表一致谴责战争和屠杀，强调通过积极的民主化和建立一个包括土耳其在内的巴尔干国家联盟来解决巴尔干各方面的问题，通过了《国际局势和社会民主党反对战争危险的统一行动的决议》，即《巴塞尔宣言》。

---

① L. S. Stavrianos, "The Balkan Federation Movement: A Neglected Aspect," p. 31.
② 参见 L. S. Stavrianos, *Balkan Federation*, *A History of the Movement toward Balkan Unity in Modern Times*, p. 188。
③ Ibid. .
④ Polyxeni Papadaki, "The Idea of a Balkan Commonwealth or Confederation: A Realistic Perspective or a Utopia?" *Annales Universitatis Mariae Curie - Sklodowska Sectio M*, Vol. 3, 2018, p. 14.

除借助国际组织在巴尔干地区表达主张和发挥影响，巴尔干社会民主党人也在本国积极从事反对战争和建立巴尔干联邦的宣传工作。保加利亚和塞尔维亚的社会民主党人仍然走在最前面。1912 年 8 月，保加利亚社会民主工党"紧密派"在鲁斯丘克（Ruschuk）召开会议，通过了一项反对战争与支持建立巴尔干联邦的决议。10 月，保加利亚社会民主工党"广泛派"领导人萨克佐夫在国会发表反战演说，谴责政府导向战争的行为，指出战争解决不了问题。萨克佐夫表示："为了实现和平、生产交换、工作自由和社会进步，我们希望建立一个包括土耳其在内的所有巴尔干国家的联邦。"[1]

塞尔维亚社会民主党人通过组织游行示威、散发海报等方式进行反战活动。1912 年 10 月 7 日，塞尔维亚社会民主党的领导人德拉吉沙·拉普切维奇（Dragiša Lapčević）在国民议会发表演说。拉普切维奇强调，所有巴尔干的社会主义者支持巴尔干团结的理念，但在俄国支持下成立的巴尔干同盟（Balkan League）只是一种临时联合[2]，其结果只能是导向战争。拉普切维奇还指出，巴尔干问题的根源是奥斯曼帝国落后的封建制度和欧洲大国的干预。一旦发生战争，针对土耳其的战争以及新的领土争端又将会出现。因此，巴尔干社会民主党人提出的方案是唯一可行的方案，即与战争相反，强调巴尔干各民族的共同命运和发展，以巴尔干联邦和民主共和国的形式联合起来，谋求所有巴尔干民族的利益和抵抗西欧资本主义的压制。[3]

然而，巴尔干社会民主党人推动的反战活动并未能终结战争。第一次巴尔干战争结束后签订的《伦敦条约》使巴尔干国家的领土争端和矛盾激化，不久第二次巴尔干战争爆发。巴尔干的社会民主党人再次投入反对战

---

[1] L. S. Stavrianos, *Balkan Federation*, *A History of the Movement toward Balkan Unity in Modern Times*, p. 190.

[2] 不少学者指出，巴尔干同盟是俄国为实现自己在近东的利益竭力促成的，该同盟既是俄国对巴尔干政策由直接军事干预向支持解放斗争转变的具体体现，也是俄国等协约国与同盟者关系趋于紧张的重要指向。参见 Edward C. Thaden, *Russia and the Balkan Alliance of 1912*, Pennsylvania: Pennsylvania State University Press, 1965; William L. Langer, "Russia, the Straits Question and the Origins of the Balkan League, 1908 – 1912," *Political Science Quarterly*, Vol. 43, No. 3, 1928, pp. 321 – 363。

[3] 参见 L. S. Stavrianos, *Balkan Federation*, *A History of the Movement toward Balkan Unity in Modern Times*, pp. 190 – 191。

争的行动中。罗马尼亚社会民主党人在 1913 年 6 月和 7 月举行了一系列反战集会，发表了谴责战争的宣言，强调了和平的主张，表达了建立一个真正自由和民主的罗马尼亚的愿望。① 在塞尔维亚，社会民主党人多次举行集会和组织游行示威，散发宣传单，来自社会民主党的议员还在国会的演说中重申了和平、无条件遣散军队以及建立巴尔干联邦的三点主张。② 尽管塞尔维亚在第二次巴尔干战争中取得了军事上的胜利，但是社会民主党人也没有因此改变自己的反战立场。他们指出："《布加勒斯特条约》带来的只是假和平，只要巴尔干联邦共和国没有实现，我们将看到更多的战争，因此我们要反对君主、反对资本主义、反对军事霸权。"③ 在保加利亚，社会民主工党"紧密派"一再重申社会进步、国家独立和团结只能通过建立一个巴尔干联邦才能实现。④ 在斯洛文尼亚，社会民主党人伊万·仓卡尔（Ivan Cankar）是主张巴尔干联合的突出代表之一。⑤ 他在卢布尔雅那发表的"斯洛文尼亚人与南斯拉夫人"的演讲赢得广泛关注，其内容主要是反对战争，反对领土扩张主义，主张在巴尔干地区首先建立起南斯拉夫联邦⑥，同时强调各个民族在联邦中保持各自文化上的特殊性⑦。

在当时，巴尔干社会民主党人的一贯主张是建立民主、共和的巴尔干各国政权并最终成立巴尔干国家的联邦。⑧ 不过，由于社会民主党人的影响力非常有限，只是随着战争的进程，越来越多的民众才倾向支持他们的主张。关于这一点，可以通过一组对比数据来加以说明。比如，在保加利亚

---

① L. S. Stavrianos, *Balkan Federation*, *A History of the Movement toward Balkan Unity in Modern Times*, p. 192.

② Ibid.

③ L. S. Stavrianos, "The Balkan Federation Movement: A Neglected Aspect," p. 33.

④ William E. Walling, *The Socialists and the War*, New York: Henry Holt and Co., 1915, pp. 106 – 107.

⑤ 伊万·仓卡尔在文学、戏剧等领域的造诣和影响同样非常大。参见 Anton Slodnjak, "Ivan Cankar in Slovene and World Literature," *The Slavonic and East European Review*, Vol. 59, No. 2, 1981, pp. 186 – 196。

⑥ Dejan Djokić, *Yugoslavism: Histories of a Failed Idea*, 1918 – 1992, p. 86.

⑦ 参见〔南斯拉夫〕伊万·博日奇等《南斯拉夫史》（下册），第 532 页。

⑧ Madame Nia Perivolaropoulou, "La fédération balkanique comme solution des problèmes nationaux: le projet social – démocrate（1909 – 1915），" *Matériaux pour l'histoire de notre temps*, n° 35, 1994, pp. 29 – 35.

于第一次巴尔干战争之前举行的议会选举中，社会民主工党只获得 25000 张选票，在议会中只有 1 个议席。在 1913 年 12 月的议会选举中，它获得 107000 张选票，共获得了 37 个席位，其中"广泛派" 21 席、"紧密派" 16 席。但到 1914 年，它在议会选举中的得票率又下降了近 20 个百分点，只获得 85000 张选票。[①] 因此，有学者指出，从某种意义上说，两次巴尔干战争期间，许多民众将选票投给社会民主党是出于厌战的情绪，而不是支持巴尔干联邦的主张。[②]

两次巴尔干战争的结束和战后安排并没有使所有巴尔干国家都满意，随着第一次世界大战的爆发，它们又纷纷加入了不同的集团和阵营，试图通过战争获得和扩大各自的利益。一战加速了社会主义运动的分化，加剧了不同派别之间的意见分歧。在此过程中，国际社会主义内部的左派力量逐渐上升。1915 年 9 月，11 个国家的社会民主党代表在瑞士齐美尔瓦尔德（Zimmerwald）召开了国际社会党人第一次代表会议，会上形成了齐美尔瓦尔德左派（The Zimmerwald Left），通过了一项谴责第二国际右派领袖的背叛行为和揭露"保卫祖国"口号欺骗性的决议。1916 年 4 月，国际社会党人第二次代表会议在瑞士伯尔尼附近的昆塔尔（Kienthal）村举行，会上再次通过了一项反对帝国主义战争的决议，批判了右派恢复旧国际格局的企图。[③] 虽然伯尔尼会议没有接受列宁关于成立第三国际的建议，但是左派的影响力显著增加。在 1917 年俄国十月革命胜利、布尔什维克上台执政以及第三国际成立后，共产党的力量逐渐壮大，社会主义政党内部的分化也日益明显。

在巴尔干地区，政府的压制和战争的相继爆发使得许多巴尔干社会主义者被迫逃往国外，社会主义力量被严重削弱。尽管如此，巴尔干社会民主党人还是在条件极为困难的情况下于 1915 年 7 月在罗马尼亚布加勒斯特召开了第二届巴尔干社会民主党代表大会，希腊、保加利亚、罗马尼亚和

---

① L. S. Stavrianos, *Balkan Federation*, *A History of the Movement toward Balkan Unity in Modern Times*, pp. 193 - 194.

② Ibid. , p. 195.

③ 参见黄宗良、林勋健主编《共产党和社会党百年关系史》，北京大学出版社，2002，第 43 页。

塞尔维亚的社会民主党派代表出席了大会。大会通过的宣言反对大国干涉，反对现存的巴尔干各国政权，主张建立一个巴尔干联邦共和国，强调只有巴尔干各民族的独立及联盟和摆脱大国的控制才能确保巴尔干各民族的自由与完整。① 在多数巴尔干社会民主党人看来，只有通过国内的政治改革和建立巴尔干联邦才能最终解决巴尔干问题。不过，它们与西欧的社会民主党人一样，在关于战争的问题上也出现了不同的看法与立场。

在保加利亚，社会民主工党"广泛派"站在民族主义的立场上，支持政府的决定，反对巴尔干社会民主党布加勒斯特代表大会提出的反战宣言。"紧密派"则支持发布反战宣言，号召其他国家采取共同行动来终止战争，谴责巴尔干资产阶级和君主的"背叛"，认为摆脱战争的唯一途径是建立一个巴尔干联邦共和国。"紧密派"领导人布拉戈耶夫表示赞同并援引列宁的观点，认为第一次世界大战结束之后将会出现欧洲革命，这个革命将成为全人类解放的途径，同时也是解决巴尔干问题的出路。②

在希腊，萨洛尼卡劳工联盟（Labor Federation of Salonica）强烈反对战争，谴责巴尔干国家的民族主义行径。在 1915 年举行的布加勒斯特代表大会上，该劳工联盟明确反对扩张主义政策。1918 年参加在伦敦举行的劳工与社会党人联盟会议（inter – Allied Labor and Socialist Conference）时，萨洛尼卡劳工联盟还提出了如下主张：参战国撤离已占领土，恢复领土现状，建立巴尔干关税同盟，巴尔干国家应保证少数民族自由发展的权利。③ "通过这种方式，也只有通过这种方式，才能实现巴尔干国家的民主联邦，而这个联邦是巴尔干和平的保证。"④ 但是，萨洛尼卡劳工联盟中也有一些成员鼓励希腊参加战争，认为建立巴尔干联邦应以实现"大希腊"目标为基础。⑤ 因此，随着战争的推进，巴尔干社会主义力量的分化越来越明显。

---

① L. S. Stavrianos, *Balkan Federation*, *A History of the Movement toward Balkan Unity in Modern Times*, pp. 198 – 199.

② Ibid., p. 199.

③ Ibid., p. 201.

④ A. D. Siders, "The Macedonian Question," *New Europe*, Vol. Ⅵ, 1918, pp. 396 – 401.

⑤ P. E. Drakoules, "Greece, the Balkans and the Federal Principle," *Asiatic Review*, Vol. Ⅵ, 1915, pp. 113 – 133.

因此，与其说社会民主党人提出的巴尔干联邦主张在 19 世纪末 20 世纪初并没有产生多大的影响，不如说这些主张面临的阻力非常大。第一，这个时期社会主义力量渐渐在巴尔干地区兴起，但总体力量相对弱小。巴尔干各国依然以农民为主。同时，各国仍处于国王或大公的统治下，他们对社会主义力量有不同程度的压制，后者很难获得更多的支持。第二，原本力量比较弱小的巴尔干社会主义运动内部还分化为革命派和机会派，后者常常倾向于支持政府，这在一定程度上削弱了社会主义力量。同时，虽然巴尔干社会民主党人均共同主张建立一个民主的共和国联邦来解决巴尔干问题，但是，他们的纲领比较含糊，只是提出了要推翻君主政体、建立民主共和国和最终加入巴尔干联邦，而没有具体指出通过何种手段才能实现这一主张，这也是他们难以获得更多支持的一个重要原因。第三，整个欧洲形势越来越背离和平与联合的氛围。欧洲各大国对巴尔干的争夺日益白热化，第二次巴尔干同盟充分暴露了巴尔干各国之间的矛盾。巴尔干同盟的胜利使"'巴尔干属于巴尔干人民'——这一口号已经实现"①，但巴尔干仍处于欧洲各大国的争夺之中，它们不允许一个强大的巴尔干联合国家出现。两次巴尔干战争和第一次世界大战中民族沙文主义的强大和大国意志的渗透使得不少巴尔干政治家包括社会民主党人心灰意冷，对于巴尔干联邦的兴趣大打折扣。

总体来讲，19 世纪末 20 世纪初整个巴尔干地区以及欧洲形势的不稳定未能给社会民主党人提出的巴尔干联邦主张提供现实的客观环境，再加上巴尔干社会主义力量本身还很弱小，其失败是不可避免的。不过就是在这样的环境之下，巴尔干社会主义力量特别是社会民主党人在不断壮大基础、建立组织、推动社会主义运动的同时，提出了自身对于巴尔干民族解放与独立的思索——建立巴尔干联邦，并以不同的形式参与反战行动，其历史意义是值得肯定的。

二　共产党人的巴尔干联邦主张

一战临近结束，巴尔干的共产党力量在不断壮大的同时，也开始关注

---

① 《列宁全集》第 22 卷，人民出版社，2017，第 168 页。

巴尔干问题。与社会民主党人不同，巴尔干共产党人强调无产阶级的暴力革命是解决巴尔干民族问题的根本途径，主张将劳动人民的大团结作为联邦的基础，认为代表封建主和资产阶级利益的巴尔干各国政府不可能解决封建主和资本家等剥削阶级扩张愿望形成的历史矛盾。他们认为，永久解决巴尔干民族问题的方案是建立一个巴尔干苏维埃联邦共和国[①]，同时，只有在先建立各民主共和国后巴尔干联邦才能行得通，而且按照列宁的意见——只能在俄国革命胜利以后。[②]一战结束后，共产党人成为巴尔干联邦主张的主要倡导者与推动者。

随着 1919 年共产国际的成立，共产党组织已经成为社会主义力量中的一个重要派别。在巴尔干地区，许多国家的共产党从社会民主党母体中或脱胎、或分裂、或合并、或演变而来，获得了越来越多的民众支持。从社会民主党易名而来的共产党有 1919 年成立的保加利亚共产党（以下简称保共），其前身是保加利亚社会民主工党"紧密派"，1921 年成立的罗马尼亚共产党，其前身是罗马尼亚社会民主工党。由分散的左翼派别和组织合并而成的共产党有 1920 年更名的南斯拉夫共产党（以下简称南共），其前身是 1919 年 4 月由塞尔维亚社会民主党，波斯尼亚和黑塞哥维那社会民主党，克罗地亚、达尔马提亚的左派社会民主党人团体和组织，伏伊伏丁那、黑山和马其顿的社会主义团体的代表组成的南斯拉夫社会主义工人党；1920 年成立的土耳其共产党，由土耳其各地的和土耳其人在国外建立的共产主义组织联合而成；1924 年成立的希腊共产党，其前身是 1918 年希腊各社会主义小组联合组建的希腊社会主义工人党，1920 年改称为希腊社会主义工人党（共产主义者）。

除了共产党组织的出现，一战结束后的巴尔干地区还有一个非常重要的现象，就是半岛的政治格局发生了巨大变化。一批按照"民族自决"原

---

① Petar Kozić, "Ideja Jedinstva Balkanskog Proletarijata na Prvoj Zajedničkoj Konferenciji 1910. Godine,"
U: *Zbornik radova Pravno - ekonomskog fakulteta u Nišu*, Niš: Pravno - ekonomski fakultet, 1964, p. 195.

② 参见〔俄〕А. Г. 扎多欣、А. Ю. 尼佐夫斯基《欧洲的火药桶——20 世纪的巴尔干战争》，第 213 页。

则新建或重组的民族国家诞生，各民族的交错聚居现象极为普遍。诚如英国历史学家艾伦·帕尔默指出的那样："1919 年至 1920 年期间所改变了的乃是欧洲的地图，而不是它的各个民族的习惯。"① 换句话说，战争非但没有解决巴尔干地区的民族问题，反而滋生了许多新的民族问题，尤其是主体民族对少数民族的压迫问题变得日益突出。这样，许多巴尔干国家存在国家之间以及国家内部的双重危机，"通过独裁专制的体制来维护主体民族的统治地位，也就成为这些国家的普遍选择"②。

这种"普遍选择"是巴尔干共产党组织生存和发展的客观环境。与其他欧洲国家一样，巴尔干国家的专制独裁者③为防止俄国革命的传播，对本国的共产党人实施了敌视和压制政策。有西方学者后来指出，防范布尔什维主义、重划欧洲版图，这两项任务基本上是相互重叠的。因为对付俄国革命的最佳手段，就是围上一圈反共国家组成的"隔离带"。④ 因此，巴尔干国家的共产党虽然获得了较大发展，但很快就遭到了政府的严厉打压。

先说保共。虽然保共通过组织马克思主义团体和参加议会选举扩大了影响，但好景并不长，在 1919 年 8 月的国民议会选举中，保共获得了近1/4的选票，获得 236 个议席中的 47 席，成为保加利亚第二大党。⑤ 然而，当时的保共因受到共产国际的影响，错误地过高估计了革命形势，拒绝与农

---

① 〔英〕艾伦·帕尔默：《夹缝中的六国——维也纳会议以来的中东欧历史》，第 216 页。
② 郝时远：《帝国霸权与巴尔干"火药桶"》，第 149 页。
③ 20 世纪 20 年代，巴尔干诸多国家先后建立了专制政权。在保加利亚，1919 年 10 月保加利亚农民联盟和两个资产阶级政党组成联合政府，到 1923 年 6 月被赞科夫政府取代，后者建立的军事法西斯政权到 1936 年又让位于国王鲍里斯建立的君主法西斯专政。在塞尔维亚人—克罗地亚人—斯洛文尼亚人王国，1921 年 6 月新宪法通过，实行中央集权体制，此后专制势力便逐步排斥、镇压进步组织，直到 1929 年解散一切政党，建立起了独裁专制的"南斯拉夫王国"。在阿尔巴尼亚，1924 年 6 月资产阶级革命刚刚取得政权，流亡的索古（Zog）独裁势力在南斯拉夫、希腊的支持下于 12 月以武装干涉的方式重返地拉那建立了专制政权，他在 1928 年宣布解散议会并召开制宪会议，宣布实行君主制，成为阿尔巴尼亚的独裁者。在罗马尼亚，1923 年通过的宪法突出了中央集权制的原则，国王保留了相当大的权力，特别是在立法上的绝对否决权，随着 1924 年罗马尼亚进步组织如共产党、自由党被取缔，其政治生活由独裁专制势力把控。
④ 〔英〕艾瑞克·霍布斯鲍姆：《极端的年代》（上），郑明萱译，江苏人民出版社，1999，第 45 页。
⑤ 参见 L. S. Stavrianos, "The Balkan Federation Movement: A Neglected Aspect," p. 38。

民党组成的联盟合作共同组建政府。① 在 1920 年 3 月举行的议会选举中保共获得了 50 个议席，但少于农民联盟的 110 个议席，后者组成一党政府执政。② 在 1923 年 4 月的议会选举中，保共获得 19.15% 的选票，在议会中仍居第二位，但议席减少至 34 席。③ 亚历山大·赞科夫（Alexander Tsankov）担任联合政府领导人后开始实施"白色恐怖"。在同年 11 月举行的议会选举中，保共惨败，仅获得不到 1% 的选票和 2 个议席。此后，赞科夫政府在"整个 1924 年和 1925 年间，对'布尔什维克'及其同情者不论青红皂白一律加以迫害"④。1924 年 1 月，保加利亚国民议会通过"国家安全法"，旨在消灭共产党和禁止一切进步团体的活动。4 月，保共及其所属四个组织被宣布为非法组织，许多领导人遭到逮捕、迫害和暗杀。⑤ 1925 年 3 月，8 名在 1923 年 11 月议会选举中当选的保共议员也依据所谓的"国家安全法"被剥夺了在议会中的席位。⑥ 受到政府迫害的保共改名为劳动党，后又于 1927 年更名为工人党，以秘密活动的形式生存。

　　在塞尔维亚人—克罗地亚人—斯洛文尼亚人王国，共产党也有着类似的命运。1920 年，南共不仅在塞尔维亚和马其顿等地方选举中获得了巨大胜利，而且其组织也在不断壮大。到南共第二次党的代表大会召开前夕，党员人数超过 6.6 万人，党领导的工会有 20.8 万名会员，另外还有几万名共青团员。⑦ 南共力量的壮大很快就在国家政治生活中有所体现。在该年 11 月的议会选举中，南共获得将近 20 万张选票和 59 个议席，仅次于激进党的 93 席和民主党的 92 席，成为第三大党。南共的快速壮大推动了南斯拉夫社会主义运动的高涨，"新创建的南斯拉夫共产党在建党后的一年内（至 1920 年春季）就已经拥有六万五千多名党员，处于共产党的政治影响之下的革命工会拥有二十万零八千名会员，声势浩大的罢工运动也开展起来。1920

①　参见马细谱《保加利亚史》，第 148 页。

②　同上，第 149 页。

③　同上，第 154 页。

④　〔英〕艾伦·帕尔默：《夹缝中的六国——维也纳会议以来的中东欧历史》，第 254 页。

⑤　参见马细谱《保加利亚史》，第 163 页。

⑥　参见〔英〕R. J. 克兰普顿《保加利亚史》，第 143 页。

⑦　参见马细谱《南斯拉夫兴亡》，第 70 页。

年 4 月 16 日，五万多名铁路工人参加了总罢工"①。这种发展势头引起了政府当局的极大恐慌，南共也随之遭到打压。1920 年 12 月，贝尔格莱德政府发布一项"禁令"，禁止南共"从事共产主义宣传，停止共产主义组织的活动，没收所有共产主义报纸"。② 这样，不仅从事共产主义的活动遭到了禁止，所有南共的报刊被取缔，而且许多地方的工会组织及其活动也受到压制。1921 年 6 月发生图谋刺杀摄政王亚历山大事件之后不到一个月，颁布"禁令"的大臣米洛拉德·德拉什科维奇（Milorad Drašković）被刺杀，这些事件导致王国政府通过了一项更为残酷的"国家保卫法"，迫使共产主义运动转入地下。③ 该法把南共说成恐怖组织，从此共产党人被驱逐出议会，南共领导人相继被逮捕，南共组织遭到破坏。特别是 1929 年亚历山大国王建立独裁统治以后，南共更是遭到血腥镇压。

此外，其他巴尔干国家的共产党成立后不久也遭受到了不同程度的打压。例如，1920 年 9 月土耳其共产党在阿塞拜疆巴库成立，同月即将总部转移至安纳托利亚。在受到当局打压后于 1921 年在转移回巴库的途中，党内主要活动分子遭遇意外船难，致使土耳其共产党损失惨重。④ 1923 年土耳其共和国成立后，凯末尔⑤政府对共产党实施时松时紧的政策。1925 年，共产党被土耳其当局取缔。⑥ 在罗马尼亚，共产党"始终未能壮大，成立后不久就遭到严厉镇压，并于 1924 年被宣布为非法组织"⑦。1924 年，更名后的希腊共产党加入共产国际不久，不仅被宣布为非法，机关报刊被禁止出版，而且许多党的骨干分子也被捕入狱。⑧ 1926 年，希腊共产党恢复活动，此后

---

① 〔南斯拉夫〕杜尚·比兰吉奇：《南斯拉夫社会主义联邦共和国史纲》，阿丹等译，天津人民出版社，1985，第 46 页。

② 〔南斯拉夫〕伊万·博日奇等：《南斯拉夫史》（下册），第 613 页。

③ 参见〔英〕艾伦·帕尔默《夹缝中的六国——维也纳会议以来的中东欧历史》，第 219 页。

④ Bulent Gokay, "The Turkish Communist Party: The Fate of the Founders," *Middle Eastern Studies*, Vol. 29, No. 2, 1993, p. 220.

⑤ 全名穆斯塔法·凯末尔·阿塔图尔克（Mustafa Kemal Atatürk），又译基马尔、凯穆尔，土耳其革命家、改革家，土耳其共和国缔造者，土耳其共和国第一任总统、总理及国民议会议长。

⑥ Bulent Gokay, "Communist Party of Turkey and Soviet Foreign Policy," *Journal of Global Faultlines*, Vol. 4, No. 2, 2018, p. 142.

⑦ 〔英〕艾伦·帕尔默：《夹缝中的六国——维也纳会议以来的中东欧历史》，第 221 页。

⑧ 马细谱：《巴尔干近现代史》（上卷），第 325 页。

特别是在 30 年代初期获得较大发展。1936 年反动政权上台后，希腊共产党再次遭到当局残酷镇压。① 这些受到打压的巴尔干共产党人纷纷转入地下，到二战爆发后又陆续公开活动，参加抵抗法西斯的运动，并在此过程中壮大了力量。

虽然保共和南共都遭到了镇压，但它们在一段时期内仍是巴尔干共产党的主要力量。更加难能可贵的是，它们在艰难的环境中提出了关于建立巴尔干联邦的思想主张。与社会民主党人的主张不同，在巴尔干共产党人看来，只有通过无产阶级革命和无产阶级专政才能使巴尔干各民族从各种压迫中解放出来，最终联合成一个巴尔干苏维埃联邦共和国。1919 年 5 月，保共在成立大会上通过的纲领中指出，其目标是建立一个保加利亚苏维埃社会主义国家，与邻国保持友好同盟，最终建立一个巴尔干苏维埃联邦共和国。② 与此同时，南共也提出，经济问题以及少数民族遭受的压制应通过阶级斗争和革命来解决，最终建立一个苏维埃国家和巴尔干共产主义联邦。③ 1920 年，南共二大通过的纲领明确提出，建立"南斯拉夫苏维埃共和国，这个南斯拉夫苏维埃共和国将加入巴尔干苏维埃联邦，最终将加入世界共产主义联盟"④。

尽管 1917 年的俄国革命和布尔什维克夺取政权没有成为包括巴尔干地区在内的世界革命的序幕，巴尔干共产党组织也在 20 世纪 20 年代中期以后逐渐遭到专制势力的残酷镇压，但这并"不意味着社会主义联邦的思想已经消亡，它还存在于共产国际活动家们的头脑中"⑤。甚至，俄国革命的主导者和共产国际的重要领袖列宁和托洛茨基等也在不同场合以及演说著述中公开鼓励和支持巴尔干联邦思想。⑥ 1919 年共产国际成立后不久便呼吁建立

---

① 参见于海青《希腊共产党的理论主张与发展现状》，《国外理论动态》2003 年第 11 期。

② L. S. Stavrianos, *Balkan Federation*, *A History of the Movement toward Balkan Unity in Modern Times*, p. 208.

③ Ibid., pp. 212 – 213.

④ 转引自《战后世界历史长编》编委会主编《战后世界历史长编 1948 年》（第一编第四分册），上海人民出版社，1978，第 304 页。

⑤ 〔俄〕А. Г. 扎多欣、А. Ю. 尼佐夫斯基：《欧洲的火药桶——20 世纪的巴尔干战争》，第 213 页。

⑥ Branko Nadoveza, *Srpski Socijaldemokrati i ideja Balkanske Federacije do 1918*, Beograd: Institut za noviju istoriju Srbij, 2000, p. 52.

巴尔干苏维埃联邦共和国。受共产国际的影响和指导，巴尔干各国共产党积极策划成立了自己的联合组织，并先后加入了共产国际。1920 年 1 月，由保共、南共、希腊社会主义工人党和罗马尼亚社会党组成的巴尔干社会主义联盟（Balkan Socialist Confederation）在保加利亚索非亚召开代表会议，讨论了关于巴尔干地区共产主义和社会主义政党的任务。会议提出：帝国主义世界战争的结束并没有给巴尔干带来民族解放和民族独立；只有通过无产阶级革命，建立无产阶级专政，建立苏维埃，将巴尔干各国联合成为巴尔干苏维埃联邦共和国，才能达到上述目的。这次会议确立了巴尔干共产党人关于解决巴尔干民族问题和实现巴尔干联合的指导思想与行动指南。[①] 会议还决定把该联盟改名为巴尔干共产主义联盟（Balkan Communist Federation），加入共产国际，成为国产国际的巴尔干支部。[②] 巴尔干共产主义联盟总部设在保加利亚索非亚，保共中央书记瓦西里·科拉罗夫（Vasil Kolarov）当选联盟的领导人。从 1923 年 12 月起，书记改由格奥尔基·季米特洛夫（Georgi Dimitrov）担任。1924 年春，共产国际同巴尔干各国共产党及其他团体的代表在维也纳举行会议，就在维也纳用所有巴尔干国家的语言及德语和法语公开发行《巴尔干联邦》（La fédération balkanique）双周刊达成共识。刊物的纲领是宣扬自由、主张巴尔干民族自决和强调组建巴尔干联邦的理念与权利，反对帝国主义、沙文主义和巴尔干各国专制政府，认为只有通过建立巴尔干联邦才能实现巴尔干的自由与和平。[③] 巴尔干共产主义联盟成为巴尔干各国共产党开展工人运动和宣扬巴尔干联合理念的共同组织与阵地。

巴尔干共产主义联盟首先遇到的最为棘手的问题是如何对待和解决巴尔干民族问题。在巴尔干共产主义联盟看来，这个问题的解决必须通过无产阶级革命的胜利以及巴尔干苏维埃联邦共和国的建立才能实现。这个主张得到了共产国际的肯定。共产国际对巴尔干共产主义联盟提出建立巴尔

---

① Gordana Vlajčić, *Jugoslavenska Revolucija inacionalno Pitanje* (1919 – 1927), Zagreb: Centar za kulturnu djelatnost, 1984, p. 320.

② 参见中共中央编译局国际共运史研究所编《共产国际大事记：1941 – 1943》，黑龙江人民出版社，1989，第 67 页。

③ 参见 L. S. Stavrianos, "The Balkan Federation Movement: A Neglected Aspect," p. 46。

干联邦的主张表示赞赏。1920 年 8 月，共产国际执委会发布一份号召书强调，巴尔干联邦应该扩大至多瑙河沿岸国家，组成一个巴尔干—多瑙河联邦制的苏维埃社会主义共和国。[①]

　　然而，由于巴尔干各国共产党忙于壮大组织和参加选举，对巴尔干共产主义联盟的发展缺少参与。该联盟也是刚刚成立，组织比较松散，同时缺乏有威望的领袖。更加重要的是，巴尔干共产主义联盟关于巴尔干联邦的主张仍然显得有些模糊，甚至在较长一段时间内都"未提出解决民族问题的具体方案，也没有说明巴尔干联邦将包括哪些，而对那些尚未获得独立或自治地位地区的民族问题更不知道如何去解决"[②]。直到 1922 年 12 月第五次代表会议的召开，巴尔干共产主义联盟才第一次提出了建立马其顿自治共和国和色雷斯共和国的主张，拟将它们作为未来巴尔干苏维埃联邦共和国的成员。联盟号召其所有成员全力支持马其顿人争取民族独立和自治的斗争，"努力使马其顿的民族解放运动摆脱邻国资产阶级的影响，支持这场运动，并把它引上革命斗争的道路，以建立马其顿苏维埃共和国和巴尔干苏维埃共和国"[③]。另外，联盟还号召巴尔干各国共产党人关心和帮助巴尔干其他被分割和被压迫的民族，支持他们的解放事业，最终促成他们建立自治的国家，并联合成一个巴尔干苏维埃联邦共和国。1923 年 11 月，巴尔干共产主义联盟在第六次代表会议上明确提出要建立独立的巴尔干国家自愿联盟，马其顿共和国和色雷斯共和国将是其中的平等成员，指出解决巴尔干问题的出路在于建立全巴尔干的共同国家。[④] 1924 年 7 月 15 日发行的《巴尔干联邦》第一期主要刊发了关于解决马其顿问题的宣言，强调通过组织激进的群众运动来推翻现政权并建立一个巴尔干联邦。[⑤]

　　可见，巴尔干共产主义联盟对被压迫民族的解放问题越来越重视。但是，它对于压迫民族和被压迫民族、少数民族和主体民族的界定缺乏标准，

---

① 参见《战后世界历史长编》编委会主编《战后世界历史长编 1948 年》（第一编第四分册），第 304 页。

② 马细谱：《巴尔干纷争》，第 69 页。

③ 同上，第 69～70 页。

④ 同上，第 71 页。

⑤ L. S. Stavrianos, "The Balkan Federation Movement: A Neglected Aspect," p. 47.

严重影响和破坏了巴尔干各民族之间的关系。比如，巴尔干共产主义联盟提出居住在特兰西瓦尼亚（Transylvania）和多布罗加（Dobruja）两个地区的居民也有民族自决权，包括民族分离权，有权成为巴尔干联邦中平等的一员。① 这个主张无疑没有认清特兰西瓦尼亚问题和多布罗加问题的实质。特兰西瓦尼亚地区在历史上多次易主，一战结束后从奥匈帝国划归罗马尼亚。在这个地区主张民族自决权甚至民族分离权，很容易引发匈牙利和罗马尼亚的冲突。多布罗加在 1878 年之前属于奥斯曼帝国统治下的保加利亚领土，此后分为南多布罗加、北多布罗加，分属保加利亚和罗马尼亚。一战结束后南多布罗加仍处于罗马尼亚的统治下。因此，主张多布罗加地区的民族自决权和民族分离权容易激化罗马尼亚和保加利亚的纷争。

在其存在期间，巴尔干共产主义联盟先后于 1920 年 1 月，1921 年 5 月、7 月，1922 年 6 月、12 月，1923 年 11 月，1924 年 7 月，1928 年 8 月召开了八次代表会议。随着巴尔干各国共产党遭受压制转入地下，联盟的影响也日渐式微，活动逐渐减少。② 1932 年巴尔干共产主义联盟的秘书处解散，关于巴尔干苏维埃联邦共和国的主张也沉寂下去了。③ 直到二战将要结束之际，巴尔干共产党人在逐渐壮大并掌握国家权力的进程中，才再次提出建立巴尔干联邦的计划。

这里需要强调的是，要实现巴尔干联合，首先要解决和处理的是以马其顿为代表的巴尔干民族问题。马其顿问题历史久远，作为一个争论问题大抵是在 1877～1878 年的俄土战争中产生的。随着奥斯曼帝国的式微及解体，马其顿问题从帝国一个局部的内部问题转而成为全巴尔干乃至全欧洲性质的问题了。④ 在此进程中，希腊、保加利亚和塞尔维亚三个国家利用奥斯曼帝国这个"病夫"的危机，借口各自在中世纪历史上的"辉煌"和种

---

① 马细谱：《巴尔干纷争》，第 71 页。

② Slobodan Karamanić, "Balkan Socialist Confederation, 1910–1948," *The International Encyclopedia of Revolution and Protest*, 2009, pp. 337–339.

③ Monsieur Vladimir Claude Fišera, "Communisme et intégration supranationale: La Revue 《 La fédération balkanique 》(1924–1932)," *Revue d'histoire moderne et contemporaine*, tome 34 N° 3, Juillet–septembre 1987, p. 508.

④ 参见马细谱《巴尔干纷争》，第 329～330 页。

族因素，均声称马其顿是自己领土的一部分，干涉马其顿争取独立的斗争。[①] 20 世纪早期爆发的第一次巴尔干战争、第二次巴尔干战争以及一战等数场战争不仅没有使马其顿问题得到解决，而且使其日益复杂化。

从马其顿民族自身来说，争取独立和解放也是其最根本的诉求。在马其顿民族复兴和解放运动中出现了不同的派别和组织，它们在不同邻国的扶植和支持下产生分歧，发生内讧，严重干扰和削弱了马其顿人民反抗奥斯曼帝国奴役和邻国扩张欲望的斗争。[②] 其中，1893 年 10 月马其顿内部革命组织（Internal Macedonian Revolutionary Organization）在萨洛尼卡的成立标志着马其顿民族解放运动进入了一个有组织、有纲领的新阶段。该组织主张以武装起义的形式来争取马其顿民族的政治自由和解放，其章程明确提出"马其顿属于马其顿人，最终要建立独立的马其顿国家"。然而，该组织同样存在内部在实现民族解放和独立手段上的分歧以及在外部受到其他势力干预等问题。1903 年该组织领导伊林登起义建立了克鲁舍沃共和国（Kruševo Republic），但这个共和国仅仅坚持了 10 天便夭折了。这场起义在马其顿民族解放运动史上具有重要意义，同时其失败也进一步加大了马其顿各革命组织和团体关于解决马其顿问题方式的分歧。

一战结束特别是巴尔干共产主义联盟成立后，马其顿内部革命组织"出现进一步的分裂，其中的一个小派别主张与共产主义者展开合作"[③]。这个被称为"联邦派"的小派别支持保共等关于通过建立巴尔干联邦来解决马其顿问题的主张。1924 年春，该组织受邀参加了共产国际同巴尔干各国共产党及其他团体代表举行的维也纳会议，赞同发行《巴尔干联邦》，特别是赞同各方关于建立巴尔干联邦以解决巴尔干民族问题的共识。

然而，事态并没有朝着符合马其顿内部革命组织"联邦派"及其支持者保共预想的方向发展。南共对于马其顿有着自身的打算，与保共关于解决马其顿问题的主张大不相同。在保共看来，即使不能做到马其顿并入保加利亚，也决不能使其成为南斯拉夫（塞尔维亚）的一部分，马其顿独立或者实现一定意义上的自治是保共的底线。从这个意义上讲，在巴尔干联

①　马细谱：《巴尔干近现代史》（上卷），第 200 页。

②　同上。

③　〔英〕R. J. 克兰普顿：《保加利亚史》，第 143 页。

邦内解决马其顿问题是保共可以接受的。然而，南共避而不谈马其顿问题，强调推动整个巴尔干苏维埃联邦共和国的实现是当务之急。[1] 显然，南共的主张更加契合共产国际和苏联领导人"世界革命"的路线，因而得到共产国际和苏共的支持。长期从事社会主义研究的约瑟夫·罗斯柴尔德（Joseph Rothchild）一针见血地指出："苏联领导人并不真正关心马其顿民族的解放，而是将其作为对'有前景'的、'听话'的巴尔干共产党人的奖赏。"[2]

从 1926 年起，《巴尔干联邦》刊物编辑部做了一份调查问卷，虽然问卷的回复显示在怎样实现巴尔干联邦上存有分歧，但被访者都赞同建立巴尔干联邦。[3] 关于实现联邦的方式有两种：一种是共产党人和左翼社会民主党人强调的以革命和根本的社会变革为途径；另一种是中派社会民主党人和自由主义者主张的通过教育运动、投票以及与国际联盟（League of Nations）合作等和平手段来实现。[4]《巴尔干联邦》刊物在 20 世纪 30 年代初停刊时，马其顿问题仍然没有获得解决，此后这一直成为影响巴尔干相关国家间关系的重要问题之一。

事实上，大约自法国大革命始，有关建立一个巴尔干联邦或邦联的理念几乎与巴尔干民族解放及国家独立的斗争如影随形。一部分人认为这个理念是基于平等和自愿原则的巴尔干各民族联合并实现持久和平的最佳方式；另一部分人则强调巴尔干联合背离其种族主义的实践，有碍于民族扩张的计划。[5] 虽然 19 世纪末 20 世纪初的巴尔干社会民主党人与一战结束后的巴尔干共产党人都属于第一个类别，代表了进步的力量，但他们关于实现巴尔干联邦的主张和途径亦有所差异。首先，社会民主党人主张的巴尔干联邦不太明确，他们只是含糊地表达了要通过建立巴尔干国家的联邦解

① Milena Savova - Mahon Borden, *The Politics of Nationalism under Communist in Bulgaria: Myths, Memories, and Minorities*, University of London, Doctoral thesis, 2001, pp. 222 - 223.

② Joseph Rothchild, *The Communist Party of Bulgaria: Origins and Development*, 1883 - 1936, New York: Columbia University Press, 1959, p. 256.

③ 关于问卷的详细内容以及回复的人员名单，参见 L. S. Stavrianos, "The Balkan Federation Movement: A Neglected Aspect," pp. 48 - 49。

④ Ibid. , p. 49.

⑤ Nikola Zečević, "The Russian Revolution and Its Impact on the Idea of Balkan Union (1918 - 1933): National vs. International," *Trames Journal of the Humanities and Social Sciences*, Vol. 23, No. 3, 2019, pp. 323 - 324.

决巴尔干的民族问题。共产党人则较明确地提出建立一个巴尔干苏维埃联邦共和国的主张。其次，组织状况的差别导致他们表达联邦理念的方式有所不同。巴尔干各国社会民主党之间的交流和接触比较少，只有在一些特别问题出现的时候才会进行交流，如战争的爆发。相反，巴尔干各国共产党在巴尔干共产主义联盟的组织下交流较密切，后者还通过制定政策、策略对前者施加影响。[①] 也就是说，巴尔干共产党人关于巴尔干联邦的主张更具一致性。最后，也是根本的一点，他们主张建立巴尔干联邦的方式也不一样。社会民主党人主张通过和平、民主的手段建立民主的共和国与巴尔干联邦，而共产党人则主张通过无产阶级革命和专政的方式建立一个社会主义的巴尔干苏维埃联邦共和国。

然而，从结果来看，这一时期无论是巴尔干社会民主党人还是共产党人的主张都没有得到实现，其原因主要有以下两个方面。第一，从巴尔干地区讲，无论是社会民主党人的力量还是共产党人的力量都有限，群众基础也比较薄弱。"它们不具备西欧资本主义国家政治多元化的社会基础——发达的经济和文化，以及相对完善的法律和强大的资产阶级。"[②] 更加值得注意的是，巴尔干社会主义力量一直存在分化现象，不仅社会民主党内有左右之分，共产党与社会民主党的主张也不一样。许多争议问题的存在使巴尔干各国当局将注意力主要集中于维护国内的专制统治上，不仅没有主动去解决民族问题，而且还实施了有利于主体民族统治的民族政策。同样，巴尔干各国共产党以及巴尔干共产主义联盟一味执行共产国际的世界革命理论，没有认清复杂的民族问题的实质，更未提出解决民族问题的切实方案。在难以实现社会主义革命胜利的背景下，不仅解决民族问题不再成为可能，共产党人的自身生存也出现了困难。

第二，从外部环境来说，巴尔干社会主义力量并没有强大到足以对抗或者颠覆传统和专制势力的地步，这些国家也仍然未能摆脱欧洲大国的干预和影响。一旦大国关系出现对立，巴尔干各国的利益诉求发生冲突，它们又会选择不同的战争阵营，使该地区的战争与仇恨延续。这种状况不仅

①　L. S. Stavrianos, *Balkan Federation*, *A History of the Movement toward Balkan Unity in Modern Times*, pp. 205 – 206.

②　马细谱：《巴尔干近现代史》（上卷），第308页。

影响到了巴尔干各国进步力量与保守力量的分野，也造成了社会主义力量的分化。所以，社会民主党人的巴尔干联邦主张失去了和平环境这一前提条件，而在共产党力量兴起并拥有共同的组织后，面对域外大国和反动当局的共同压制，其通过无产阶级革命和专政建立巴尔干苏维埃联邦共和国的行动也不可避免地受到阻遏。换言之，虽然一战结束后亲欧的巴尔干君主效仿西欧国家开启议会君主政体的"实验"，给以共产党为代表的新生力量的兴起提供了空间，但这种以多党制为外衣的设计并不能触动君主专制的本质。在当时的巴尔干地区，不仅社会主义制度化的基础尚不具备，而且西欧的资产阶级民主制度也未确立。随着巴尔干多数国家相继走向君主独裁统治，奉行亲近西欧大国甚至与其结盟的政策，共产党遭受到更严酷的压制，巴尔干联邦的主张渐渐淡出舞台。

总之，从世界社会主义特别是布尔什维主义的走向看，世界革命的浪潮并没有如期到来。布尔什维主义的导师列宁和斯大林相继开始了从推动世界革命到首先在本国建成社会主义的战略转变。① 从这个意义上看，巴尔干共产党人完全把民族问题同社会主义革命问题等同起来，用共产国际关于世界革命的策略生搬硬套到巴尔干的民族问题上，其失败的结果也就不难理解了。从很大程度上讲，巴尔干共产党组织的第一次兴衰以及思想实践的落幕是一战结束初期国际共产主义事业曲折的一个微缩，而巴尔干共产党人关于解决巴尔干民族问题的思考以及推动被压迫民族进行反抗斗争的实践则在国际共产主义运动史上留下了浓墨重彩的一笔。

第二节　第一南斯拉夫的建立及其意义

一　第一南斯拉夫的诞生

19 世纪的巴尔干联合运动由于大民族主义的存在和欧洲大国的干预未能获得成功，但是，建立巴尔干联邦的主张与行动并没有消失。1878 年的

---

① 张光明：《社会主义由西方到东方的演进》，云南人民出版社，2004；王福春：《以一国社会主义建设高潮推动国际共运的发展》，《国际政治研究》1992 年第 1 期。

《柏林条约》虽然使塞尔维亚获得独立，但使建立统一南斯拉夫国家的行动遭到了阻遏。然而，南部斯拉夫各民族建立南部斯拉夫联合国家的理想和实践却一直存在。从人物来看，克罗地亚主教约西普·尤拉伊·什特罗斯马耶尔（Josip Juraj Strossmayer，1815－1905）、塞尔维亚的柳博米尔·约万诺维奇－楚帕（Ljubomir S. Jovanović－Čupa，1877－1913）等比较具有代表性。前者曾经是维也纳宫廷的神父，主张南部斯拉夫各民族联合，深信在发展教育的基础上能够消除信奉天主教的克罗地亚人和信奉东正教的塞尔维亚人之间的分歧。① 在宣扬克罗地亚文化的同时，什特罗斯马耶尔主教还试图在某种程度上实现他的南斯拉夫理想。从什特罗斯马耶尔主教大力资助文化机构及其命名中可见这种倾向。什特罗斯马耶尔主教于 1866 年创建南斯拉夫科学艺术院，1867 年创办了南斯拉夫文理学院，1875 年推动重建萨格勒布大学。南斯拉夫科学艺术院在后来的南斯拉夫以及现在的克罗地亚的文化艺术领域发挥着重要作用，是现今克罗地亚科学艺术院的前身。在 2004 年 1 月 6 日《国家》周报（Nacional）公布的克罗地亚史上 100 名人物榜上，什特罗斯马耶尔主教名列第 16 位，比盖伊、克里扎尼奇等都要靠前。②

　　约万诺维奇－楚帕也叫作柳巴·楚帕（Ljuba Čupa），其身份比较多，既是记者、士兵，也是塞尔维亚黑手党创始人，还是泛塞尔维亚主义者。约万诺维奇－楚帕主张各民族的自由和解放，强调在塞尔维亚领导下实现所有南部斯拉夫人的联合和统一，塞尔维亚青年将在其中发挥十分重要的作用。约万诺维奇－楚帕的思想和理念得到塞尔维亚王国首相尼古拉·帕希奇（Nikola Pašić）的支持和重视。有学者甚至认为，如果将帕希奇比作意大利的加富尔（Cavour），那么，约万诺维奇－楚帕就是辅佐加富尔的马志尼。③ 此外，约万诺维奇－楚帕极其关心其他南部斯拉夫民族的未来，同保加利

① 赵乃斌、汪丽敏主编《南斯拉夫的变迁》，广东人民出版社，2002，第 7 页。

② "Tito je jedini hrvatski državnik koga je svijet prihvaćao kao svjetsku ličnost," http://arhiva. nacional. hr/clanak/13694/tito－je－jedini－hrvatski－drzavnik－koga－je－svijet－prihvacao－kao－svjetsku－licnost，访问日期：2021 年 10 月 21 日。

③ David Mackenzie, "Ljuba Jovanović－Čupa and the Search for Yugoslav Unity," *The International History Review*, Vol. 1, No. 1, 1979, p. 36.

亚人、克罗地亚人以及斯洛文尼亚人都保持较好的私人关系。1913 年，约万诺维奇 - 楚帕在战争中受伤感染霍乱去世。有意思的是，人们都知道约万诺维奇 - 楚帕葬于斯科普里，但具体在何处却一直是个谜。

此外，19 世纪中后期和 20 世纪初，巴尔干地区出现了一些民族主义团体和政党，包括受伊利里亚运动较大影响的克罗地亚民众党、达尔马提亚民众党、克罗地亚权利党以及塞尔维亚激进党等。这些党将民族称为"部族"，这种倾向于同化的趋势使南斯拉夫思想具有了意识形态性质，而这又是党的脆弱机体所难以承受的。这些党的内部是分裂的，有些党在组织上又是很涣散的。因此，在实践方面，这种南斯拉夫思想没有留下较强的影响，但是，在思想和文化领域，这种思想在好几十年一直很活跃，有时甚至居统治地位。[1]

到了 20 世纪初，在奥匈帝国境内的南部斯拉夫民族产生了"联合在一起的想法，这一新的南斯拉夫主义的基础是：共同的种族起源和德国帝国主义的威胁"[2]。然而，在奥匈帝国内部，"压制克罗地亚民族和语言的种种措施，正在迅速破坏克罗地亚居民中可能存在的任何亲匈牙利的感情。在是否应与信奉正教的塞尔维亚人联合这一点上，老一代中有些人的确仍然表示怀疑，但年轻一代的领袖们却公开宣称赞成脱离匈牙利"[3]。

经过两次巴尔干战争，塞尔维亚王国人口增加，领土扩大，军事和经济实力显著增强，以塞尔维亚为中心建立南斯拉夫统一国家的呼声日趋高涨，奥匈帝国境内的斯拉夫人要求并入塞尔维亚的势头也越来越猛。[4] 随着斯洛文尼亚人和克罗地亚人接触的增加，他们开始彼此关注和声援，这催生了南部斯拉夫人联合起来的思想。[5] 塞尔维亚在两次巴尔干战争中的胜利"使整个奥匈帝国境内的南部斯拉夫人欢欣鼓舞，他们早已厌倦了哈布斯堡王朝的统治，现在把全体南部斯拉夫人的前途都寄托在塞尔维亚人身上。"[6]

---

[1] 〔南斯拉夫〕伊万·博日奇等：《南斯拉夫史》（上册），第 444 页。

[2] 同上，第 531 页。

[3] 〔英〕斯蒂芬·克利索德主编《南斯拉夫简史》，第 244～245 页。

[4] 余建华：《民族主义、国家结构与国际化》，第 56 页。

[5] 参见李满长《多党制与南斯拉夫分裂》，人民出版社，2013，第 8 页。

[6] Stephen Clissold ed. , *A Short History of Yugoslavia*: *from Early Times to* 1966, pp. 132 - 133.

　　第一次世界大战爆发前后，关于南部斯拉夫各民族的走向大体有三种可能：一是维持现状，继续在奥匈帝国和奥斯曼帝国的统治下艰难前进；二是建立类似奥匈二元帝国的三元帝国；三是建立独立的南部斯拉夫联合国家。随着一战的推进，奥匈帝国和奥斯曼帝国的式微直至走向解体，前两种方案失去了可能，第三种方案成为最可能的选择。但是，对于如何实现联合，实现怎样的联合，仍出现了各种各样的主张，包括以塞尔维亚和克罗地亚为中心的联合，所有南部斯拉夫民族的联合和以一个民族霸权为基础实现对其他民族的联合，等等。[①] 对于联合成君主国或共和国、单一制或联邦制国家同样各执一词。[②] 共同的一点是，虽然其他南部斯拉夫民族将希望寄托在塞尔维亚人身上，但并不主张建立大塞尔维亚霸权国家。

　　建立一个联合的南部斯拉夫统一国家符合塞尔维亚王国的利益和设想。一战爆发后不久，塞尔维亚王国首相尼古拉·帕希奇在给塞尔维亚王国驻外代表机构的通函中指出：经过这次战争要把塞尔维亚变成一个"西南部斯拉夫人的强国……全体塞尔维亚人、全体克罗地亚人和全体斯洛文尼亚人"都将被包括在这个统一国家内。[③] 同年 12 月，塞尔维亚王国议会通过《尼什宣言》（Nis Declaration），再次表示参加一战的目标是"解放和联合我们的一切未获得自由的兄弟——塞尔维亚人、克罗地亚人和斯洛文尼亚人——的斗争"[④]。这个宣言标志着南部斯拉夫人统一的设想迈出了具体的第一步，建立由塞尔维亚人、克罗地亚人和斯洛文尼亚人的联合国家正式被提上议程。

　　与此同时，国际社会发生的事件也加速了南部斯拉夫民族联合的行动。1915 年 4 月，英国、法国、俄国拉拢意大利秘密签订《伦敦条约》，将属于南部斯拉夫人的的里雅斯特（Trieste）及亚得里亚海东岸的大片领土划给意大利。这种不顾弱小民族意愿的行为引发了南部斯拉夫各民族的强烈抗议，

---

① 参见汪尧生《关于南斯拉夫国家的建立》，《历史教学》1992 年第 4 期，第 41 页。

② Latinka Perović, "The Kingdom of Serbians, Croatians and Slovenians（1918 – 1929）/ the Kingdom of Yugoslavia（1929 – 1941）：Emergence, Duration and End," Belgrade 2015, http：//www. yuhistorija. com/doc/LP% 20 – % 20Kindgom% 20SCS% 20 – % 20Yugoslavia. pdf, 访问日期：2021 年 10 月 21 日。

③ 参见 Ivo Banač, The National Question in Yugoslavia：Origins, History, Politics, p. 116。

④ 赵乃斌、汪丽敏主编《南斯拉夫的变迁》，第 9 页。

也激发了他们的民族情绪。然而人尽皆知的是，"俄国与塞尔维亚首相帕希奇——一个持狭隘塞尔维亚民族主义观点的人——均打算只要塞尔维亚得以确保信奉正教的塞尔维亚居民占绝大多数的地区，从而确保通往亚得里亚海的广阔通道，而让信奉天主教的克罗地亚人与斯洛文尼亚人去听凭命运支配"①。在塞尔维亚王国看来，领土面积的扩大以及获得俄国的支持是利益的最高诉求，至于联合对象自身的领土利益则不在考虑范畴。况且，战争才开始不久，塞尔维亚王国的领导人并不清楚战争的走向，也不愿意冒险展开同奥匈帝国的全面对抗。

同年 4 月 30 日，一批流亡国外的南部斯拉夫资产阶级政治家在伦敦集会，成立了一个以克罗地亚人安特·特鲁姆比奇（Ante Trumbić）为首的南部斯拉夫委员会（Yugoslav Committee）。该委员会主张建立一个包括全体南部斯拉夫人在内的新国家，同奥匈帝国断绝关系。② 然而，塞尔维亚王国与南部斯拉夫委员会之间存在严重分歧和不信任，对未来联合国家的形式也存在不同的看法。③ 经过协商和妥协④，双方于 1917 年 7 月签署《科孚宣言》（Corfu Declaration），支持所有塞尔维亚人、克罗地亚人、斯洛文尼亚人在卡拉乔尔杰维奇王朝统治下组成联合国家。这个新国家将是一个"民主的议会制君主国，享有语言和宗教信仰方面的种种保障。……按照民族、社会、经济等条件实行地方自治"⑤。尽管《科孚宣言》尚未考虑具体的国家建构问题，尤其是没有确定国家结构形式，但是它已经提出了统一国家的基本构想，在促进南部斯拉夫各民族团结并走向联合方面无疑具有重大

①〔英〕斯蒂芬·克利索德主编《南斯拉夫简史》，第 253 页。

② 塞尔维亚首相帕希奇在 1914 年便建议成立这样的组织，但直到 1915 年 4 月底才正式成立。起初，16 位成员中共有 12 位克罗地亚人、3 位塞尔维亚人和 1 位斯洛文尼亚人。参见 Alex Dragnich, *The First Yugoslavia: Search for a Viable Political System*, Stanford: Hoover Institution Press, 1983, p. 6。

③ 例如，该委员会中的克罗地亚人弗拉诺·苏皮洛（Franjo Suplio）主张建立一个保持各民族独立的联邦国家。后来，苏皮洛由于政见分歧退出该委员会。

④ 宣言之所以具有妥协的性质，是因为双方所处的地位不平等和不稳固：被赶到国外的塞尔维亚政府拥有军队，而南斯拉夫委员会拥有一定的资金，并得到侨民和奥匈帝国内南斯拉夫政治家的支持。但是双方心中都拿不准今后的走向（战争已在继续，战争的结局尚不明朗），所以双方互相需要。参见〔俄〕A.Г. 扎多欣、A.Ю. 尼佐夫斯基《欧洲的火药桶——20 世纪的巴尔干战争》，第 141 页。

⑤ 参见左娅编著《列国志·克罗地亚》，社会科学文献出版社，2007，第 72 页。

意义，被称为"南斯拉夫出生证"①。

需要提及的是，1917 年俄国十月革命的胜利也使南部斯拉夫各民族大受鼓舞。它们越来越意识到摆脱大国的统治和保护民族的权利必须依靠自我力量的强大和民族国家的统一。在这种认识的推动下，南部斯拉夫各民族的革命情绪高涨，各民族团结的愿望非常强烈。另外，一些大国也开始支持南部斯拉夫人的联合行动。起初，英、法等国对此只是采取观望立场。《科孚宣言》通过后，俄国率先表态："民主俄罗斯支持南斯拉夫人在各族人民自决、法律上承认相互权利和政治、经济利益一致的基础上实现统一科孚会议参加者的愿望。"② 英国和法国经过一段时间的动摇后也表示支持《科孚宣言》，同时加大了对塞尔维亚的军事与外交援助。随着奥斯曼帝国和奥匈帝国在军事上的节节失利，建立南部斯拉夫统一国家的时机日益成熟。

1918 年 10 月初，斯洛文尼亚人、克罗地亚人和塞尔维亚人国民委员会 (the National Council of Slovenes, Croats and Serbs) 在萨格勒布成立。同月底，国民委员会在克罗地亚议会上宣布成为奥匈境内南部斯拉夫人新的最高权力机构，中断与哈布斯堡和匈牙利的一切联系，成立"斯洛文尼亚人、克罗地亚人和塞尔维亚人国"。卢布尔雅那、萨拉热窝和其他城市的代表机构纷纷发表类似的声明，支持萨格勒布国民委员会，授权它以一个临时政府的资格与塞尔维亚王国、黑山王国实现联合。11 月初，塞尔维亚王国政府、萨格勒布国民委员会和南部斯拉夫委员会的三方代表在日内瓦达成临时协议，决定联合其他南部斯拉夫民族，实现国家的统一。11 月 24 日，关于"斯洛文尼亚人、克罗地亚人和塞尔维亚人同塞尔维亚王国和黑山联合成一个塞尔维亚人、克罗地亚人和斯洛文尼亚人的统一国家"的决定正式获得通过。紧接着，黑山废黜了国王，宣布并入统一的国家。随后，伏伊伏丁那也宣布并入塞尔维亚王国，成为其一个自治单位。12 月 1 日，塞尔维亚人—克罗地亚人—斯洛文尼亚人王国正式成立，开始了第一南斯拉夫时期。

---

① 参见 Stephen Clissold ed., *A Short History of Yugoslavia*: *from early times to* 1966, p. 162.

② 转引自〔俄〕皮萨列夫《1918 年南斯拉夫国家的建立：历史教训（下）》，董进泉译，《现代外国哲学社会科学文摘》1993 年第 2 期。

二 第一南斯拉夫的灭亡及其原因

在奥匈帝国废墟之上建立起来的塞尔维亚人—克罗地亚人—斯洛文尼亚人王国是18世纪以来南部斯拉夫民族意识觉醒和争取民族统一的产物，在南部斯拉夫人历史上具有非常重要的意义。首先，这是南部斯拉夫人第一次在历史上摆脱了外族的统治与压迫，以一种联合的方式彻底改写了自6～7世纪南下巴尔干半岛后南部斯拉夫人的历史，是南部斯拉夫人民族意识觉醒和争取民族解放运动的产物。其次，这是从16～17世纪起南部斯拉夫人追求联合理想的实现，首个多民族国家的建立意味着南部斯拉夫各民族从此步入了共同国家的发展轨道。从这个层面讲，1918年建立的南斯拉夫国家是区域整合的一个阶段性成果。[1] 最后，与前两者相关联的是，在此前欧洲政治中南部斯拉夫民族的问题仅仅被看作争取摆脱帝国的统治，此后，这个新国家虽然仍是欧洲大国尤其是法国和意大利争夺的对象，经济上仍然是一个受外国资本控制的国家[2]，但已经成为国际社会大家庭中的一员，成为国际法意义上的独立主权国家，在国际体系中占有一席之地。

那么，这个新成立的国家是什么性质的呢？它在巴尔干国家联合的层面上具有什么样的意义？

如前所述，对于建立什么性质的新国家，南部斯拉夫各民族有着不同的打算。一战爆发初期，塞尔维亚王国政府并没有估计到奥匈帝国将解体，也没有规划建立南斯拉夫国家的具体进程。塞尔维亚王国进行战争的目的是保卫塞尔维亚的独立，并伺机向塞尔维亚人生活的其他地方扩张。只是随着战争朝有利于自身的方向发展后，建立以塞尔维亚为中心的南部斯拉夫人统一的国家才从口号变成了实际行动。[3] 其他南部斯拉夫民族也是各打算盘。克罗地亚人和斯洛文尼亚人的首要任务是摆脱奥匈帝国的统治并获得独立，建立所有南部斯拉夫人共同国家的思想只在上层人物和知识分子

---

[1] 孙兴杰：《"东方问题"与巴尔干化的历史根源》，第244页。

[2] 参见〔南斯拉夫〕伊万·博日奇等《南斯拉夫史》（下册），第588～607页。

[3] 参见徐刚《从第一南斯拉夫的兴亡看南部斯拉夫人的合与分——写在第一南斯拉夫建立100周年之际》，《俄罗斯东欧中亚研究》2018年第4期。

中流行。后来促使克罗地亚、斯洛文尼亚和伏伊伏丁那主要资产阶级集团同意建立一个共同国家的重要原因是他们担心发生社会动乱，但事先也没有明确这将是一个中央集权制的国家，还是一个联邦制国家。①

1917 年签署的《科孚宣言》对于南斯拉夫的意义重大，也彰显了新生国家的先天缺陷。其一，在科孚会议长达一个多月的讨论中，最多的话题是关于塞尔维亚人和克罗地亚人的关系，其他南部斯拉夫民族的利益完全被忽视了。斯洛文尼亚人被称为"阿尔卑斯山的克罗地亚人"，黑山的地位被看作塞尔维亚的卡拉乔尔杰维奇王朝优先于黑山的佩特罗维奇家族的问题，马其顿根本没有被提及。② 另外，宣言也没有提及地方自治机关的权限问题，缺少关于克罗地亚、斯洛文尼亚、达尔马提亚及其他民族地区议会和政权权力问题。③ 随着后来王国中央集权的形成，这个问题也不再可能被提出。其二，会议上出现了单一民族主义与联邦主义的争论。塞尔维亚首相尼古拉·帕希奇认为，只有一个强大的统一国家才能经受一切外来的侵略与压力，这个统一国家只能实行中央集权制，只有一个民族。克罗地亚人安特·特鲁姆比奇认为未来的国家必须是非中央集权制的，另一位克罗地亚人弗拉诺·苏皮洛（Franjo Suplio）则明确主张采用联邦体制。虽然苏皮洛离开南斯拉夫委员会、特鲁姆比奇采取顺从塞尔维亚人的主张后，塞尔维亚人原本居于上风的关于国家组建的主张成为唯一选项，但是苏皮洛所提出的问题一直保留到战争结束：新国家是塞尔维亚的扩大，还是南部斯拉夫各族人民的关系将在未来国家联邦制的基础上按照平等的原则予以解决？④

1918 年各种形势都朝着有利于国家统一的方向发展。然而，11 月初在日内瓦签订的协议只是规定新建立的国家将是一个二元国家，由塞尔维亚政府和国民委员会共同管理，没有对国家的性质做出说明。到 12 月王国建立时，塞尔维亚政府和国民委员会也只是商定通过即将召开的制宪会议来决定国家体制问题。

---

① 参见〔南斯拉夫〕伊万·博日奇等《南斯拉夫史》（下册），第 608 页。

② 同上，第 569 页。

③ 〔俄〕皮萨列夫：《1918 年南斯拉夫国家的建立：历史教训（上）》，第 4 页。

④ 〔南斯拉夫〕伊万·博日奇等：《南斯拉夫史》（下册），第 553 页。

　　塞尔维亚人主导建立的第一南斯拉夫仍然是个封建王朝的国家，甚至说是一个扩大版的塞尔维亚王国。在治理上，王国对内实行残酷剥削和压制，对外屈从并依附新的列强。王国存在的 20 多年里，集权、冲突、恐怖以及专制成为国家与社会关系的主旋律，王室通过加强中央集权实施独裁统治。① 议会名存实亡，多数政党和持不同政见者遭到镇压。各民族间、各大政党间的对立冲突不断，刺杀成为各方习以为常的报复手段。②

　　上述一系列反常的社会形态均与大塞尔维亚主义政策息息相关。王国建立后，执政当局提出了"一个国家、一个国王、一个民族"的口号，否认不同民族的存在，主张塞尔维亚人、克罗地亚人和斯洛文尼亚人是有三种称呼的"统一民族"，黑山人是塞尔维亚人的一支，马其顿人是南塞尔维亚人，而穆斯林是宗教信仰的团体。因此，新的国家基本上是单一民族的国家，只存在若干人数不多的少数民族。③ 大塞尔维亚主义的思想还表现在执政当局对国家制度的安排上。在国家结构形式上，王国强调推行中央集权的单一制，不实行联邦制；在行政区划上，把全国划分成 33 个以城市为中心的州，不实行民族区域自治；在民族地位上，强调用形式上的公民平等来代替民族平等；④ 在权力层面，从 1918 年至 1938 年，南斯拉夫王国内阁重要部门的管理人员几乎都是塞尔维亚人。⑤ 斯洛文尼亚人、克罗地亚人和波斯尼亚的穆斯林虽曾参加各届政府，但管理的基本都是不重要的部门。⑥

　　南部斯拉夫人意图建立的是一个各民族联合的国家，而第一南斯拉夫

---

① 1921 年和 1931 年分别通过的宪法旨在强化国王的中央集权，同时否认不同民族的存在，强调南斯拉夫只有一个民族。

② 比如，1928 年 6 月克罗地亚农民党领袖拉迪奇被塞尔维亚激进党议员刺杀；1934 年克罗地亚激进的乌斯塔沙成员在法国刺杀了南斯拉夫国王亚历山大。

③ 余建华：《民族主义、国家结构与国际化》，第 70 页。

④ 参见赵乃斌、汪丽敏主编《南斯拉夫的变迁》，第 12~13 页。

⑤ 南斯拉夫王国的内阁大臣以及各个部门的具体民族比例和人数，参见 Ivo Banač, *The National Question in Yugoslavia: Origins, History, Politics*, p. 217. 需要特别指出的是，王国的军官团主要由塞尔维亚人组成。以 1941 年为例，165 名军官中，有 161 名是塞尔维亚人（包括黑山人），2 名克罗地亚人和 2 名斯洛文尼亚人。参见〔南斯拉夫〕杜尚·比兰吉奇《南斯拉夫社会主义联邦共和国史纲》，第 27 页。

⑥ 〔英〕艾伦·帕尔默：《夹缝中的六国——维也纳会议以来的中东欧历史》，第 235 页。

恰恰没有体现出民族的平等原则，没有代表南部斯拉夫各民族的利益。尽管 1929 年之前"国家名称是塞尔维亚人—克罗地亚人—斯洛文尼亚人王国，但是克罗地亚人和斯洛文尼亚人不享有同塞尔维亚人平等的权利，而马其顿人、黑山人、阿尔巴尼亚人和穆斯林的权利实际上不被考虑"①。第一南斯拉夫的建立是人类学的"消极方面"②，因为各个民族之间缺乏共同的担当，特别是以大塞尔维亚主义为主导的政策加剧了民族矛盾的积累。事实证明王国政府通过强化中央集权刻意用"一个民族"政策来掩盖复杂民族问题的做法不仅将国家引向了死胡同，而且在第一南斯拉夫解体后还使各主要民族间的相互报复此起彼伏。

　　另外一个值得注意的现象是，新的国家建立后，一些原有的和新生的政党开始活跃，试图在未来的选举中获得更多席位和更大的发言权，进而对国家建构有所影响。塞尔维亚人与克罗地亚人在国家体制问题上的争论也通过各自的政党及其活动表达出来。当时，王国比较有影响的政党主要有激进党、民主党、克罗地亚共和农民党以及南斯拉夫共产党。它们对王国拟采取的体制有不同的看法。激进党站在大塞尔维亚主义的立场上坚持中央集权制的原则，民主党主张实行君主立宪政体，克罗地亚共和农民党主张成立南部斯拉夫的联邦国家，而南斯拉夫共产党的主张是建立一个社会主义苏维埃共和国。

　　1919 年 3 月，负责为国家起草宪法的临时议会在贝尔格莱德拉开帷幕。几乎从一开始，激进党、民主党以及克罗地亚共和农民党的代表就围绕这个新国家在实行中央集权的单一制还是联邦制问题上展开争论。最激烈的较量出现在 1921 年的制宪议会上。南斯拉夫共产党在 1920 年遭到压制后退出了议会，联邦制最坚定的支持者克罗地亚共和农民党领导人斯捷潘·拉迪奇（Stjepan Radić）在议会召开前也宣布退出议会。在这种形势下，激进党与民主党结成联盟，非常顺利地通过了代表塞尔维亚人利益的《维多夫丹宪法》（The Vidovdan Constitution）。这部宪法"规定了中央集权

---

① 〔俄〕A. Г. 扎多欣、A. Ю. 尼佐夫斯基：《欧洲的火药桶——20 世纪的巴尔干战争》，第 148 页。

② 〔南斯拉夫〕多布里察·乔西奇：《南斯拉夫民族矛盾的历史与现状》，许万明译，《民族译丛》1991 年第 5 期。

的国家制度，而无视新国家中的民族问题"①。《维多夫丹宪法》否认王国内存在不同的民族，实际上就是确认了建国时关于南斯拉夫只有一个民族的论点，为后来民族矛盾的激化埋下了伏笔。另外，尽管《维多夫丹宪法》规定了言论、集会自由，但掩盖不了它反民主的实质，因为国王掌管大部分权力。

更糟糕的是，新成立的国家治理能力很差，塞尔维亚人主导的政府缺乏处理多民族国家事务的经验，克罗地亚人则采取不合作和消极抵抗的立场。政府极其不稳定，尤其是 1929 年以前，内阁成员每 5 个月就要换一次，使许多重要的问题得不到及时处理，并被不断积累下来。② 1929 年，亚历山大国王发动政变，将全部权力揽在自己手中，将国家改称南斯拉夫王国，破坏政党组织，颠覆议会制度，全面走向独裁。这样，"通过以一元主义的南斯拉夫为幌子的阶级剥削和民族压迫的制度来维持南斯拉夫国家共同体——南斯拉夫王国的历史尝试不仅没有成功，反而以南斯拉夫 1941 年的解体而告终"③。

从 1918 年到 1941 年，第一南斯拉夫仅仅存在了 23 年。有学者指出，第一南斯拉夫是在"对完成联合的方针既无明确的概念，又没有全体认可的协议或条约的情况下，南斯拉夫民族的各个部分仓促地联合起来了"④。"在结构上还有根本缺陷的情况下，王国的生命就这样开始了。"⑤ "从一开始就是一个错误，内在缺陷使其崩溃不可避免。"⑥ 概言之，第一南斯拉夫是一个"谁都不满意的国家"⑦，"一种不合时代的多民族的凑合"⑧。"不满

---

① 《铁托选集（1926－1951 年）》，人民出版社，1984，第 300 页。

② 有关这些问题的讨论，参见 Alex Dragnich, *The First Yugoslavia: Search for a Viable Political System*, Stanford: Hoover Institution Press, 1983, pp. 146－148.

③ 〔南斯拉夫〕杜尚·比兰吉奇：《南斯拉夫社会主义联邦共和国史纲》，第 44 页。

④ 〔英〕斯蒂芬·克利索德主编《南斯拉夫简史》，第 259 页。

⑤ 〔英〕弗雷德·辛格尔顿：《二十世纪的南斯拉夫》，何伟文译，中国财政经济出版社，1980，第 19 页。

⑥ John R. Lampe, *Yugoslavia as History: Twice there Was a Country*, p. 4.

⑦ 潘志平：《民族平等：理想、空想和现实——从前南斯拉夫解体谈起》，《世界民族》1999 年，第 3 期。

⑧ 〔美〕丹尼森·拉西诺：《南斯拉夫的实验（1948－1974）》，瞿霭堂译，上海译文出版社，1980，第 9～10 页。

意""凑合"是国家建立和设计的仓促以及各主要民族间无奈妥协的真实反映。但是，"即使一个有缺陷的南斯拉夫也比没有南斯拉夫好"①。就当时的情况来说，这种凑合是符合各自民族利益的。塞尔维亚通过联合彰显了其主导作用和霸权地位，同样，克罗地亚人和斯洛文尼亚人在民族独立的最高利益面前甘愿将自身在新国家中的地位置于次等。问题在于，当独立的夙愿实现与共同的敌人消失后，民族性的一面将朝什么方向发展？如果凑合之后仍旧放任，或没有共识，或突出个体，那么"由文化差异极大的民族构成的新南斯拉夫必定要承受强大的离心倾向"②。塞尔维亚人寻求维护和巩固其霸主地位，而克罗地亚人、斯洛文尼亚人反对集权，不遗余力地维护本民族的平等权利，对第一南斯拉夫的发展并没有基本的担当和共识，相互间的矛盾越积越深，由此，"南斯拉夫人"的统一认识也就无从谈起，前景必然是暗淡的。

诚如铁托在 1946 年南斯拉夫联邦人民共和国建立后不久对第一南斯拉夫所做出的评论那样：第一南斯拉夫的第一个大错误在于，它根据所谓《维多夫丹宪法》具有严格的中央集权主义性质。因此，一个多民族的国家，一个各民族不平等的国家，一个严格的中央集权制的国家，从它一诞生就带有严重慢性病的菌苗，它使这个人为制造的国家不得长寿……③有学者指出，在南斯拉夫人联为一体的过程中，作用更大的是语言同源性、地理相似性和外国的占领（尽管是被不同的国家占领），而不是政治历史。斯洛文尼亚人、克罗地亚人、塞尔维亚人、马其顿人和黑山人具有各自独立的历史和彼此不同的宗教，这意味着南斯拉夫的民族联邦形式可能提供了

---

① 第一南斯拉夫时期斯洛文尼亚政治家安东·科罗舍茨（Anton Korošec）以及出生第一南斯拉夫时期的斯洛文尼亚电影导演约热·波加契尼奇（Jože Pogačnik）均表达过同样的话语。前引自 John R. Lampe, *Yugoslavia as History: Twice there Was a Country*, p. 3, 后引自 Alex Danchev and Thomas Halverson, *International Perspectives on the Yugoslav Conflict*, New York: Palgrave Macmillan, 1996, p. 120。

② Joseph Rothschild, *East Central Europe between the Two World Wars*, Seattle: University of Washington Press, 1974, p. 202.

③ 转引自〔南斯拉夫〕杜尚·比兰吉奇《南斯拉夫社会主义联邦共和国史纲》，第 176～177 页。

一个"超民族"的模型，而这个模型可以在其他地方以更大的规模被复制。[①] 然而，这种复制并不容易。即使是南斯拉夫自己也命运多舛。事实上，后来第二南斯拉夫的解体以及第三南斯拉夫的消亡大体也是这一逻辑的结果。

---

① Fred Singletion, *A Short History of the Yugoslav Peoples*, Cambridge：Cambridge University Press, 1985, p. 131.

巴尔干各民族有类似或共同的命运和经历，在同一政治结构中共同生活了几个世纪，有许多共同的习俗和理念甚至共同利益，这些共同的纽带有利于推动巴尔干联盟的实现。

　　　　——〔美〕罗伯特·克纳、哈里·霍华德：《1930~1935 年的巴尔干会议与巴尔干协约国——巴尔干与近东民族的现代史研究》（1936），第25 页。

　　20 世纪 30 年代早期所召开的一系列巴尔干会议在半岛联合的问题上没有取得太多的进展，主要是因为保加利亚拒绝承认现有边界是永久性的，而这恰恰是其他国家坚持的一个先决条件。

　　　　——〔英〕R. J. 克兰普顿：《保加利亚史》（2009），第 147 页。

第四章
1929～1934 年的巴尔干联盟运动

两次世界大战期间，欧洲维持了 20 年的"强制和平"，这为欧洲国家改变交往方式提供了客观环境。巴尔干地区亦不例外。继一战结束后巴尔干共产党人倡导的以革命手段实现巴尔干联邦的主张失败后，一场半官方性质的巴尔干联盟运动在 20 世纪 20 年代末和 30 年代前期再次出现。这场联盟运动的实践主体是巴尔干国家的一些知识分子和政治家，实现手段是半官方的巴尔干会议，目标则是实现巴尔干主权国家间的联盟。

第一节　巴尔干会议的缘起与进展

20 世纪 20 年代中后期，巴尔干半岛的形势逐渐趋向稳定。一方面，在 1925 年《洛迦诺公约》（Locarno Agreement）签订及 1929 年白里安（Aristide Briand）欧洲合众国计划出台之后，欧洲地区的总体安全与稳定得到了加强。西欧国家寻求安全的举措对巴尔干地区产生了直接的影响。巴尔干国家也相继签订了一系列双边政治协定，如 1925 年的南土友谊条约、1928 年的罗希非侵略、仲裁条约，1929 年的罗南调解、仲裁与审判协定等。另一方面，1929 年爆发的世界经济危机给以农业出口为主的巴尔干国家带来了巨大的冲击，各国贸易出口额急剧下降。另外，当时巴尔干国家之间的贸易甚少，1930 年仅占巴尔干国家对外贸易总额的 9%。[①] 在此基础上，巴尔

---

① 参见 Norman J. Padelford, *Peace in the Balkans: the Movement toward International Organization in the Balkans*, pp. 16–17。

干各国加大经济和商业政策的调整力度，继此前改善国家间的商业关系后又签订了大量的商业条约（见表 4 - 1）。到这个时候，"似乎是一个讨论巴尔干协约，甚至是巴尔干联邦公约的有利时机"，因为"共同的经济问题指引着相同的方向"。① 巴尔干国家间的"和解"氛围在其他方面也有所体现。1929 年，第一届巴尔干足球杯举行，罗马尼亚、南斯拉夫、希腊和保加利亚四国代表队参赛②，而这比第一届足球世界杯的举办还要早一年。20 世纪 30 年代中前期，以足球为代表的体育运动成为推进巴尔干国家友好的重要载体。③

表 4 - 1　1926～1934 年相互签订商业条约的巴尔干国家

	1926 年	1927 年	1930 年	1933 年	1934 年
阿尔巴尼亚	保、希、南				南
保加利亚	阿	希	土		南
希腊	阿	保、南	土		土
罗马尼亚			土、南		
南斯拉夫	阿	希	罗	土	阿、保
土耳其			保、希、罗	南	希

　　资料来源：根据 Robert J. Kerner and Harry N. Howard, *The Balkan Conferences and the Balkan Entente* 1930 - 1935, p. 22 整理。

一　巴尔干会议的提出与筹备

　　在巴尔干半岛形势趋于缓和的情况下，一些倡议建立巴尔干联合组织的人物相继出现。他们中的有些人不仅试图在巴尔干经济联合上有所作为，甚至还希望在政治以及国家联合的层面上有所成就。在西欧国家，主要有英国的诺埃尔·巴克斯顿（Noel Buxton）和查尔斯·巴克斯顿（Charles

---

① 参见〔英〕休特利等《希腊简史》，第 221 页。
② 参见 http://gottfriedfuchs. blogspot. com/2013/04/balkan - cup - 1929 - 31. html，访问日期：2021 年 10 月 21 日。
③ 参见 "Sport, Politics and International Relations in the Balkans: the Balkan Games from 1929 to 1932," *The International Journal of the History of Sport*, Vol. 25, No. 13, 2008。

Buxton）等人提出了建立巴尔干联邦的主张。[1] 在巴尔干半岛，南斯拉夫学者乔治维奇（C. Georgevich）、保加利亚政治家亚历山大·斯坦姆博利斯基（Aleksandar Stamboliyski，1879 – 1923）和希腊政治家亚历山大·帕帕拉斯塔西奥（Alexander Papanastassiou 或 Alexandros Papanastasiu，1876 – 1936）提出了巴尔干联合的主张及其实现手段。

1926 年，为推动成立巴尔干关税联盟（Balkan Customs Union），乔治维奇试图在新闻界造势，但许多报社都拒绝发表他的文章。1928 年，在乔治维奇的努力下，"巴尔干和平与繁荣联合会"（Inter – Balkan Association for Peace and Prosperity）成立。该组织在 1929 年 6 月向多个巴尔干国家的报社致电，建议成立巴尔干关税联盟，以促进巴尔干国家间的政治和解与经济合作。[2] 然而，巴尔干国家的政府以及民众均未对此建议表现出兴趣。由于建议得不到支持，该组织渐渐淡出巴尔干的政治舞台。

保加利亚农民党领导人亚历山大·斯坦姆博利斯基也支持巴尔干国家间的联合。受其影响，20 世纪 20 年代在贝尔格莱德、布拉格、维也纳、柏林、慕尼黑、巴黎、日内瓦、莱比锡等地都出现了为促进南部斯拉夫人联合的团体。这些团体为加强协调还于 1930 年 1 月组成了"塞尔维亚人与保加利亚人和解及所有南部斯拉夫人联合的联盟"（League for the Rapprochement of the Serbs and Bulgars and for the Union of all the South Slavs）。[3] 不过，这个组织比较涣散，基本上没有举行过什么大的活动，也未发挥什么作用。

上述两个组织的状况表明，在当时主张由政府来推动成立一个巴尔干联合组织或部分国家的联盟是行不通的。这是由于当时巴尔干各国政府都将注意力放在加强国内统治以及对巴尔干邻国的提防上，凡尔赛体系将它们分成了主张修约的国家和反对修约的国家。

1929 年初，在希腊百年庆典委员会（the Committee for Centenary

---

[1] 关于他们的主张，参见 Noel Buxton and C. R. Buxton, *The War and the Balkans*, London: G. Allen and Unwin. , 1915; Noel Buxton and Charles Leese, *Balkan Problems and European peace*, New York: Scribners, 1919。

[2] 参见 L. S. Stavrianos, *Balkan Federation*, *A History of the Movement toward Balkan Unity in Modern Times*, p. 224。

[3] 参见 L. S. Stavrianos, *Balkan Federation*, *A History of the Movement toward Balkan Unity in Modern Times*, p. 225。

Celebration of Greek Independence）成立仪式上，希腊前总理帕帕拉斯塔西奥向委员会提交了一份表达他对推动巴尔干各民族和解愿望的建议。建议的主要内容是：在雅典召开巴尔干议会会议（Balkan Interparliamentary Conference），推动成立某种半官方或民间的组织来实现巴尔干各民族的和解。① 遗憾的是，该建议并没有被该委员会接受。事实上，即使这个委员会接受了他的建议，要推动巴尔干的和解还需要各国政府的合作与支持。单独一个国家的行为很难获得彼此对立甚至充满仇恨的其他巴尔干国家的接受。于是，帕帕拉斯塔西奥转而向数个国际组织发出倡议，试图通过搭建一个共同的平台来实现其主张。1929 年 10 月，他的建议被国际和平局（International Peace Bureau）所采纳。②

帕帕拉斯塔西奥为何力推召开巴尔干国家间会议并力推巴尔干国家和解计划呢？首先，这是与他追求和平与民主的理念有关。帕帕拉斯塔西奥于 1876 年出生，1889 年取得博士学位。之后，他于 1901~1905 年在德国、1905~1907 年在英国和法国继续深造。直到 1910 年当选希腊议员前，他都在从事学术研究工作。受西欧民主进步思想的影响，追求民主、和平并实行改革成为他从政后的主张。1924 年他短暂出任希腊总理之后不久希腊就发生了独裁政变，这更加坚定了他的上述理念。其次，这还与他个人的经历以及当时的国际形势有关。卸任希腊总理后，他于 1926~1928 年出任希腊农业部部长。在担任该职位期间，他积极参加国际和平局、各国议会联盟（the Inter-Parliamentary Union）等国际组织的活动。1929 年经济危机对世界包括巴尔干地区的冲击也使他认识到加强巴尔干地区农业合作的重要性，同时在国际和平局中享有的威望也为他提出该计划提供了便利。

1929 年 10 月 6~10 日，由国际和平局组织的第 27 届世界和平大会在雅典召开。帕帕拉斯塔西奥利用大会主席的职务便利在发表讲话中积极倡导由希腊来推动建立一个巴尔干联盟。他强调：近东人民期待建立一个巴尔

---

① Theodore I. Geshkoff, *Balkan Union: A Road to Peace in Southeastern Europe*, p. 77.
② Penelope Kissoudi, *The Balkan Games and Balkan Politics in the Interwar Years 1929–1939: Politicians in Pursuit of Peace*, London: Routledge, 2013, p. 106.

干国家的联盟，希腊人没有复仇的情绪，他们爱好和平与自由。① 在此基础上，这个由巴尔干六个国家组成的联盟将基于共同的历史命运、经济、文化和地区的发展以及排除大国对巴尔干国家内政外交的影响等原则建立。② 帕帕拉斯塔西奥所指的六个国家包括希腊、南斯拉夫、罗马尼亚、保加利亚、阿尔巴尼亚和土耳其。

作为会议东道国，希腊代表团在帕帕拉斯塔西奥的推动下向大会提交了一份备忘录，提议成立一个总部设在雅典的"巴尔干协约研究所"（Institute of Balkan Entente）。该研究所包括教育、教会、新闻、宣传、政治以及妇女活动六个部门，其目标是最终促成巴尔干和解的实现。③

在这些因素的推动下，世界和平大会任命了一个由巴尔干国家的代表与关切巴尔干事务的非巴尔干代表组成的分委员会，讨论联邦原则是否适用于巴尔干地区，以及是否能实现巴尔干和解。④ 帕帕拉斯塔西奥是分委员会的主持者。他再次强调建立包括土耳其在内的巴尔干联盟的可能性："巴尔干各民族有类似或共同的命运和经历，在同一政治结构中共同生活了几个世纪，有许多共同的习俗和理念甚至共同利益，这些共同的纽带有利于推动巴尔干联盟的实现。"⑤ 该分委员会就成立"巴尔干协约研究所"进行了讨论。与会代表同意成立这样一个组织，但对总部设在雅典的问题上出现了分歧。希腊代表团指出：建立一个永久的组织是必要的，其所在地设在哪儿并不重要。历届巴尔干会议仅仅在数天内举行，需要一个永久的部门或秘书处来准备每届会议的议程并观察其决议与建议的执行情况。⑥ 然而，由于与会代表们依旧充满疑虑并未就此达成一致意见，希腊代表团的提议暂时被搁置了起来。

① Theodore I. Geshkoff, *Balkan Union: A Road to Peace in Southeastern Europe*, p. 79.

② 参见 Ann Lubotskaya, "Greece and the Idea of the Balkan Union According to the Materials of the Magazine 'Les Balkans'," p. 33。

③ Theodore I. Geshkoff, *Balkan Union: A Road to Peace in Southeastern Europe*, pp. 79 – 80; Robert J. Kerner and Harry N. Howard, *The Balkan Conferences and the Balkan Entente* 1930 – 1935, pp. 27 – 28.

④ Theodore I. Geshkoff, *Balkan Union: A Road to Peace in Southeastern Europe*, p. 80.

⑤ Robert J. Kerner and Harry N. Howard, *The Balkan Conferences and the Balkan Entente* 1930 – 1935, p. 25. 同一政治结构，主要是指拜占庭帝国和奥斯曼帝国。

⑥ Theodore I. Geshkoff, *Balkan Union: A Road to Peace in Southeastern Europe*, p. 81.

意识到"总部设立地点"敏感性的帕帕拉斯塔西奥在同年 10 月 9 日召开的世界和平大会第四次全体会议上转而提出每年召开一届半官方的、在不同国家轮流举行的巴尔干会议，请求国际和平局采取行动推动第一届巴尔干会议的召开。① 此提议得到所有代表团的赞同。

全体会议一结束，国际和平局理事会派出成员前往巴尔干各国进行宣传，加紧推动第一届巴尔干会议的召开。1930 年 5 月，理事会向六个巴尔干国家的外交部部长发出邀请函，邀请他们参加拟于 10 月在雅典召开的第一届巴尔干会议。② 与此同时，理事会还向巴尔干各国的教育、科学研究以及和平团体等机构发出了邀请函，希望它们为巴尔干会议的顺利召开给予配合。③

到 6 月底，所有巴尔干国家都表示同意派出代表参加第一届巴尔干会议。7 月，各国议会联盟第二十六次会议在伦敦举行，国际和平局主席、比利时议员亨利·拉方丹（Henir La Fontaine）利用这一契机召集所有巴尔干国家的议员代表展开讨论，提议参加第一届巴尔干会议的代表应该从教育人员、教会人员、新闻记者、作家、政治家、商人以及议员中选择。④ 此提议得到了与会各国议员的赞同，后来也得到巴尔干各国政府的默许。虽然巴尔干会议是一个半官方的会议组织，国际和平局理事会仍向各国发出建议："会议离不开政府的支持，各国政府应该派出'观察员'以了解会议的运转、决议以及宗旨。"⑤ 这个建议同样得到各国的赞同。这样，代表团组成问题得到了解决，但在巴尔干会议的议程及其要达到的目标上各国仍存在分歧。

为解决这个问题，国际和平局理事会推动成立了临时组织委员会。该委员会发布了含有二十六个条款的暂行条例。条例第一条明确提出巴尔干会议的目标是推进巴尔干各民族的亲密关系与合作，最终建立巴尔干联盟。

---

① Theodore I. Geshkoff, *Balkan Union: A Road to Peace in Southeastern Europe*, p. 81.

② Ibid., pp. 235 – 239.

③ Ibid., p. 83.

④ Theodore I. Geshkoff, *Balkan Union: A Road to Peace in Southeastern Europe*, p. 81.

⑤ H. L., "The First Balkan Conference," *Bulletin of International News*, Vol. 7, No. 11, 1930, p. 3.

第二条包括巴尔干联盟的总原则、巴尔干会议的组织机构以及推进巴尔干各民族政治、文化与经济和解的途径。其他二十四条则包括会议程序和会议机构，后者由全体大会、理事会、大会主席团和六个常设委员会构成。[①]六个常设委员会分别为组织委员会、政治关系委员会、文化合作委员会、经济关系委员会、交通运输委员会以及社会政策委员会，它们将在全体大会上就各个领域的议题进行商讨。

暂行条例明确了巴尔干会议的机构组成与目标，但是各国在具体议程等问题上仍有分歧。一些国家的新闻界还就此进行了争论。保加利亚新闻界首先开始发难，对条例中未明确提出少数民族问题的解决方案表示不满，抱怨保加利亚的邻国没有友好地对待保加利亚族人，呼吁保加利亚不应派出代表团参加第一届巴尔干会议。[②]希腊新闻界随即对此进行反驳，谴责保加利亚人夸大事实以及不合作的态度。其他国家的新闻人士也加入了争论。

1878年的《柏林条约》、1913年的《伦敦条约》和1919年的《凡尔赛和约》的安排，使得一战结束后的许多巴尔干国家出现了跨界少数民族问题。这时，保加利亚人急于提出少数民族问题表达了他们对凡尔赛体系形成的领土现状不满，试图恢复1878年《圣斯特法诺条约》规定的大保加利亚的完整性。这种领土收复的思维在后来整个巴尔干会议期间一直存在，在很大程度上影响了巴尔干会议的成效。

在这种情形下，临时组织委员会给保加利亚当局发去一份电报，希望它们不要轻信"不负责任的新闻记者们"的言论，表示少数民族问题将在"原则上"得到讨论。电报还向保加利亚当局发出警示，缺席巴尔干会议将使其动机遭受质疑。随后，国际和平局主席拉方丹也向保加利亚发了内容相似的电报，希望保加利亚能够步入合作的轨道。[③]在各方的压力与推动下，最终保加利亚当局决定派出代表团前往雅典参加第一届巴尔干会议。

其他巴尔干国家相继组成代表团在会议召开前以向临时组织委员会提交备忘录的形式表达了各自的立场和想法。比如，南斯拉夫代表团强调讨

---

① Theodore I. Geshkoff, *Balkan Union: A Road to Peace in Southeastern Europe*, p. 84.

② Ibid.

③ H. L. , "The First Balkan Conference," *Bulletin of International News*, Vol. 7, No. 11, 1930, pp. 84－85.

论经济问题和经济合作的重要性与优先性，不希望在政治问题和棘手的少数民族问题上出现争论；① 罗马尼亚代表团强调巴尔干国家之间的文化合作必须先于政治谅解；② 阿尔巴尼亚代表团虽然与保加利亚代表团持相同的观点，认为应该在巴尔干会议上对少数民族问题进行讨论，但对参加巴尔干会议保持谨慎的合作态度。巴尔干各国代表团的出发点和立场不一，但对和平与联合的追求使它们走到了一起。

二 雅典会议

按照暂行条例的规定，每届巴尔干会议召开前必须举行一次理事会，决定全体大会的议程。在第一届巴尔干会议召开的前一天，理事会在雅典的希腊议会大厅召开第一次会议。

会议一开始，各方在会议议程上就出现了争论，其中主要的分歧在于是否在第一届巴尔干会议上讨论对少数民族问题。最终理事会达成了一致意见：对少数民族问题仅仅在"原则上"加以讨论。希腊、罗马尼亚、土耳其和南斯拉夫代表团对此很满意，阿尔巴尼亚与保加利亚代表团则不满意。很明显，前者与后者正好是修正《凡尔赛和约》的赞同国家和反对国家。所以，关于少数民族问题的态度实际上是巴尔干各国对现存地区秩序的直接反应，也在很大程度上决定了此后巴尔干会议所取得的成效与进展。

1930 年 10 月 5 日，第一届巴尔干会议的全体大会在雅典开幕（以下简称雅典会议），有来自巴尔干各国的 98 名正式代表以及 18 名观察员出席。③ 希腊总理韦尼泽洛斯以及其他一些政府官员也出席了会议。帕帕拉斯塔西奥担任大会主席。开幕式主要由大会主席以及东道国政府首脑和观察员等

---

① Robert J. Kerner and Harry N. Howard, *The Balkan Conferences and the Balkan Entente* 1930 – 1935, p. 28.

② Ibid. , p. 29.

③ Robert J. Kerner and Harry N. Howard, *The Balkan Conferences and the Balkan Entente* 1930 – 1935, p. 31; J. M. Scammell, "A Projected Federation of the Balkans," *Current History*, Feb. , 1931, p. 712. 关于出席第一届巴尔干会议的代表人数还有其他说法。有学者认为有 94 位代表参加了会议，参见 Theodore I. Geshkoff, *Balkan Union*: *A Road to Peace in Southeastern Europe*, p. 87。也有学者认为有 99 位代表参加了会议，参见 Norman J. Padelford, *Peace in the Balkans*: *the Movement toward International Organization in the Balkans*, p. 11。

人发表讲话，他们均对实现巴尔干联盟表达了信心并提出了建议。帕帕拉斯塔西奥指出："巴尔干经常被认为是一个战争与冲突的中心。但是，我们将在历史上第一次按照自己的意志来决定我们之间的稳定和持久的理解，尽管存在许多障碍。我们将通过在会议中的态度及此后的行动来证明巴尔干人是自己命运的主人。"① 韦尼泽洛斯认为这种努力将是一个长远的、循序渐进的过程，"在短时间内实现巴尔干联盟非常困难。该目标只能分阶段地来实现。首先解决比较容易达成协定的问题，进而推动解决更加困难的问题"②。作为观察员，国际和平局主席拉方丹也向大会提出了一些具体的建议："不联合，你们就是灾难与不幸的对象；联合，你们将成为自己命运的主人。你们应该在所有领域进行全方位的合作，如统一立法方式、传播技术知识、发展流通渠道、减少关税手续，甚至形成一个单一的关税体制，简化办理护照和签证的程序。你们将对这些进行讨论，但我认为讨论的时间不应过长，同时讨论之后应立即付诸实践。"③ 从这些观点和建议中可以看出，巴尔干历史上的诸多矛盾与冲突一方面使得建立巴尔干联盟成为必要；另一方面又使其真正实现非常困难。

对于巴尔干国家走向联合的意义，各国代表团没有提出任何异议，但在如何实现这种联合上却有着不同的理解与看法。阿尔巴尼亚代表穆罕默德·科尼察（Mehmed Konitza）认为，一定要努力促使巴尔干各国政府迅速、公正地解决所有巴尔干国家之间悬置的问题特别是少数民族问题。④ 保加利亚代表斯蒂芬·基洛夫（Stephen Kyroff）提到了解决少数民族问题的重要性，"如果我们致力解决那些使我们产生分歧的问题，将会加强我们之间的团结"⑤。罗马尼亚代表西塞·波普（Ciceo Pop）则指出：巴尔干国家的联盟必须基于现有的条约框架，包括那些涉及少数民族的条约，同时认

---

① Robert J. Kerner and Harry N. Howard, *The Balkan Conferences and the Balkan Entente* 1930 – 1935, p. 31.

② Theodore I. Geshkoff, *Balkan Union: A Road to Peace in Southeastern Europe*, p. 87.

③ Ibid., pp. 87 – 88.

④ Ibid., p. 88.

⑤ Robert J. Kerner and Harry N. Howard, *The Balkan Conferences and the Balkan Entente* 1930 – 1935, p. 31.

为各国的少数民族必须完全忠诚于其所在的国家。[1] 其他国家代表团则主要从文化、经济等层面阐述了巴尔干国家走向联合的可行性。开幕式上出现的这些分歧已表明其后的会议将出现许多挫折。

近代以来，大国利用巴尔干民族的独立诉求进行有利于自己的瓜分与争夺，使该地区遗留了许多历史问题并使各民族间产生了对立情绪，因此，要推动巴尔干联盟的实现需要从各方面加以努力。巴尔干会议主要通过设立六个分委员会来对经济、文化、交通运输、社会以及政治等领域的问题进行全方位的协商与沟通。

组织委员会的讨论比较顺利。经过讨论，该委员会出台了巴尔干会议的组织章程。章程由二十六条和一个专门条款构成，主要对组织的目标、机构、程序、经费以及其他方面做出了规定。主要内容如下。第一，巴尔干会议将成为固定的组织名称，其目标是致力于巴尔干各国的经济、社会、文化和政治的和解与合作，最终建立巴尔干联盟。第二，会议机构包括全体大会、理事会、主席和秘书处，其中，全体大会每年 10 月轮流在巴尔干各国举行；理事会是大会的执行机构，由各个国家代表团的负责人和其他两名成员组成；主席由会议举办国的代表团负责人担任；秘书处负责日常工作和发表公告。第三，每个国家的代表团成员由政治家和来自和平组织、大学以及专业性组织的代表组成，政府在每届会议中派出外交官作为观察员，每个代表团有 30 个投票权，大会通过的决议各国政府无义务遵守。第四，会费[2]分摊到各个国家的代表团。[3]

政治委员会涉及的议题非常敏感，因而讨论的过程也相当激烈，许多方案在雅典会议上只停留在了讨论层面。各代表团关心的主要有两大问题。

[1]　Robert J. Kerner and Harry N. Howard, *The Balkan Conferences and the Balkan Entente* 1930 – 1935, p. 31.

[2]　关于经费，除了各国代表团的年费外，巴尔干会议还接受捐赠。1931 年 1 月底，卡内基国际和平基金会（Carnegie Endowment for International Peace）向巴尔干会议理事会捐赠了 1 万美元，这些捐款用于巴尔干会议秘书处关于出版物的开支。参见 Theodore I. Geshkoff, *Balkan Union: A Road to Peace in Southeastern Europe*, p. 91。

[3]　Theodore I. Geshkoff, *Balkan Union: A Road to Peace in Southeastern Europe*, pp. 240 – 247; Arnold J. Toynbee, *Survey of International Affairs* 1930, p. 154; Robert J. Kerner and Harry N. Howard, *The Balkan Conferences and the Balkan Entente 1930 – 1935*, pp. 31 – 32.

第一个是少数民族问题。保加利亚代表基洛夫提出解决少数民族问题是巴尔干各民族实现友好的第一步。阿尔巴尼亚代表团同意基洛夫的提议，但南斯拉夫代表团表示强烈反对。土耳其代表团的意见较为中肯，认为讨论少数民族问题的时机还没有成熟，同时建议成立一个分委员会来深入讨论解决少数民族问题的可行性。[1] 前面提到，由于在少数民族问题上的争论，第一届巴尔干会议差点未能启动。尽管"在原则上"对此问题进行讨论的共识已经达成，保加利亚和阿尔巴尼亚代表团仍然希望能有所深入。所以，雅典会议出现这种对立倾向是必然的，在这个问题上没有取得任何进展也在意料之中。第二个是签订一项条约防止侵略和解决争端的问题。这个提议由希腊代表团提出，先后有三名希腊代表表达了看法。帕帕拉斯塔西奥主张巴尔干各国缔结一项非战条约；约翰·斯皮罗普罗斯（John Spyropoulos）主张巴尔干各国签订一项以非侵略、强制仲裁和相互援助为原则的巴尔干协定（Balkan Pact）；列昂·马卡斯（Leon Maccas）主张建立一个由巴尔干各国代表组成的巴尔干协调委员会（Balkan Committee of Conciliation）来处理各种争端，同时他还希望召开巴尔干国家外长的定期会议，最好是一年召开两次或者三次。[2] 三位希腊代表的建议一个比一个具体，同时也基本得到了各国代表团的认可。最后，提交到全体大会上讨论时，各国代表团达成了如下共识：商讨召开巴尔干国家的外长会议，研究一项基于非战、和平解决和相互援助的巴尔干协定，建立一个分委员会来制定巴尔干协定草案。[3]

其他常设委员会也就各自领域提出了相关议案并进行讨论。其中，文化合作委员会集中讨论巴尔干国家之间的人才交流以及大学教学问题，建议成立巴尔干文化合作研究所（Balkan Institute of Intellectual Cooperation）和巴尔干新闻协会（Balkan Press Association）。[4] 经济关系委员会讨论建立

---

① 参见 Robert J. Kerner and Harry N. Howard, *The Balkan Conferences and the Balkan Entente 1930 –1935*, pp. 33 – 34.

② Ibid., p. 33。

③ 参见 Norman J. Padelford, *Peace in the Balkans: the Movement toward International Organization in the Balkans*, p. 14。

④ 参见 Robert J. Kerner and Harry N. Howard, *The Balkan Conferences and the Balkan Entente 1930 –1935*, p. 35。

关税和货币联盟、巴尔干银行以及加强信贷合作等问题。[①] 交通运输委员会分设旅游交通、公路和铁路、邮政服务以及海上运输几个小组进行讨论，同时建议成立巴尔干邮政联盟（Balkan Postal Union）和巴尔干旅游者联合会（Balkan Tourist Federation）。[②] 成立巴尔干旅游者联合会事宜在之后的全体大会上获得批准。社会政策委员会主要讨论了巴尔干居民身份地位以及劳工流动的问题。[③] 这些委员会讨论的问题不太敏感，同时，受到 1929 年经济危机冲击的巴尔干各国都迫切需要加强经济贸易的合作、社会政策的沟通以及信息的分享，因此，这些领域中的许多建议在全体大会上获得了批准。

10 月 12 日，雅典会议闭幕，同时宣布第二届巴尔干会议将在伊斯坦布尔举行。雅典会议在一些问题尤其是政治领域的问题上出现了分歧与争论，具体成就相对有限[④]，但它的意义是深远的。第一届巴尔干会议在欢乐的氛围中落下帷幕，就连带着猜疑参加会议的阿尔巴尼亚人和保加利亚人亦是热情高涨。[⑤] 巴尔干会议开启了巴尔干地区新的历史，是所有巴尔干国家的代表第一次用自己的方式解决巴尔干问题的尝试。巴尔干会议号召巴尔干各国及政府摒弃前嫌，共同为实现巴尔干的和平与联盟而努力，这是形成"巴尔干意识"的开端。[⑥] 尽管巴尔干会议通过的决议不对巴尔干各国政府产生效力，但是组织章程第四条规定，每个国家代表团有与其政府以及其他巴尔干国家的外交代表保持密切联系的责任。[⑦]

10 月 30 日，希腊总理韦尼泽洛斯访问土耳其，双方签订了中立、仲裁与协调条约。这个条约使希土双方实现了和解，也增强了两个国家在巴尔

---

① 参见 Norman J. Padelford, *Peace in the Balkans: the Movement toward International Organization in the Balkans*, p. 7。

② Robert J. Kerner and Harry N. Howard, *The Balkan Conferences and the Balkan Entente 1930 – 1935*, p. 36.

③ Ibid.

④ David A. Nash, *Nazi Penetration into Southeastern Europe 1933 – 1941*, Graduate Student Theses, Dissertations & Professional Papers, The University of Montana, 1972, p. 10.

⑤ Theodore I. Geshkoff, *Balkan Union: A Road to Peace in Southeastern Europe*, pp. 89 – 90.

⑥ 参见 Norman J. Padelford, *Peace in the Balkans: the Movement toward International Organization in the Balkans*, p. 21。

⑦ Theodore I. Geshkoff, *Balkan Union: A Road to Peace in Southeastern Europe*, p. 241.

干地区的影响。土耳其在睦邻政策上的作为可圈可点。韦尼泽洛斯后来致信诺贝尔奖委员会提名凯末尔为 1934 年诺贝尔和平奖获选人。① 有学者甚至这样说，这一天是希腊和土耳其历史上非常重要的时刻，出台的这个条约则是巴尔干会议的直接结果。② 然而，雅典会议对整个巴尔干地区产生的影响仍然有限，毕竟它只是半官方性质的会议，意大利就嘲讽巴尔干会议不可能取得成功，认为巴尔干联邦的理念仅仅是法国霸权政策的一个组成部分。③

三　伊斯坦布尔会议

雅典会议在非政治领域达成的诸多共识为巴尔干会议创造了一个良好的开端，但这些共识要转化为具体的成果仍需要巴尔干各国代表团及其政府的努力。根据组织章程的规定，理事会是最高权力机构，它可以在全体大会休会期间召开会议商讨大会的议程以及其他事宜。所以，在理事会会议上形成的意见和决定对于整个巴尔干会议的进展非常重要。

1931 年 1 月 30 日到 2 月 2 日，理事会第三次会议在萨洛尼卡召开，主要讨论巴尔干联盟的性质以及第二届巴尔干会议的议程。所谓巴尔干联盟的性质，就是在联合形式上经济联盟与政治联盟何者为先的问题；南斯拉夫和罗马尼亚代表团坚持经济问题的讨论必须优先于政治问题；阿尔巴尼亚代表团认为必须同时考虑经济问题和政治问题；保加利亚代表团认为应首先讨论政治问题；希腊的帕帕拉斯塔西奥赞同保加利亚代表团的建议，但不希望将经济、社会和文化方面的问题排除在外。④ 针对各国代表团各执己见的情况，理事会决定就联盟的性质与构成向各国代表团征询具体的意

---

① 致信全文参见 Eleftherios K. Venizelos, "Nomination Letter by Eleftherios K. Venizelos for the Conferral of the Nobel Peace Prize upon Mustafa Kemal Pasha (Ataturk)," trans. Penny Pouliou, January 12, 1934, https://greekworldmedia.com/2017/03/19/nomination-letter-by-eleftherios-k-venizelos-for-the-conferral-of-the-nobel-peace-prize-upon-mustafa-kemal-pasha-ataturk/，访问日期：2021 年 10 月 21 日。

② William Miller, "Greece and Her Neighbors," *Foreign Affairs*, Vol. 9, No. 3, 1931, p. 489.

③ H. L., "The First Balkan Conference," pp. 8 - 9.

④ 参见 Robert J. Kerner and Harry N. Howard, *The Balkan Conferences and the Balkan Entente 1930 - 1935*, pp. 45 - 46。

见，要求它们于下一届会议召开前一个月将反馈意见返回给秘书处。结果，只有希腊代表团做出了回复，它希望拟建立的巴尔干联盟将是一个以条约为基础的主权国家的邦联组织。①

理事会会议还讨论了第二届巴尔干会议的议程。保加利亚代表基洛夫提出应讨论少数民族问题，结果再次引发了分歧。由于其他代表团的强烈反对，保加利亚代表团接受了雅典会议上达成的方案：少数民族问题虽然不在议程中明确讨论，但应该在准备巴尔干协定草案的议程中得到考虑。②正因如此，保加利亚的极端民族主义分子借此指责基洛夫"背叛了自己的国家"③。他也因此被迫辞职，继任者是社会民主党人萨克佐夫。

此外，理事会还成立了三个专门委员会：一个研究达成巴尔干协定的可行性，由每个代表团选出 2 名共 12 名成员组成；另一个研究巴尔干各国侨民的地位；还有一个研究东方烟草问题。同时，会议决定将每年 4 月的最后一周命名为"巴尔干周"（Balkan Week），在此期间各国代表团将通过和平宣传、召开会议以及举办庆祝活动来宣扬巴尔干联盟的思想。④"巴尔干周"活动的成就极大，巴尔干会议上形成的许多建议大多是在"巴尔干周"期间得到落实的。

4 月初，巴尔干旅游者联合会正式成立，成为巴尔干会议召开以来取得的第一个具体成就。虽然它只是巴尔干国家间旅游行业的联合组织，却开创了巴尔干各国在某个领域进行交流与合作的新历史。在该月底的"巴尔干周"活动开展期间，巴尔干旅游者联合会在伊斯坦布尔召开了第一次代表大会，巴尔干体育运动会议也在伊斯坦布尔举行，巴尔干银行家与实业家会议分别在萨洛尼卡与雅典举行，巴尔干妇女团体会议与知识分子代表会议在贝尔格莱德举行，巴尔干农学家和新闻协会会议在索非亚举行，市

---

① 参见 Theodore I. Geshkoff, *Balkan Union: A Road to Peace in Southeastern Europe*, pp. 255 – 260; Robert J. Kerner and Harry N. Howard, *The Balkan Conferences and the Balkan Entente 1930 – 1935*, pp. 195 – 199。

② Theodore I. Geshkoff, *Balkan Union: A Road to Peace in Southeastern Europe*, p. 92.

③ P. M. Matthieff, "Stephen Kyroff," *The World Unity*, Vol. Ⅳ, 1929, p. 292.

④ Theodore I. Geshkoff, *Balkan Union: A Road to Peace in Southeastern Europe*, p. 92.

政代表会议在地拉那举行。① 这些会议的成功举行使雅典会议的许多倡议得以实践，同时也推动了巴尔干国家在非政治领域的交流。

"巴尔干周"的成功组织是巴尔干联合运动没有失去生机的证明。如果说雅典会议的倡议在实施上显得有些慢，那部分是由巴尔干会议和整个联盟运动的半政府性质所决定的。② 巴尔干会议在诸多领域取得了不错的进展，不仅在地区内部也在国际社会上产生了一定影响。但是，会议的半官方性质仍使其受到较大的限制，很难在政治领域取得重大进展。所以，巴尔干会议要实现巴尔干联盟的目标必须在政治领域有所突破，这既是此后巴尔干会议面临的任务，也是挑战。

经过精心准备，1931 年 10 月 19～26 日，第二届巴尔干会议在伊斯坦布尔举行（以下简称伊斯坦布尔会议），总共有近 200 名代表和观察员出席。③ 10 月 19 日，理事会第四次会议召开，主要确定大会议程并任命土耳其代表团的哈桑·胡斯尼·贝伊（Hassan Husni Bey）为大会主席。土耳其第一任总统、国父凯末尔出席了大会。

10 月 20 日，伊斯坦布尔会议第一次全体大会举行。与雅典会议不同的是，新任保加利亚代表团的负责人萨克佐夫在发言中一改此前保加利亚的态度，"甚至没有提及少数民族问题，显示出了特别温和的情绪"④。因此，"是阿尔巴尼亚人而不是保加利亚人在伊斯坦布尔主导这个问题"⑤。阿尔巴尼亚代表科尼察不认同先解决容易问题的观点，主张通过解决核心的、根本性的问题来奠定巴尔干各国联合的基础，并强调讨论和解决少数民族问题的重要性。南斯拉夫代表团对于阿尔巴尼亚代表团的提法反应强烈，约

---

① Norman J. Padelford, *Peace in the Balkan: the Movement toward International Organization in the Balkans*, p. 25.

② Arnold J. Toynbee, *Survey of International Affairs* 1931, p. 334.

③ 参见 Arnold J. Toynbee, *Survey of International Affairs* 1931, p. 335。在观察员中，有土耳其外长鲁斯土·贝伊（Rushtu Bey），其他巴尔干国家在土耳其的外交使节，国联秘书处的卡明斯（Cummings），国际和平局的魁德（Quide）和冯·格拉克（Von Gerlach），以及卡内基国际和平基金会的厄尔勒·巴布科克（Earle B. Babcock）。参见 Theodore I. Geshkoff, *Balkan Union: A Road to Peace in Southeastern Europe*, pp. 94 – 95。

④ Theodore I. Geshkoff, *Balkan Union: A Road to Peace in Southeastern Europe*, p. 95.

⑤ Robert J. Kerner and Harry N. Howard, *The Balkan Conferences and the Balkan Entente 1930 – 1935*, p. 51.

尼奇（Yonich）在发言中明确表示，反对提及少数民族问题，重申巴尔干会议应该将政治问题搁置一旁，优先考虑文化与经济问题，同时将缔结一个非侵略和调解条约作为走向联盟的前提条件。[1] 最后，希腊代表团出面游说，使会议氛围缓和下来。[2] 希腊代表团强调出台巴尔干协定的重要性，通过这个协定来逐步推动现存问题的解决，包括少数民族问题。此外，帕帕拉斯塔西奥还向大会汇报，希腊代表团已经将雅典会议的决议全部提交给了希腊议会讨论，同时希腊已经接受成立巴尔干邮政联盟的计划。

从 10 月 21 日起，六个常设委员会和三个专门委员会开始对具体问题进行讨论。各个委员会主要对雅典会议上讨论的内容进行深入研究。讨论过程比较顺利，也基本达成了一致意见。然而，在政治委员会和研究巴尔干协定的专门委员会的讨论中，各国代表团对于巴尔干协定与少数民族问题的关系各执己见，没有形成一致的意见。

南斯拉夫代表托帕洛维奇（Topalovich）主张为了建立联盟必须努力解决"我们之间任何有争执的问题"，但反对赋予联盟机构有处理诸如少数民族或边界之类重要问题的权力。[3] 阿尔巴尼亚代表团认为，少数民族问题的解决是出台巴尔干协定和建立巴尔干联盟的首要前提。希腊代表团认为少数民族应该在现有的条约体系内得到保护。实际上，希腊人排除了在讨论巴尔干协定的同时解决少数民族问题的可能。于是，保加利亚和阿尔巴尼亚的代表团相继退出了关于巴尔干协定的讨论。[4] 保加利亚代表团继而提出通过双边会议的形式在解决少数民族问题上取得突破，因为保加利亚人只与某些巴尔干国家而不是与所有巴尔干国家存在诸如少数民族问题的争端。这个提议虽然获得所有代表团的同意，但想通过双边会议的形式来获得实质性的成果仍取决于整个巴尔干甚至欧洲的形势。

10 月 25 日，伊斯坦布尔会议第二次全体大会召开，对各个常设委员会

---

[1]　Norman J. Padelford, *Peace in the Balkan*: *the Movement toward International Organization in the Balkans*, p. 29.

[2]　马细谱：《巴尔干近现代史》（上卷），第 388 页。

[3]　参见 Robert J. Kerner and Harry N. Howard, *The Balkan Conferences and the Balkan Entente 1930－1935*, pp. 52－53。

[4]　参见 H. L., "The Balkan Pact," *Bulletin of International News*, Vol. 10, No. 16, 1934, p. 8。

提交的报告进行审议。最先审议的是交通运输委员会的报告，建立巴尔干邮政联盟的计划获得批准。社会政策委员会在报告中建议成立一个巴尔干卫生信息机构和卫生自治委员会，但大会认为可在社会政策委员会下设分委员会来代替。文化合作委员会关于成立一个法律委员会来讨论提交给巴尔干会议的所有法律问题的建议获得通过。[①] 巴尔干新闻协会正式成立，成为继巴尔干旅游者联合会成立后的又一合作组织。经济关系委员会以及谷类与烟草问题专门委员会关于成立巴尔干商业联合会（Balkan Chamber of Commerce and Industry）的建议获得通过。大会还建议就成立巴尔干烟草局（Balkan Tobacco Office）事宜进行深入研究。政治委员会没有达成共识，也就没有向大会提交报告。

比起雅典会议，伊斯坦布尔会议通过的决议更加具体和详细，如通过了巴尔干邮政联盟计划，成立了巴尔干新闻协会，通过了一些关于人才合作、劳工流通自由的决议。不过，这些进展同样主要是非政治领域的，政治领域中关于少数民族问题的讨论再次被搁置。因此，从非政治领域的层面来看，伊斯坦布尔会议是值得肯定的。保加利亚代表团"非常满意第二届巴尔干会议的成果"，就连稍后在维也纳举行的第 29 届世界和平大会也指出"巴尔干会议迄今取得的成果是巨大的，越来越令人满意"[②]。

但是，要建立巴尔干联盟，必须在所有领域尤其是政治领域取得突破。土耳其总统凯末尔在伊斯坦布尔会议闭幕式上指出，经济和文化合作是建立巴尔干联盟的基石，需要各个国家在更深层面尤其是在历史问题上相互理解。[③]

然而，从 1932 年起，巴尔干联盟运动开始遭遇一些不利因素的冲击。一方面，巴尔干国家的经济萧条加剧，南保关系也由于边境事件的爆发而出现紧张；另一方面，罗马尼亚处于大选前夕，未派出代表团参加即将召开的理事会会议，而是授权罗马尼亚在土耳其的商务专员（commercial

---

① 参见 Robert J. Kerner and Harry N. Howard, *The Balkan Conferences and the Balkan Entente 1930 – 1935*, pp. 56 – 57。

② 参见 Theodore I. Geshkoff, *Balkan Union: A Road to Peace in Southeastern Europe*, pp. 96 – 97。

③ 参见 Robert J. Kerner and Harry N. Howard, *The Balkan Conferences and the Balkan Entente 1930 – 1935*, pp. 60 – 61。

attache）曼内斯库（Manescu）参加。[1] 尽管如此，理事会第五次会议仍于1月28日到2月1日在伊斯坦布尔召开。

理事会第五次会议的主要议程有三个：决定在布加勒斯特召开第三届巴尔干会议、确定其议程以及安排即将开始的"巴尔干周"活动。就议程而言，关于巴尔干协定草案内容的讨论最为激烈。斯皮罗普罗斯提出了关于草案的五项意见：在每个国家成立少数民族委员会，建立巴尔干国家间的少数民族委员会，委员会的权力来自每个国家的授权，少数民族忠于自己的国家，采取所有举措压制可能影响国家间和平与友好关系的行为。[2] 虽然这些意见都很具体，但没有得到与会代表的一致同意。在"巴尔干周"活动方面，阿尔巴尼亚和保加利亚因在少数民族问题上达成双边协定的建议没有得到落实而拒绝参加，罗马尼亚则忙于大选也没有参与。[3]

正是从这时起，刚刚起步的巴尔干会议遭遇阻碍。各国代表团不仅在政治领域没有形成实质性的共识，而且参与其他领域合作的积极性也在降低。接下来的许多会议和活动只有部分国家参与，包括成立巴尔干医疗联盟（Balkan Medical Union）、巴尔干工商业联合会以及任命巴尔干法学家常设委员会（Permanent Balkan Commission of Jurists）。[4] 更加遗憾的是，一场危机即将发生，将对巴尔干会议造成较大的冲击。

第二节　巴尔干会议的危机与终结

雅典会议和伊斯坦布尔会议在非政治领域取得了不少成就，但在政治领域尤其是在少数民族问题上的进展不大。因此，在理事会第五次会议上，保加利亚代表团建议推迟召开第三届巴尔干会议直到缔结关于少数民族问题的协定，因为不首先解决少数民族问题就没有讨论巴尔干协定草案的基础，巴尔干会议也很难出现真正有效的进展。在这种情形下，理事会决定

---

① Theodore I. Geshkoff, *Balkan Union: A Road to Peace in Southeastern Europe*, p. 98.
② Norman J. Padelford, *Peace in the Balkan: the Movement toward International Organization in the Balkans*, p. 36.
③ Theodore I. Geshkoff, *Balkan Union: A Road to Peace in Southeastern Europe*, p. 98.
④ Ibid., p. 98.

听取其他五个国家代表团的意见。然而，它们均对推迟会议持反对意见，认为这样做将使此前的努力遭到毁灭性的打击。保加利亚代表团随即宣布退出巴尔干会议。

一 布加勒斯特会议

10 月 22 日，第三届巴尔干会议的全体大会在罗马尼亚议院大厅如期召开（以下简称布加勒斯特会议），罗马尼亚代表团的波普担任大会主席。[①]与以往的大会一样，开幕式由各国代表团的负责人进行致辞或发表演说。阿尔巴尼亚代表科尼察指出："巴尔干协定是巴尔干谅解的基石，它将保证少数民族的权利，是实现巴尔干联盟的必要条件……事实上，巴尔干会议的决议不对我们的政府产生约束。即使如此，如果巴尔干协定没有在来年10 月前得到各国政府的批准，阿尔巴尼亚代表团将不会再参加未来的会议，这个实体也就没有存在的必要了。"[②] 科尼察还谴责保加利亚代表团退出巴尔干会议的行为，希望它尽快返回。这是阿尔巴尼亚代表团首次表现出与保加利亚代表团不一致的态度，但不意味着阿尔巴尼亚人放弃了对少数民族问题的关注，他们只是想放弃巴尔干会议这个平台。希腊代表团支持将巴尔干协定草案的讨论纳入议程，其他国家的代表团没有对此进行回应，只是强调了建立巴尔干联盟的必要性。

在随后进行的常设委员会以及专门委员会的讨论中，文化合作委员会以及社会政策委员会没有提出新的议题，只是对前两届会议上提出的内容进行商讨。经济关系委员会在讨论中收到了不少提议，包括建立关税同盟、出台地区经济协议、建立农业联合会以及加强农业科学机构的合作等。交通运输委员会则主要提出一项关于在伊斯坦布尔成立巴尔干海事局（Balkan Maritime Office）的建议。[③] 在政治委员会的讨论中，经过激烈的讨论，最终

---

① 出席大会的观察员有巴尔干国家驻罗马尼亚的外交官、国联秘书处的法律顾问、国际和平局的代表以及卡内基国际和平基金会欧洲中心的副主任。参见 M. A. Caloyanni，"The Balkan Union, the Balkan Conferences and the Balkan Pact，" pp. 96 – 97。

② Robert J. Kerner and Harry N. Howard, *The Balkan Conferences and the Balkan Entente* 1930 – 1935, pp. 74 – 75.

③ Robert J. Kerner and Harry N. Howard, *The Balkan Conferences and the Balkan Entente* 1930 – 1935, pp. 79 – 80.

以 20 票赞成、5 票反对的票数通过了巴尔干协定草案。① 巴尔干协定草案由序言和正文五章共三十九条构成，主要内容包括巴尔干国家间互不侵犯，和平处理争端，提供法律保护和仲裁，相互援助和保障少数民族权利，等等。② 这个草案之所以能通过，是与当时的形势有关的。第一，希腊甚至包括阿尔巴尼亚代表团都希望并推动协定草案获得通过，虽然双方表现的态度有所差异。第二，南斯拉夫这个时候与保加利亚的关系正在改善，也在一定程度上影响了南斯拉夫代表团的立场。

10 月 27 日，布加勒斯特会议闭幕。文化合作委员会关于组建一个巴尔干历史研究所的建议获得通过。经济关系委员会关于关税同盟的建议虽然没有获得通过，但大会建议成立一个特别委员会研究关税税目表的统一问题。另外，大会还决定调查成立巴尔干农业联合会、巴尔干农业科学研究所、巴尔干合作局（Balkan Cooperatives Office）的可行性。社会政策委员会关于成立巴尔干劳工局（Balkan Labor Office）的建议被安排到下一届会议进行讨论，有关巴尔干侨民地位的协议草案获得通过。此外，政治委员会提出的巴尔干协定草案也正式获得批准。

保加利亚代表团的退会使布加勒斯特会议面临巴尔干会议召开以来的最大危机。然而，布加勒斯特会议通过了许多重要的决议，特别是巴尔干协定草案的通过意义非常重大。所以，其他代表团在对保加利亚代表团退会表示遗憾的同时，也相信巴尔干会议取得的进步以及各国的努力将促使保加利亚代表团重返会议。在对保加利亚的态度上，巴尔干国家大体分为两派：南斯拉夫和土耳其认为，必须说服保加利亚参加新的协定；而希腊和罗马尼亚认为，即将组成的协定组织也可以不包括保加利亚，因为后者根本不愿意签订这样的协定。③

巴尔干协定草案的核心内容是"建议成立巴尔干委员会或办事机构

---

① Robert J. Kerner and Harry N. Howard, *The Balkan Conferences and the Balkan Entente* 1930 – 1935, pp. 75 – 76.

② 关于巴尔干协定草案的具体内容，参见 Theodore I. Geshkoff, *Balkan Union: A Road to Peace in Southeastern Europe*, pp. 290 – 299; Norman J. Padelford, *Peace in the Balkan: the Movement toward International Organization in the Balkans*, pp. 155 – 165; Robert J. Kerner and Harry N. Howard, *The Balkan Conferences and the Balkan Entente* 1930 – 1935, pp. 200 – 208。

③ 马细谱：《巴尔干近现代史》（上卷），第 389 页。

来解决巴尔干问题，同时主张用一个适中的、协调的、建设性的方式解决所有巴尔干问题中最棘手的少数民族问题"①。这是巴尔干会议召开以来在政治领域取得的唯一的也是重大的突破。有评论认为，巴尔干国家的政治家们看到，面对德意志法西斯主义威胁，巴尔干国家需要加强合作与联合行动，以集体安全措施保障每个国家的安全。同时，英国和法国考虑到各自在巴尔干地区的传统利益，竭力促使持不同立场的巴尔干国家和解与妥协，重新点燃早已不现实的"巴尔干联邦"或"巴尔干邦联"思想的火花。经过三届巴尔干会议的探索、协商和实践，已经把签订巴尔干联盟条约摆在各国对外政策的首位，一个全巴尔干的政治组织呼之欲出。②

诚然，也有分析认为，巴尔干协定草案"并没有包含什么新的东西，所有的理念均与国联盟约一致，唯一的不同在于它建议成立一个专门的巴尔干委员会来解决巴尔干问题"③。因此，作为一项和平处理争端的协定，其意义非常大；作为走向巴尔干联盟的协定，它有点令人失望。因为协定草案在很大程度上借鉴了小协约国关于调解、仲裁与司法处理的协定，其三十九条款中有二十六条的内容是一样的。④ 从某种意义上讲，巴尔干协定草案的通过表明了巴尔干各国代表团对处理少数民族问题的态度，但解决问题的具体方式仍含糊不清。于是，两个难题出现了：一是这个协定草案能否得到巴尔干各国政府的认可与批准；二是这个协定草案不仅没有保加利亚代表团的参与，同时它的精神与保加利亚代表团在伊斯坦布尔会议上提出的通过双边协约来解决少数民族问题的建议是有出入的。所以，巴尔干协定草案的命运如何就取决于各国代表团及其政府的态度了。随后召开的理事会第七次会议决定，下一届巴尔干会议将在贝尔格莱德召开。

---

① Robert J. Kerner and Harry N. Howard, *The Balkan Conferences and the Balkan Entente* 1930 – 1935, p. 87.

② 马细谱：《巴尔干近现代史》（上卷），第 389～390 页。

③ Mustafa Türkeş, "The Balkan Pact and Its Immediate Implications for the Balkan States, 1930 – 34," *Middle Eastern Studies*, Vol. 30, No. 1, 1994, p. 132.

④ Norman J. Padelford, *Peace in the Balkan: the Movement toward International Organization in the Balkans*, p. 154.

二 萨洛尼卡会议

在第四届巴尔干会议召开之前，又一年的"巴尔干周"活动于 1933 年的春夏之际进行。在雅典，交通运输委员会下设的海事交通分委员会制定了巴尔干工商业联合会海事部门的章程草案。在伊斯坦布尔，保加利亚、希腊和土耳其官方举办的经济会议决定成立东方烟草局。在索非亚，保加利亚和罗马尼亚官方的铁路会议讨论了在多瑙河建立桥梁及完善两个国家铁路枢纽的事宜。在贝尔格莱德，巴尔干医疗联盟在其第一次大会上通过了一系列关于卫生方面特别是在提供农村医疗援助方面的建议。[①] 这些会议的召开和有关组织的成立表明巴尔干会议仍然充满活力。

然而，这一年巴尔干形势的变化对巴尔干会议产生了重要的影响。其中，1933 年 2 月以由南斯拉夫、罗马尼亚和捷克斯洛伐克签订的《小协约国组织公约》带来的冲击最大。罗马尼亚加紧推动这个公约出台，因为它对南斯拉夫和保加利亚关系的改善有所不满，担心这种改善将使保加利亚更加坚定修约的立场。[②] 所以，罗马尼亚对于保加利亚没有签订巴尔干协定草案不以为然。同样，《小协约国组织公约》的出台也加深了其他巴尔干国家对南斯拉夫和罗马尼亚的疑虑。巴尔干各国的提防和猜疑带来最直接的影响是使处于进退两难的南斯拉夫参与"巴尔干周"活动的积极性大大降低，甚至在理事会第八次会议于 1933 年 3 月 17～20 日在布加勒斯特召开时，南斯拉夫代表团表示放弃第四届巴尔干会议的举办权。因此本次会议决定将巴尔干会议的会址由贝尔格莱德改为萨洛尼卡，召开时间为同年 9 月 15 日。

由于会议召开时间与国联大会的会议有冲突，还由于巴尔干各国政府期望有更多的时间来考虑批准巴尔干协定草案的问题，会议日期又被推迟到了 11 月 5 日。在此期间，理事会召开了一系列双边会议，如保南会议、保土会议、保希会议等，试图在一些棘手的问题上首先达成双边谅解。希腊和土耳其等国希望通过这些会议能促使保加利亚改变主意，重返巴尔干

---

① Theodore I. Geshkoff, *Balkan Union: A Road to Peace in Southeastern Europe*, p. 105.

② 参见 Eugene Boia, *Romania's Diplomatic Relations with Yugoslavia in the Interwar Period*, 1919 - 1941, New York: Columbia University Press, 1993, p. 191。

会议并同意签订巴尔干协定草案。

11 月 4 日，理事会第九次会议召开。经理事会和各国代表团的努力，保加利亚代表团重返了巴尔干会议。不过，保加利亚代表团急于解决少数民族问题的立场没有改变，而且提出了一些新的有争议的问题，如为在巴尔干战争与第一次世界大战期间牺牲的士兵和军官建立纪念碑。这些倡议引起了土耳其代表团的强烈反对。贝伊说，这些建议不切实际，土耳其政府绝不允许建立这样的纪念碑。① 可见，保加利亚代表团的提议仍然以历史问题为中心，而这正是决定巴尔干会议能否取得进展以及能否建立巴尔干联盟最为棘手的问题。

11 月 5 日，第四届巴尔干会议的全体大会在萨洛尼卡大学举行（以下称萨洛尼卡会议）。这次会议除了有代表和观察员出席，还吸引了一些国家的官员和议员出席。帕帕拉斯塔西奥继雅典会议之后再次担任大会主席。他在大会的开幕式上说："在萨洛尼卡大学召开会议，要求我们应该以更加科学的方式来对待，因为这里是承亚里士多德之名的科学殿堂。我们不应该忽视会议的最终目标——建立巴尔干国家的联盟。""虽然任务很困难，但'我们移山的信念'将鼓舞我们克服所有的困难。"②

帕帕拉斯塔西奥所说的困难主要是指历史上的恩怨使巴尔干各国在建立巴尔干联盟的努力上步调不一。保加利亚代表萨克佐夫指出：巴尔干会议一直在推行"理想主义政策"，保加利亚政府则在追求一种"现实主义政策"。③ 罗马尼亚代表拉杜卡努（Raducano）和土耳其代表贝伊都建议代表们应将重点放在对巴尔干未来的讨论上，而不应沉浸在对历史的纠缠中。

11 月 6 日，六个常设委员会开始了例行的议题讨论工作。在政治委员会的讨论中，各国代表团在召开巴尔干国家外长会议以及批准巴尔干协定正式文本上出现了不同意见。保加利亚代表萨克佐夫建议召开双边外长会议，而罗马尼亚代表佩拉（Pella）以及希腊代表马卡斯主张召开周期性的有所有巴尔干国家外长参加的会议。保加利亚代表团的建议与其主张通过双边会议来解决有关问题是一致的，希腊和罗马尼亚代表团的建议则与巴尔干会议推动

---

① Theodore I. Geshkoff, *Balkan Union: A Road to Peace in Southeastern Europe*, p. 106.

② Ibid.

③ Ibid. , p. 107.

所有巴尔干国家联盟的精神相吻合。关于批准巴尔干协定正式文本，保加利亚代表团表示赞同，但坚持要与其他巴尔干国家的关系完全平等，对巴尔干国家的保加利亚族人给予文化、道德和法律的完全保护。[①] 此外，除了组织与法律委员会（Legal and Organization Comission）[②] 讨论了领事公约的统一和巴尔干会议章程的修改问题，其他委员会基本在重复讨论此前的议题。

11月9日，全体大会对各常设委员会讨论的情况进行审议。其他委员会的报告多数获得通过，如成立巴尔干合作局、巴尔干劳工局，通过巴尔干地区经济协议草案，等等。政治委员会的报告却引发了争论，最终大会决定召开包括所有巴尔干国家的周期性外长会议，同时呼吁巴尔干各国政府批准通过巴尔干协定正式文本。[③]

萨洛尼卡会议于11月11日闭幕。这次会议标志着巴尔干联盟运动达到了新的顶点，不仅许多建议获得通过，而且还吸引了一些国家的议员出席。后者与帕帕拉斯塔西奥最初倡导成立巴尔干会议并试图使其成为巴尔干议会的愿望相吻合[④]，其他代表团也对本届会议取得的成就大体表示满意。保加利亚代表萨克佐夫指出，萨洛尼卡会议是所有巴尔干会议中最富成效的。尽管在政治领域仍没有获得实质性的进展，但是，第五届巴尔干会议解决相关问题的时机已经成熟。[⑤] 大会决定下一届会议在贝尔格莱德举行，同时向巴尔干各国发出公告，表明其将继续推进六个国家联盟的实现。

三 《巴尔干协约》的出台

1933年以后，欧洲安全形势日益失衡，对凡尔赛体系及其维持的和平造成了严峻的挑战。这种情形对巴尔干国家尤其是试图维持领土现状的国家产生了强烈的反应，它们为防止形势的变化触及本国的利益相继采取措施加以应对。1934年2月9日，为保证边界安全、维持领土现状，希腊、

---

① Mustafa Türkeş, "The Balkan Pact and Its Immediate Implications for the Balkan States, 1930 – 34," p. 133.
② 伊斯坦布尔会议将组织委员会改称为法律与组织委员会。
③ 参见 Robert J. Kerner and Harry N. Howard, *The Balkan Conferences and the Balkan Entente 1930 – 1935*, p. 102。
④ 参见 Theodore I. Geshkoff, *Balkan Union: A Road to Peace in Southeastern Europe*, p. 108。
⑤ Ibid. .

南斯拉夫、土耳其以及罗马尼亚四个国家签订了《巴尔干协约国公约》(The Pact of Balkan Entente, 又称《巴尔干协商公约》或《巴尔干协约》)。① 在签约的同一天，四国外长还签署了一个秘密议定书，对四个国家承担的义务做出说明，规定该秘密议定书也应成为《巴尔干协约》的组成部分。②

《巴尔干协约》的启动工作在 1933 年秋天便已经开始。巴尔干多国的君主及政府官员的互访和会谈推动了该协约的出台，尤其是南斯拉夫国王亚历山大在此过程中付出了很多努力。③ 虽然称为《巴尔干协约》，但只有四个巴尔干国家签订。保加利亚拒绝参加《巴尔干协约》，因为协约与它希望改变领土现状的想法相抵触；阿尔巴尼亚则由于与意大利的特殊关系没有被邀请参加。所以，从协约参与方来看，《巴尔干协约》似乎是针对保加利亚的。这从时任罗马尼亚外长底图内斯库 (Nicolae Titulescu) 在协约签订前的一番话中也能找到佐证。他说：不论保加利亚是否会参加，巴尔干各国都应该尽快缔结条约，同时，他认为南斯拉夫与保加利亚的接近不利于巴尔干的团结。④ 此外，尽管《巴尔干协约》是巴尔干地区内部的安全保证条约，同时根据秘密条款土耳其表示在任何情况下都不介入与苏联的冲突，土耳其和希腊还表示不希望介入同意大利的冲突⑤，但它仍然在欧洲各国引起了较大的反应：苏联对《巴尔干协约》保持较为谨慎的观望态度，英国表现出了失望的情绪，法国非常支持，意大利则明确反对。⑥ 这些反应

---

① 关于巴尔干协约的详细内容，参见《国际条约集》(1934~1944)，世界知识出版社，1961，第 3 页；"The Balkan Pact," *World Affairs*, Vol. 97, No. 1, 1934, p. 54。

② 关于秘密议定书的详细内容，参见《国际条约集》(1934~1944)，第 3~5 页。

③ 关于 1933 年秋天以来巴尔干君主及政府官员们的互访与会谈，参见 H. L., "The Balkan Pact," p. 3; Robert J. Kerner and Harry N. Howard, *The Balkan Conferences and the Balkan Entente* 1930 - 1935, pp. 121 - 125。

④ Eugene Boia, *Romania's Diplomatic Relations with Yugoslavia in the Interwar Period*, 1919 - 1941, p. 191.

⑤ 参见周旭东《夹缝中的罗马尼亚：二十世纪三十年代罗马尼亚外交政策研究》，中国社会科学出版社，2003，第 63 页。

⑥ 参见 Mustafa Türkeş, "The Balkan Pact and Its Immediate Implications for the Balkan States, 1930 - 34," pp. 138 - 139。1933 年希特勒的上台以及日本退出国联后，苏联与法国重建友好关系，在随后苏联加入国联的过程中法国起了积极的推动作用。这时的苏联已经放弃了传统的修正主义立场，全心全意地接受法国坚决维持凡尔赛安排的政策。参见〔英〕E. H. 卡尔《两次世界大战之间的国际关系 1919 - 1939》，徐蓝译，商务印书馆，2009，第 168 页。

与各大国对当时欧洲形势的判断密切相关。

《巴尔干协约》签订后，并没有立即获得四国政府的批准。1934 年 3 月，土耳其国民议会率先批准了协约。希腊议会在帕帕拉斯塔西奥的调解与推动下于 4 月批准了协约。不过，希腊议会在批准这个条约的同时发表了一项宣言，声称它没有义务介入与一个非巴尔干国家的冲突。[①] 南斯拉夫和罗马尼亚国内都对协约产生了争论。争论的一方认为《巴尔干协约》的出台是使巴尔干获得持续和平与安全的首次有益尝试，而对其大加赞赏；另一方则以保加利亚和阿尔巴尼亚没有加入为由予以反对。[②] 两国直到 6 月中旬才正式批准《巴尔干协约》。

《巴尔干协约》的出台，对巴尔干各国以及整个地区形势都产生了重大的影响。有学者指出，《巴尔干协约》既值得赞誉，也该受到责备。赞誉是因为，它不仅是一战结束后巴尔干国家之间签订的第一个政治协定，也是巴尔干历史上首份不以邻国为侵略目标的条约；[③] 责备是因为，尽管协约规定不针对任何国家，但相信它不带有任何目的是荒谬的。[④] 不管怎样，《巴尔干协约》缺少两个巴尔干国家的参与，这一缺陷是不言而喻的，至少与实现巴尔干联盟的目标不一致。

虽然不能肯定《巴尔干协约》的出台使巴尔干会议失去了存在的基础，但有一点可以肯定，它使刚刚在政治领域有所进展的巴尔干会议陷入被动局面，因为巴尔干会议与《巴尔干协约》所要实现的目标有所出入。巴尔干会议致力于使所有巴尔干国家走向一个政治、经济、社会、文化的联盟，而只有四个国家签订的协约试图维持凡尔赛体系造成的领土现状。所以，匆匆缔结一个只对巴尔干边界进行保证的条约使巴尔干各国的和解变得更加困难，相反缔结一个以非侵略、仲裁和相互援助为基础的多边条约才符

---

① 参见〔英〕E. H. 卡尔《两次世界大战之间的国际关系 1919—1939》，第 170 页。

② 参见 Robert J. Kerner and Harry N. Howard, *The Balkan Conferences and the Balkan Entente 1930 - 1935*, pp. 129 - 132。有学者指出，虽然保加利亚和南斯拉夫的关系在逐步改善，但《巴尔干协约》没有包括保加利亚是其严重的缺陷。参见 Gerhard Schacher, *Central Europe and the Western World*, London: George Allen and Unwin Ltd. , 1936, p. 97。

③ Norman J. Padelford, *Peace in the Balkan: the Movement toward International Organization in the Balkans*, p. 95.

④ Ibid. , p. 100.

合所有巴尔干国家的需求。① 这就充分表明，巴尔干各国尤其是反对修约的国家对边界问题特别敏感和重视，随着巴尔干地区以及欧洲形势的变化，巴尔干联合的基础变得越来越脆弱。

尽管如此，巴尔干会议的倡导者们并没有放弃他们的理想和目标。在1934年3月31日到4月3日召开的第十次巴尔干会议理事会上，帕帕拉斯塔西奥甚至还指出，即使六个巴尔干国家都签署了《巴尔干协约》，巴尔干会议仍要致力于推动巴尔干联盟的实现。因为"和平的保证和巩固不能仅仅依赖一个保证边界协约的签署。我们必须建立一种情感共同体（community of sentiment），来推动巴尔干各民族之间的合作。巴尔干会议在巴尔干联盟建立之前不会结束"②。

但是，巴尔干会议的未来进展不可能仅仅依靠理念来支持，而需要巴尔干各国的努力，包括保加利亚的态度和行动。保加利亚代表团在理事会上只是提出了两个问题，表示其今后的行动取决于其他代表团对这些问题的答复。这两个问题分别是：第一，只有四个国家签订的《巴尔干协约》是否针对半岛的其他国家？第二，鉴于协约附有一项秘密条款，签约国倾向维持协约的规定与巴尔干会议的目标之间是否存在分歧？或者说，它们是否愿意缔结非侵略的协定使得巴尔干会议继续朝实现巴尔干联盟的方向努力？③

这让其他代表团陷入了尴尬，因为对这两个问题的回答无异于要求其他代表团在接受《巴尔干协约》与继续推进巴尔干会议之间做出选择。如果第五届巴尔干会议正常进行，它必须对《巴尔干协约》做出否定的裁决。各国代表团转移这个矛盾的办法只有推迟第五届巴尔干会议召开的时间。南斯拉夫代表尤万诺维奇建议会议推迟一到两年，给保加利亚和阿尔巴尼亚足够的时间来接受《巴尔干协约》。④ 保加利亚代表萨克佐夫则认为会议

① 参见 L. S. Stavrianos, *Balkan Federation, A History of the Movement toward Balkan Unity in Modern Times*, p. 240。

② Robert J. Kerner and Harry N. Howard, *The Balkan Conferences and the Balkan Entente* 1930 – 1935, p. 135.

③ Ibid., p. 136.

④ 还有学者指出，推迟巴尔干会议是"因为南斯拉夫同保加利亚的单独谈判在1934年5月间刚刚谈出了一个商约，南斯拉夫害怕巴尔干会议可能危害南、保谈判的进行"。参见〔英〕休特利等《希腊简史》，第222页。

开始的具体日期需要等待有利的时机再加以确定。① 不过，罗马尼亚代表佩拉不同意推迟会议，认为这样做只会增加不信任："《巴尔干协约》与巴尔干会议的精神并不背离，协约仅仅是合作的开始。推迟会议将埋葬合作的理念并使得政府无所不能。"② 所以，当理事会最后做出将巴尔干会议推迟一年进行的决定时，南斯拉夫和保加利亚代表团表示赞成，而希腊、罗马尼亚和土耳其代表团表示反对。③ 阿尔巴尼亚代表团不仅没有参加这届理事会，还宣布退出理事会组织。理事会和一些国家代表团希望阿尔巴尼亚继续保持合作，但无果而终。甚至希腊代表团要求阿尔巴尼亚代表团慎重考虑自己行为的提醒还触怒了阿尔巴尼亚人，使此后希阿两国关系变得紧张起来。④ 这就预示着巴尔干会议的真正危机即将来临，这不仅是议题上是否有所进展的问题，而是到了该组织是否可以继续存在的关键时刻。

这次理事会还就巴尔干会议组织改革进行了讨论。在希腊代表团的大力推动下，理事会决定将伊斯坦布尔确立为巴尔干会议的总部所在地，并将其改称为"巴尔干议会与社会联盟"组织（The Balkan Parliamentary and Social Union）。⑤ 改革组织的决定加剧了巴尔干各国代表团之间的分歧。尤其是南斯拉夫代表团，它对巴尔干会议总部设在伊斯坦布尔表示不满，继第四届巴尔干会议后再次拒绝举办会议。于是，理事会决定将举办地由贝尔格莱德改为伊斯坦布尔。南斯拉夫代表团以《巴尔干协约》的出台使巴尔干会议已没有存在的必要为由表示将不参加第五届会议。⑥ 南斯拉夫代表团这样做：一是因为其和保加利亚改善关系的进程受到其他国家的阻挠；二是因为其对希腊和土耳其有意主导巴尔干会议的行为表示不满。

如此，巴尔干会议已经面临严重的生存危机，此后巴尔干会议再也没

---

① 参见 Robert J. Kerner and Harry N. Howard, *The Balkan Conferences and the Balkan Entente 1930 – 1935*, p. 137。

② Ibid.

③ Norman J. Padelford, *Peace in the Balkan: the Movement toward International Organization in the Balkans*, p. 111.

④ Ibid., p. 109.

⑤ Ibid., p. 112.

⑥ 参见 Robert J. Kerner and Harry N. Howard, *The Balkan Conferences and the Balkan Entente 1930 – 1935*, p. 157。

有启动。随着巴尔干局势的动荡以及此后欧洲安全平衡的破裂，这场以和平方式进行的巴尔干联盟运动宣告结束。《巴尔干协约》在二战爆发后也随着巴尔干各国的阵营分化也宣告终结。[1]

四 巴尔干会议的终结与意义

从 1930 年 10 月到 1934 年 4 月，巴尔干会议总共召开了四届会议和十次理事会会议。虽然最终巴尔干会议在无限期推迟中终结了，但是，它的意义不可否定，其将巴尔干联盟运动推向了一个新的高点。

首先，从具体层面看，历届巴尔干会议不仅通过了许多协定和公约，一些合作机构以及局部的合作组织也已经形成。巴尔干会议在经济、社会、文化甚至政治等领域达成和签订了多项协定，如布加勒斯特会议上通过了巴尔干居民地位协议草案、萨洛尼卡会议上通过了成立局部的巴尔干关税同盟计划等。在政治领域，巴尔干协定草案经过多次争论最终获得了通过。此外，继 1931 年巴尔干旅游者联合会组织成立后，巴尔干新闻协会、巴尔干邮政联盟、巴尔干医疗联盟、巴尔干工商业联合会、巴尔干法学家常设委员会、东方烟草局、巴尔干合作局以及巴尔干劳工局等机构或组织陆续成立并开始运转。这些机构和组织的成立对于推动巴尔干各国之间的交流与合作具有重要意义，有的机构甚至直到今天还存在，如巴尔干医疗联盟，其成员不仅包括巴尔干国家，还扩大到了塞浦路斯和摩尔多瓦。[2]

其次，就对巴尔干地区的影响来讲，巴尔干会议的意义也是非常明显的。虽然是半官方性质的，巴尔干会议通过的协定不对各国政府产生任何约束力，甚至规定它"拟建立的联盟也不会影响独立国家的主权性质"[3]，但是，巴尔干各国政府对会议还是给予了较大的关注。在巴尔干会议上，各国代表团的组成与选派不仅得到了政府的同意，甚至其成员中还包括一些官员和议员。巴尔干各国派驻会议举办国的外交代表在每届会议中都作

---

① 每两年举行一次会议，1940 年 2 月举行了最后一次会议。Teoman Ertuğrul Tulun, "1934 Pact of Balkan Entente: the Precursor of Balkan/Southeast Europe Cooperation," Center For Eurasian Studies, Analysis No. 21, 2020。

② 参见巴尔干医疗联盟官方网站：http://www.umbalk.org/index_en.html。

③ MacCallum, E. P., "Recent BalkanAlignments," p. 3。

为观察员出席。此外，每届会议还邀请各国领导人担任名誉主席，会议举办国的国家领导人参加开幕大会并致辞。更为重要的是，巴尔干会议体现的理念及其付诸的实践活动在一定程度上有利于改善巴尔干国家间的关系。比如，1930 年雅典会议后希腊和土耳其实现和解，1931 年伊斯坦布尔会议后土耳其和阿尔巴尼亚外交关系得以恢复，1933 年秋天一系列的君主与政治家的官方互访带来了南斯拉夫和保加利亚关系的缓和、南斯拉夫和阿尔巴尼亚关系的改善，等等。与此同时，巴尔干会议的进展使所有巴尔干国家的政治家都认识到巴尔干的真正和平以及经济困难的克服只能通过巴尔干国家的合作而不是追随某个大国来实现，会议使他们找到了合作的方式。[①] 概言之，巴尔干会议使"巴尔干人的巴尔干"的理念深入人心，巴尔干人在历史上首次尝试通过自己的意志来改变自己的命运，尽管他们的最终目标没有实现。

最后，从整个巴尔干联合运动史来说，巴尔干会议无论在实践主体还是在实现手段等方面都完全区别于以往的联合实践和计划。由巴尔干会议构成的联盟运动在巴尔干历史上第一次包含了所有巴尔干国家，采用会议的形式也区别于以往用一种大民族主义或较强意识形态色彩的指导思想或由一个国家的一个人物或由政党组织来推动联合的方式。巴尔干会议的倡导者与践行者多半是知识分子和政治家。两次世界大战期间的特殊国际背景使得他们从关注社会改革转为关注和平的维持。所以，他们推动巴尔干联合的方式是通过教育和宣传来影响民众，通过劝说和建议来影响政府，而不是主张进行根本的社会变革或推行激进的民众运动。[②] 再从半官方的巴尔干会议来看，这种方式具有"二轨外交"[③] 的性质，既有官方的背景以及部分官员参与，又有不少自由人士参与。这种外交行为在当时来讲具有非常重要的意义，只是由于巴尔干地区的特殊性和整个欧洲趋于战争的形势，它的作用并没有得到完全发挥。此外，它在经济、社会、文化等诸多领域

---

① 参见 Gerhard Schacher, *Central Europe and the Western World*, pp. 95 – 96。

② 参见 L. S. Stavrianos, *Balkan Federation*, *A History of the Movement Toward Balkan Unity in Modern Times*, p. 257。

③ 所谓"二轨外交"，或称"第二轨道外交"，是指介于官方外交与民间外交的外交行为，1982 年由美国前外交官约瑟夫·蒙特维尔（Joseph Montville）提出。

取得的成就与欧洲一体化的进程有点相似，但可惜的是巴尔干会议未能使各国在实现联合的进程以及目标上达成一致意见。

巴尔干会议的终止宣告了巴尔干联合的尝试再次失败。探究这一时期巴尔干联盟运动失败的原因需要从巴尔干会议本身及当时的巴尔干与欧洲的形势中寻找。首先，巴尔干会议在议程设置上一直存在有关少数民族问题的争论，在议题讨论上存在难易问题或政治问题与其他问题的优先排序分歧，在组织建设上存在总部所在地的分歧，甚至巴尔干各国对参与巴尔干会议的积极性也不尽相同。出现这些分歧与凡尔赛体系下的巴尔干国家间存在的诸多矛盾与争端是一致的。巴尔干会议的矛盾充分体现在以保加利亚为代表的修约国家与以希腊、罗马尼亚、南斯拉夫为主的维约国家之间的针锋相对，这是所有问题的根本症结，也是巴尔干联盟运动失败的主要原因。事实上，这些问题一直困扰和影响着巴尔干地区的和平进程与联合行为，此后不久发生的第二次世界大战再次使它们加入了不同的集团。其中，又以保加利亚与其他巴尔干国家的关系最为紧张。所以，有学者这样总结：20世纪30年代早期所召开的一系列巴尔干会议在半岛联合的问题上没有取得太多的进展，主要是因为保加利亚拒绝承认现有边界是永久性的，而这恰恰是其他国家坚持的一个先决条件。① 《巴尔干协约》如此，巴尔干联盟也是如此。

其次，巴尔干国家之间出现的经济、政治以及外交矛盾阻碍了巴尔干联盟运动的进展。在经济上，巴尔干国家主要以农业为主，3/4 的人口从事农业，国家近一半的收入来自农业。② 各国 3/4 的出口产品是农产品，出口品种的相似性导致了不良的竞争关系。同时，巴尔干地区内部落后的交通状况也阻碍了地区内产品的流通与贸易。③ 于是，巴尔干国家大量向欧洲大国借贷，用于发展工业、政府开支、军事购买以及战争需要，这使得各国经济甚至国家的发展在很大程度上受到外国的控制和影响。到 20 世纪 30 年

---

① 参见〔英〕R. J. 克兰普顿《保加利亚史》，第 147 页。

② 参见 Robert J. Kerner and Harry N. Howard, *The Balkan Conferences and the Balkan Entente* 1930 – 1935, p. 23。

③ 参见 Norman J. Padelford, *Peace in the Balkan: the Movement toward International Organization in the Balkans*, pp. 141 – 142。

代初，巴尔干各国的外债普遍非常高（见表 4 - 2）。

表 4 - 2　1930 年巴尔干国家的外债一览

单位：万美元

国家	保加利亚*	希腊	罗马尼亚	土耳其	南斯拉夫
外债	25640.5	27139.0	91717.6	47312.3	56470.1

*保加利亚的外债统计不包括它的战争赔款。

资料来源：根据 Norman J. Padelford，*Peace in the Balkan：the Movement toward International Organization in the Balkans*，p. 142 整理。

　　经济上与欧洲大国的密切联系，使它们在政治和外交上的关系也比较密切。同时，各国外交的被动性也极为明显。这一时期，罗马尼亚和南斯拉夫与捷克斯洛伐克同为小协约国成员，它们与法国保持着密切的联系；土耳其与苏联的关系日益紧密；阿尔巴尼亚是意大利的卫星国；保加利亚倾向于与德国或意大利结好；英国一直努力使希腊和土耳其摆脱苏联的影响。欧洲各大国依然沿用"分而治之"的思维，力图在自己的势力范围内加强影响，使得巴尔干国家追求半岛合作与联合的尝试受阻。[1] 随着欧洲大国关系走向对立，巴尔干国家也走向分化。此外，巴尔干国家不同的政治制度也不利于联盟的实现，南斯拉夫、罗马尼亚、保加利亚、阿尔巴尼亚是君主国，希腊[2]和土耳其则是共和国。

　　最后，巴尔干会议的终止和巴尔干联盟运动的失败与当时欧洲乃至世界的形势变化紧密相关。受凡尔赛体系的束缚，巴尔干半岛上出现的任何行动都会引起欧洲大国的注意。半官方性质的巴尔干会议如此，官方签订的《巴尔干协约》也是如此。法国是维持凡尔赛体系的领导者，对巴尔干联盟运动基本是持赞同立场的。意大利一直对巴尔干半岛虎视眈眈，特别是阿尔巴尼亚还处于它的监管之下，它"不支持一个强大的巴尔干联盟"，德国也是如此。[3] 由于所要实现的是包含半岛所有国家在内的巴尔干联盟，

---

[1]　Nicholas V. Gianaris，*Geopolitical and Economic Changes in the Balkan Countries*，Westport，Conn.：Praeger，1996，p. 160.

[2]　从 1924 年到 1935 年，希腊为共和国。1936 年希腊又建立起了独裁统治。

[3]　参见 Robert J. Kerner and Harry N. Howard，*The Balkan Conferences and the Balkan Entente 1930 - 1935*，p. 162.

它的成功必须获得保加利亚和阿尔巴尼亚的支持与合作。对于这两个国家，欧洲大国也持不同的立场。意大利密切注视阿尔巴尼亚，德国对保加利亚的兴趣和影响骤升，法国的立场不定，但其对巴尔干协约国的政策或者倾向德国，或者偏向意大利。[1] 此外，从 1935 年起，巴尔干一些国家的内部政局发生了变动，如 1935 年 8 月阿尔巴尼亚爆发了费里（Fier）运动，1935 年 10 月希腊发生了军事政变。到 1936 年，欧洲已经濒临战争的边缘，先是 3 月法西斯德国宣布废除《洛迦诺公约》和《凡尔赛条约》中关于解除德国武装的条款，随后德国进入莱茵河军事区，伙同意大利武装干涉西班牙内战，其后意大利又吞并了埃塞俄比亚。这样，随着欧洲和平体系的破裂和安全形势的失衡，巴尔干联盟运动必定遭到阻遏。

总之，在 20 世纪 30 年代前期，巴尔干各国固有的矛盾与争端，尤其是少数民族问题的存在和各国政府的非民主化，以及欧洲和平体系的脆弱并逐步走向崩溃，使得通过半官方的巴尔干会议来实现巴尔干联盟的尝试走向失败。进一步说，这场联盟运动轰轰烈烈的开展以及急转直下的失败为理解两次世界大战期间的"强制和平"及其脆弱性提供了鲜活的案例。

---

[1] Norman J. Padelford, *Peace in the Balkan: the Movement toward International Organization in the Balkans*, p. 135.

要使一个小地区的国际形势发生变化并不需要很久，只要一定的政治因素的政治表现有了实质性的变化就可以了。

——〔南斯拉夫〕兰科·佩特科维奇：《巴尔干既非"火药桶"又非"和平区"》（1982），第 123 页。

在南斯拉夫内部，人民最有觉悟的部分——以共产党为首的南斯拉夫工人阶级为把南斯拉夫变成自由的、平等的南斯拉夫各族人民真正的兄弟般的共同体进行了英勇的斗争……

——〔南斯拉夫〕杜尚·比兰吉奇：《南斯拉夫社会主义联邦共和国史纲》（1985），第 80 页。

第五章
1939~1948 年的巴尔干
联合主张与实践

二战开始后,巴尔干地区一些流亡政府和流亡人士主张通过巴尔干联合来抵抗法西斯侵略。由于自身对政权缺乏控制和影响,他们的主张也未能获得更多民众的支持。同时,在组织和力量恢复并壮大的过程中,以南共和保共①为代表的巴尔干共产党人再次提出了"从保南联邦②走向巴尔干联邦"的设想。但是,保加利亚和南斯拉夫双方存在的分歧以及两极格局的形成使巴尔干联邦计划最终夭折。与此同时,第二南斯拉夫在南斯拉夫王国基础上建立,成为数个南部斯拉夫民族联合的又一次尝试,开启了南部斯拉夫人一段短暂但辉煌的历史进程。

第一节 二战期间流亡政府的巴尔干联合主张

欧洲和平体系的破裂加速了巴尔干联盟运动的失败。二战开始后,巴尔干地区是德国法西斯侵略与"新秩序"实施的重点地区。在此过程中,在巴尔干甚至东欧地区出现了诸多关于国家联合的主张。巴尔干地区一些流亡政府和流亡人士希望受到侵略的国家联合起来抵抗法西斯的侵略和制

---

① 二战结束前后,保共的名称经历了数次变化。1944 年 9 月,保加利亚工人党改名为保加利亚工人党(共产党人)。1948 年 12 月,保加利亚共产党的名称恢复。为叙述方便,文中统一使用保共。

② 也有南保联邦、南保联盟、保南联盟的说法,都是指南斯拉夫和保加利亚国家的联合,文中除了引语外统一使用保南联邦。

止种族屠杀。

1941 年 11 月，参加国际劳工组织（International Labour Organization）会议的希腊、南斯拉夫、波兰和捷克斯洛伐克的流亡政府代表发布了一项共同宣言，希望受到法西斯侵略的国家联合起来建立新的欧洲秩序。① 这个共同宣言的内容比较含糊，没有指明联合的方式和具体目标。不过，稍后一位南斯拉夫代表对此进行了较为清楚的说明："拥有共同敌人的东欧和巴尔干国家要想获得自由，必须联合成一个共同体。这个共同体欢迎其他从法西斯统治者中解放出来的东欧和巴尔干民族。我们签署的共同宣言就是这个目标。"② 第二年年初，四个国家的代表共同成立了"中东欧规划委员会"（the Central and Eastern European Planning Board）。③ 随后，该委员会通过出版《中东欧概览》月刊（*Survey of Central and Eastern European*）对中东欧地区④的重建问题进行研究和宣传。在战争环境下，这种通过学术宣传来促成国家联合的愿望很难实现，但是，它对于遭受德国法西斯侵略的国家联合起来进行抵抗起到了思想上和舆论上的推动作用。

1942 年 1 月，希腊和南斯拉夫流亡政府还在伦敦签订了"希腊—南斯拉夫协议"⑤（Greek - Yugoslav Pact）。该协议主张在"巴尔干人的巴尔干"原则基础上在战争结束后实现巴尔干联盟（Balkan Union）。协议指出：由希腊和南斯拉夫率先成立巴尔干联盟，其他巴尔干国家可以自愿地按照协议的精神加入。巴尔干联盟是主权国家间的联盟，各国拥有完整的主权和国家机构，设立主席团、政治机关、财政金融机关和军事机关负责相关领域的事务。⑥ 这个联盟与 20 世纪 30 年代巴尔干会议倡导建立的巴尔干联盟

---

① Sava N. Kosanovich, "Common Aspirations of the Nations of Eastern Europe," *New Europe*, No. 2, 1941, pp. 10 - 11.

② Ibid. , pp. 6 - 7.

③ Eduard Beneš, "Toward Peace in Central and Eastern Europe," *Annals of the American Academy of Political and Social Science*, Vol. 232, 1944, pp. 163 - 168; Feliks Gross, "Peace Planning for Central and Eastern Europe," *Annals of the American Academy of Political and Social Science*, Vol. 232, 1944, pp. 169 - 176.

④ 这里的中东欧地区显然与冷战结束后的中东欧概念不同，这里指的是受法西斯侵略的东部欧洲和巴尔干地区。

⑤ "Greek - Yugoslav Pact," *Journal of Central European Affairs*, Vol. Ⅱ, 1942, pp. 88 - 90.

⑥ 参见马细谱《巴尔干近现代史》（上卷），第 486~487 页。

很相似，但在联盟性质、组成等方面更加明确些。然而，这个拟建立的联盟具有先天的缺陷，其成员只有希腊和南斯拉夫两个国家，而且二战临结束时流亡政府的力量越来越弱。所以，其结果正如当时一位加拿大学者所指出的：只要两国流亡政府没有重新取得执政权，"希腊—南斯拉夫协议"就无法真正实现。①

除了这些政府层面的主张外，一些流亡人士也通过发表演讲和出版论著来表达巴尔干联合的愿望。但是，由于巴尔干地区处于战乱，国内政权也不稳定，流亡政府和流亡人士的主张②很难产生比较大的影响，更不用说去实现它了。

总体来看，在战时条件下提出巴尔干国家进行联合的主张固然值得肯定，但流亡政府所代表或支持的资产阶级特别是专制君主的立场在实践中难以得到民众的广泛支持。随着战争的推进，不仅流亡政府的威信逐渐减弱，它们关于巴尔干联合的主张也渐渐销声匿迹。

第二节　巴尔干共产党人执政前后的巴尔干联邦设想

巴尔干共产党人早在 20 世纪 20 年代就提出了建立巴尔干苏维埃联邦共和国的主张，后来随着共产党力量受到压制、法西斯的猖獗以及共产国际提出统一战线的政策，这一主张被搁置了。③ 在地下活动的南共、保共和希共等组织在进行抵抗运动的同时力量不断壮大，它们再度提出了共产党人关于巴尔干联邦的设想，即"盼望在解放后建立南斯拉夫联邦或巴尔干联邦，同时设想这个联邦由铁托或季米特洛夫领导"④。由铁托（Josip Broz

---

① L. S. Stavrianos, *Balkan Federation*, *A History of the Movement toward Balkan Unity in Modern Times*, p. 266.

② 参见 Sava N. Kosanovich, "Common Aspirations of the Nations of Eastern Europe," *New Europe*, No. 2, 1941, pp. 6 – 11; Eduard Beneš, "Toward Peace in Central and Eastern Europe," *Annals of*, pp. 163 – 168; *Feliks Gross*, "*Peace Planning for Central and Eastern Europe*," pp. 169 – 176; "*Greek – Yugoslav Pact*," pp. 88 – 90; *L. S. Stavrianos*, Balkan Federation, A History of the Movement toward Balkan Unity in Modern Times, p. 266。

③ 参见《战后世界历史长编》编委会主编《战后世界历史长编 1948 年》（第一编第四分册），第 304 页。

④ Elliot R. Goodman, *The Soviet Design for a World State*, Ann Arbor, Mich.: UMI, 1957, p. 311.

Tito，1892－1980）或季米特洛夫（Georgi Dimitrov，1882－1949）来领导并建立巴尔干联邦或南斯拉夫联邦的主张符合当时的情势。南共已经成为巴尔干地区最大的共产党组织，它领导南斯拉夫人民在反法西斯战争中取得了巨大成就。作为共产国际的领导人，季米特洛夫不仅在巴尔干而且在世界各国共产党中都具有较高的声誉和威望，同时他还与苏联有着比较密切的联系。换言之，此时的南共和保共及其领导者铁托和季米特洛夫不仅在各自国家也在整个巴尔干地区拥有较深厚的民众基础，同时也得到了苏联的支持。

一 保南联邦计划的出台

铁托和季米特洛夫都在思考战争结束后新生政权的内政外交方针，特别热衷于通过建立巴尔干联邦或南斯拉夫联邦来解决悬而未决的马其顿问题。1943年5月，铁托提出将马其顿纳入南斯拉夫联邦的想法："南斯拉夫党乐意看到整个马其顿（南斯拉夫的、保加利亚的和希腊的马其顿）最后在一个实行联邦制的南斯拉夫的体制中联合起来。这个时候，马其顿将实行自治，并能够自由地使用自己的语言。"[1] 然而，由于当时整个欧洲仍处于胶着的战争状态，无论是建立巴尔干联邦还是南斯拉夫联邦的条件都还不成熟。1944年4月，随着战争朝着有利于盟国的方向发展，南共明确提出并加快了建立巴尔干联邦的步伐。铁托的发言人约塞普·斯莫德拉卡（Josip Smodlaka）明确宣称："我们必须建立一个巴尔干联邦，第一步将由南斯拉夫和保加利亚结成联邦。第二步，我们将邀请阿尔巴尼亚加入，它将享有充分的、平等的权利。希腊或者加入这个联邦，或者与我们结成永久性的联盟。"[2]

南共领导人提出的主张也符合保共领导人季米特洛夫的想法。首先，这是解决马其顿问题的需要。自《柏林条约》签订以后，马其顿问题一直影响着塞（南）保两国的关系，始终未能得到根本解决。季米特洛夫希望

---

[1] Robert Lee Wolff, *The Balkans in Our Time*, New York and London: W. W. Norton and Co., 1978, p. 215.

[2] L. S. Stavrianos, *Balkan Federation*, *A History of the Movement toward Balkan Unity in Modern Times*, p. 272.

借此机会改变这一状况。除解决马其顿问题，"对保加利亚总理季米特洛夫来说，巴尔干联邦的主张不仅是他有关统一所有建设社会主义的邻国的革命理想的付诸实现，而且也是使一个直到战争结束一直站在轴心国一边的保加利亚同一个在第二次世界大战中对战胜法西斯做出过卓越贡献并顺利地进行了社会主义革命而享有威望的南斯拉夫合二为一"①。

季米特洛夫的这些主张在他与苏联领导人的通信中有所体现。1944 年 4 月，他在给约瑟夫·斯大林（Joseph Stalin）和苏联外长维亚切斯拉夫·莫洛托夫（Vyacheslav Molotov）的信中指出："马其顿在战后将会是怎样的具体情况，现在未必能够肯定地说清，我也不想这样做。一切取决于目前还不清楚的一系列因素。在我看来，对巴尔干国家和对苏联来说最合乎愿望的可能是由保加利亚人、塞尔维亚人、黑山人和马其顿人在平等基础上组成的南部斯拉夫人联邦。在这个联邦里，马其顿将会获得自己民族的自由和国家地位，将不会再是巴尔干国家间发生纠纷的根源。"② 7 月，在给铁托的密电中，季米特洛夫表示："全力支持新的联邦制南斯拉夫使马其顿人获得平等的马其顿政策；要认识到只有在巴尔干各国人民之间兄弟合作基础上，首先是在民主的新保加利亚和民主的新联邦制南斯拉夫两个斯拉夫国家之间最亲密友谊的基础上并在伟大苏联的帮助下，才能在战后正确地解决巴尔干地区的领土问题。"③

从季米特洛夫的表态中可以看出，他希望新生的保加利亚国家能在改善与南斯拉夫的关系上特别是在处理马其顿问题上有所作为，同时认为这种努力离不开苏联人的帮助和支持。在改善关系方面，季米特洛夫力图用一种对历史负责任的态度来赢取保共的支持。据铁托在其自述中提到，当时季米特洛夫在给保共中央的一封信中写道："对于南斯拉夫各族人民，特别是对于塞尔维亚人民和马其顿人民，我国人民自感有罪，因为听凭保加利亚的法西斯掌权者把保加利亚变成德国奴役者的据点，把保加利亚军队变成希特勒在巴尔干的宪兵……我国人民竭尽所能来彻底和尽可能迅速地抹掉刚刚成为过去的一切，并为同南斯拉夫各族人民建立起永恒的、牢不

---

① 〔南斯拉夫〕兰科·佩特科维奇：《巴尔干既非"火药桶"又非"和平区"》，第 117 页。
② 〔保〕季米特洛夫：《季米特洛夫日记选编》，第 291～292 页。
③ 同上，第 303 页。

可破的友谊以及兄弟般的紧密联盟开辟道路……"① 在寻求苏联人的支持方面，身在苏联的季米特洛夫不仅表达了这种愿望，而且不断付诸行动。

虽然在建立巴尔干联邦还是南斯拉夫联邦的措辞上铁托和季米特洛夫经常混用，但他们试图通过建立一个联邦来解决马其顿问题的立场是一致的。对于铁托来说，他希望首先由南斯拉夫与保加利亚建立联邦，然后希腊、阿尔巴尼亚等国再加入。② 在这一点上，季米特洛夫同铁托的设想存有一定的差异，即马其顿应该作为一个平等的自由国家在拟建立的南部斯拉夫人联邦中存在。

由于南共和保共均与苏共有着密切的联系，其在领导抵抗法西斯运动的进程中一直得到苏联的军事和经济援助，所以，苏联领导人对他们提出的巴尔干联邦或南斯拉夫联邦设想非常清楚。1944 年秋，在反法西斯战争的最后时刻，也是南斯拉夫组建新的国家的关键时候，斯大林在与铁托初次会面时亲自向其提出了南斯拉夫与保加利亚建立联邦的主张。③ 应当说，这完全契合铁托的计划。如果说此前南保双方就建立联邦问题表明了各自的立场，那么，斯大林的指示则正式开启了南保双方的谈判，作为建立巴尔干联邦第一步的保南联邦计划也就此正式登台。

从当时的情况来看，苏联看到了南斯拉夫在反法西斯战争中的力量及其在巴尔干地区的地位，同时南共又与苏共有着很好的关系。这两种因素使得苏联乐于推动南斯拉夫强化其在南部斯拉夫民族甚至是在巴尔干地区的领导角色。斯大林的具体构想是这样的："为了稳定战后的欧洲局势，需要加强斯拉夫世界的团结，建立斯拉夫各民族的平等联盟；首先，使南、保两国结成政治、文化和关税联盟。随着时间的推移，将联盟变成南部斯拉夫联邦。"④ 这样，不管保南联邦计划是为了解决南斯拉夫与保加利亚有争议的马其顿问题，还是将其作为建立巴尔干联邦的第一步，苏联方面起

---

① 〔南斯拉夫〕佩·达姆扬诺维奇等编《铁托自述》，达洲等译，新华出版社，1984，第277 页。

② Albina Dranqoli, "Tito's Attempt to Integrate Albania into Yugoslavia, 1945 – 1948," *History Studies*, Vol. 3, No. 2, 2011, pp. 191 – 196.

③ 参见沈志华编著《斯大林与铁托——苏南冲突的起因及其结果》，第 17 页。

④ 转引自马细谱《南斯拉夫兴亡》，第 209 页。

初都予以坚定支持。

二　从索非亚会谈到布莱德会谈

得到斯大林指示后，保南双方加紧就联邦计划进行协商，两党频繁交换文件和派团互访。1944 年 9 月底，季米特洛夫同铁托进行了两次会谈，达成了如下共识："我们拟定的路线是建立保南联邦，它将导致从亚得里亚海到黑海（由保加利亚人、马其顿人、塞尔维亚人、克罗地亚人、黑山人、斯洛文尼亚人构成）的南部斯拉夫人的联邦。"[①] 11 月 22 日在会见爱德华·卡德尔（Edvard Kardelj）、塔诺耶·西米奇（Stanoje Šimić）和伊万·舒巴希奇（Ivan Šubašić）时，斯大林又催促南斯拉夫人尽快推进此事。第二天，卡德尔与同在莫斯科的季米特洛夫举行了会谈，商定了有关准备和签订保南联邦条约的事宜，同时重申联邦的前景是建立全体南部斯拉夫人的联邦。[②] 此后，双方还就阻碍联邦成立的一系列问题进行了讨论与协商，决定年底在索非亚进行正式会谈。

据参与索非亚会谈的南斯拉夫代表卡德尔回忆，会谈期间保共政治局书记特拉伊乔·科斯托夫（Traicho Kostov）提出了关于保南两国首先签署友好互助条约的建议，而该建议是根据季米特洛夫从莫斯科发来的电报起草的。[③] 事实上，这个建议是斯大林提出的。据有关档案记载，斯大林认为："保南两国最好签署 10 年或者 20 年的友好互助条约。以二元制原则作为联合的基础，按奥匈帝国的模式建立两位一体的国家，可以避免奥匈帝国存在的许多弊端。这种联合非常迫切，如果形势急剧转变，保加利亚人可能会倒向美国和英国。"[④] 从这里可以看出，苏联支持保南联邦计划还有一个目的是希望处于战败国地位的保加利亚摆脱英美的控制，借此巩固苏联在巴尔干地区尤其是保加利亚的优势地位。

---

① 〔保〕季米特洛夫：《季米特洛夫日记选编》，第 310 页。
② 参见〔保〕季米特洛夫《季米特洛夫日记选编》，第 316 页。
③ 参见〔南斯拉夫〕爱德华·卡德尔《卡德尔回忆录：1944－1957》，李代军等译，新华出版社，1981，第 110~111 页。
④ 参见沈志华总主编《苏联历史档案选编》（第 22 卷），社会科学文献出版社，2002，第 125 页。

从 1944 年 11 月到 1945 年 1 月，保南双方一共拟定了 8 个保南联邦条约草案，其中，保方 3 个、南方 3 个、苏联 1 个和南保共同方案 1 个。[①] 这么多草案的出台充分说明了保南双方对联邦计划存有分歧。正如卡德尔在索非亚会谈期间给铁托的信中指出："保加利亚的建议实际上是要签订'某种互助条约'，而签订这个条约，只会使南斯拉夫承认保加利亚为盟国，'鉴于保加利亚是战败国，缔结这样一个条约，就会贬低南斯拉夫作为战胜国的作用'，出于国内的政治原因，这也是不符合南斯拉夫利益的。"[②] 南斯拉夫不同意签订一个措辞和内容含糊的条约，坚持签订联邦条约，同时希望在 1945 年 1 月 1 日就签署。但是，关于联邦应采取何种形式的问题，双方意见分歧很大，保加利亚人希望两国以平等地位进入这一联邦，而南斯拉夫人则要求保加利亚必须作为南斯拉夫现有六个联邦共和国之外的第七个联邦共和国加入联邦。[③] 由于这种分歧，联邦的建立注定不可能在短期内实现。

当时，在保加利亚国内也出现了两种关于联邦计划的不同派别。第一个是以科斯托夫为代表的坚决反对派，他们认为保南两国在传统以及文化精神方面的不同使得建立保南联邦不会带来任何好处。第二个是以维尔科·契尔文科夫（Vulko Chervenkov）为代表的坚定维护派，他们极其坚决地主张建立联邦，甚至坚持应当尽快进行，认为任何拖延都是有害的。[④] 这种对立的观点使得许多其他保加利亚人对联邦事宜持保留态度，既不敢公开反对，因为该主张有莫斯科的支持；也不敢贸然赞成，因为是否建立联邦涉及两国诸多的历史纠葛。保加利亚的内部分歧在一定程度上影响了联邦的建立进程，也决定了此后它在这个问题上对苏联意见的依赖。

苏联虽然没有派出代表参加会谈，但从索非亚会谈期间给季米特洛夫的建议以及其后斯大林的讲话中可以看出苏联是倾向于保加利亚一边的。斯大林在 1945 年 1 月初接见南共中央政治局委员安德里亚·赫布朗（Andrija Hebrang）时指出：南斯拉夫关于联邦的条约草案是不合适的，"保

---

①　转引自马细谱《南斯拉夫兴亡》，第 209 页。

②　〔南斯拉夫〕爱德华·卡德尔：《卡德尔回忆录：1944－1957》，第 111 页。

③　沈志华编著《斯大林与铁托——苏南冲突的起因及其结果》，第 18 页。

④　参见〔南斯拉夫〕爱德华·卡德尔《卡德尔回忆录：1944－1957》，第 113 页。

加利亚和南斯拉夫是可以加入联邦的两个国家，而这个联邦的前景是在二元制原则的基础上进一步完全联合这两个国家"①。"必须向完全联合努力，这将是欧洲历史上的一个时代。但是必须一个阶段一个阶段地朝这一目标走，先从联盟，从互相援助开始，然后逐步走向联合。这不是权宜的联盟，而是永久的联盟。这是自由的联盟，是自由结成联邦的两个国家的有机联盟，不能造成想吞并保加利亚人的印象。"② 苏联显然也不同意很快就签订保南联邦条约。据季米特洛夫回忆，1944 年 12 月 26 日在同莫洛托夫会谈时，后者认为南斯拉夫人想在 1945 年 1 月 1 日签订条约是完全不合适的，因为这样重大的问题需要有非常扎实的准备工作。③

最终，保加利亚拒绝了南斯拉夫的建议，仍然坚持首先签署友好互助条约。这样，在这次会谈上未能就建立保南联邦的问题达成一致，南斯拉夫人也不赞成签订互助条约。双方均表示："目前尚需一段时期不采取任何明确的立场，而是进一步会谈，即继续会谈。"④

如果说南共在执政以前对建立保南联邦持消极态度是因为与保加利亚在未来联邦中的地位存有分歧，那么，执政之后则是南共对保共尚未取得执政地位而产生的猜疑影响了保南联邦计划的进展。

鉴于南保双方在直接签订联邦条约还是首先签订友好互助条约上意见不一，斯大林决定让双方派代表来莫斯科进行会谈。1945 年 1 月中旬，莫沙·皮雅杰 (Moša Pijade) 率领南斯拉夫代表团，安东·于哥夫 (Anton Yugov) 率领保加利亚代表团，先后抵达莫斯科。斯大林在会谈中表示，建立"保南联邦在欧洲历史上具有转折性质，具有巨大的历史意义。这是斯拉夫各民族联邦的开端"⑤。但是，鉴于双方存在的分歧和国际形势的需要，南斯拉夫和保加利亚可以先起草一个合作互助条约。该建议得到南保双方的赞同，但双方在保加利亚作为平等成员还是南斯拉夫第七共和国组建未来的联邦问题上仍然存在分歧。

----

① 沈志华总主编《苏联历史档案选编》（第 22 卷），第 123 页。
② 同上，第 124 页。
③ 参见〔保〕季米特洛夫《季米特洛夫日记选编》，第 323 页。
④ 〔南斯托夫〕爱德华·卡德尔：《卡德尔回忆录：1944－1957》，第 114 页。
⑤ 〔保〕季米特洛夫：《季米特洛夫日记选编》，第 331 页。

莫斯科会谈结束后不久，在 1945 年 2 月英、美、苏三国领导人举行的克里米亚会议上，英国对保南联邦计划提出了抗议。英国认为保加利亚属于前敌国，因而应置于三大国管制机构之下，没有哪个国家有权处置它的领土。英国尤其反对建立一个统一的马其顿国家，因为这意味着要把希腊的一部分领土转让给一个共产党的联邦。[①] 建立巴尔干联邦也就意味着必须把非共产党的希腊和土耳其包括进去。在英国的抗议下，苏联考虑到战争还在进行，巴尔干联邦的问题一时难以解决，就建议暂时搁置这个问题。[②] 不仅如此，关于合作互助条约的签署也被推迟了。

不过，得到苏联支持的保加利亚却对保南联邦计划兴致盎然。1945 年 4 月，季米特洛夫还向斯大林阐述了解决保南联邦问题应该经过的三个阶段："作为第一阶段，在尽可能短的时间内恢复保加利亚与南斯拉夫之间的外交关系，以此结束过去（消除过去的敌对关系，战争赔款问题等）；作为第二阶段，过一段时间后，就两国恢复建设和防备德国的可能再次入侵签订合作与互助的条约；作为第三阶段，将着手准备建立两国间的共同联邦。"[③] 然而，此后有相当长的一段时间内保南双方没有就建立联邦事宜进行交涉。10 月，保加利亚驻南公使佩特罗·托多罗夫（Petro Todorov）在与苏联驻南大使伊万·萨德奇科夫（Ivan Sadchikov）的两次谈话中均表示保加利亚方面对未能及时建立联邦感到遗憾。12 月，在南斯拉夫联邦人民共和国正式成立之际，季米特洛夫在给铁托的信中指出："最好重新具体讨论南斯拉夫与保加利亚间的联邦条约问题，并征求我们好朋友们（指苏联领导人——译者注）的意见，在什么时间、以何种方式实行此项极为重要的措施。"[④] 然而，铁托在回信中只字不提保南联邦条约，只表示"同意关于进一步改善和加深保加利亚与南斯拉夫间关系的看法"，也没有提及征求苏联人的意见，只表示希望"在某个地方见一次面，详细谈谈这些及其他问题"[⑤]。可

---

① Dimitris Livanios, *The Macedonian Question*: *Britain and the Southern Balkans* 1939 – 1949, Oxford: Oxford University Press, 2008, pp. 159 – 166; Elisabeth Barker, *British Policy in South – East Europe in the Second World War*, London: Macmillan, 1976, pp. 200 – 201.

② Elliot R. Goodman, *The Soviet Design for a World State*, p. 332.

③ 〔保〕季米特洛夫：《季米特洛夫日记选编》，第 341 页。

④ 参见〔保〕季米特洛夫《季米特洛夫日记选编》，第 368 页。

⑤ 同上，第 369 页。

见，取得执政地位后的南共更加坚定地认为，保共尚未取得执政地位以及保加利亚政治走向的不明确不利于保南联邦的建立。

1946 年初，保加利亚当局再次向南斯拉夫和苏联提出重启商讨联邦条约的会谈，但遭到了南斯拉夫的拒绝。南斯拉夫当局认为："保加利亚还是一个君主立宪制国家，共产党在国内的影响也无法与南斯拉夫相比，这就使联邦失去了最重要的基础。"① 与此同时，铁托还请求苏联驻南大使阿纳托利·拉夫连季耶夫（Anatoly Lavrentiev）搞清楚苏方对保加利亚重新提出这一问题的意见与态度。

斯大林准备通过与铁托进行会谈来表明他的态度，于是，要求苏联外交部巴尔干国家司起草了一份报告。这份报告认为，虽然南斯拉夫与保加利亚结成联邦符合两国的利益，但是，在缔结与保加利亚的和平条约以及解决两个国家内部复杂的政治问题之前，建立联邦还为时尚早。② 这份报告符合南共的立场。4 月，铁托在给季米特洛夫的信中指出：在对保条约还没有签署之前，签订南斯拉夫与保加利亚的同盟条约是不合适的。③ 虽然铁托是拿对保条约说事，实际上是表达了对保共能否取得政权的疑虑。所以，随后在与苏联大使会谈时，铁托"以异常坚决的口气表明，他现在不能支持与保加利亚结成联邦这种思想"④。

然而，出于对保加利亚的关切，斯大林在 5 月底与铁托的会谈时改变了此前关于在对保和约签署之前保南不建立联邦和不签订互助条约的立场，希望南斯拉夫强化与保加利亚的关系以防止英美国家的"反攻倒算"。但是，铁托没有改变立场，对建立保南联邦仍然持消极态度，指出"搞联邦是不会有什么结果的"⑤。斯大林却认为应该建立联邦，可以分步骤进行，"起初可以局限在友好和互助条约上，而实质上应该做得更多一些"⑥。对此，铁托既没有表示同意，也没有给予否定。6 月，铁托在与季米特洛夫会

---

① 参见沈志华编著《斯大林与铁托——苏南冲突的起因及其结果》，第 18 页。

② 同上，第 19 页。

③ 〔保〕季米特洛夫：《季米特洛夫日记选编》，第 379 页。

④ 郝承敦：《苏南冲突研究》，学林出版社，2007，第 123 页。

⑤ 沈志华总主编《苏联历史档案选编》（第 22 卷），第 157 页。

⑥ 同上，第 158 页。

谈时决定，南保两国的互助条约要等到对保和约签字后再行缔结。可见，苏联与南斯拉夫对保加利亚前景的认识不同导致了双方在推动保南联邦事宜上的分歧。然而，此时南共与苏联保持着良好的关系，苏联领导人也没有采取强力手段促使南斯拉夫听从其意见。

9 月 15 日保加利亚人民共和国的成立以及不久祖国阵线①在议会大选中取得胜利后，不仅保加利亚的君主政体被废除，保共在新国家中的地位也已确立。1947 年 2 月对保和约在巴黎签署后，南斯拉夫一改此前消极观望的态度，主张重启谈判，加快与保加利亚建立联邦的步伐。南斯拉夫对建立联邦的态度发生变化，一方面是因为此时南斯拉夫已经从战争的废墟中恢复和强大起来，政治、经济和军事力量的相对强大促使铁托增强了主宰巴尔干地区的欲望和信心；另一方面还因为随着保共在保加利亚取得执政地位，南共的疑虑大大消除。

保加利亚随即也表明了相似的立场。3 月，季米特洛夫在给铁托的信中表示，现在"应该就签订友好与互助同盟条约进行具体的筹备，以便作为今后我们两国实现共同计划的一个步骤。我认为，这种主动倡议无疑应该由在巴尔干国家中处于领导地位的南斯拉夫提出来"②。"我觉得，如果在签署经济协定之前先缔结同盟条约是合适的。至于经济协定我们已邀请贵国的经济代表团来索非亚。同样，若能签署一个专门的文化公约也是不错的。"③ 随着保共执掌国家政权以及对保南联邦计划的再次肯定，计划又开始朝着好的方向发展。

得到保加利亚的同意后，南斯拉夫立即着手制定条约草案，争取快速建立保南联邦。5 月，南斯拉夫向保加利亚寄去了友好与互助条约草案文本。6 月，铁托向保加利亚报界人士表达了建立保南联邦的理念，宣称"自由的巴尔干各国人民"必须建立"一个强大的坚如磐石的统一体"④。当铁

① 原为保共领导下最大的群众性社会政治组织。1942 年成立，有共产党、农民联盟和社会民主工党等党派参加。

② 〔保〕季米特洛夫：《季米特洛夫日记选编》，第 397 页。

③ 同上。

④ 〔英〕彼得·卡尔沃科雷西编著《国际事务概览 1947－1948 年》，徐先麟等译，上海译文出版社，1990，第 234 页。

托和季米特洛夫向苏联通报即将签订条约一事时，斯大林于 7 月 5 日答复说，保南同盟条约应当延期到和平条约生效后再签订。[①] 然而，南保双方坚持了自己的立场，决定进行会谈并签署相关条约。

7 月底，季米特洛夫前往南斯拉夫的布莱德（Bled）进行会谈，会谈确认了此前制定的草案文本，签订了包括贸易、边界、战争赔偿、护照签证和希腊战争等问题的条约，建立了两国关税同盟。[②] 会谈上，季米特洛夫还表现出了对建立保南联邦的信心，认为"建立南部斯拉夫人的联邦只是一个时间问题"，秘密同意将属于保加利亚的皮林马其顿并入马其顿共和国，成为南斯拉夫联邦的组成部分。[③] 然而，这种没有得到莫斯科首肯擅自付诸的行动受到了苏联方面的强烈指责。在斯大林看来，和平条约未签订之前做出这些是不恰当的，它会为英美加强对希腊和土耳其的军事援助提供借口即以反对保加利亚和南斯拉夫为由。于是，斯大林通过密电对季米特洛夫和铁托进行了批评。

虽然受到了批评，但是南斯拉夫和保加利亚丝毫没有放慢联合的步伐。特别是在 1947 年 9 月巴黎和平条约的正式签署，为南保签订友好与互助条约提供了有利环境。11 月 26 日，铁托率团抵达索非亚，启动布莱德会谈商定的计划，宣称"我们要建立的合作是如此广泛、如此密切，联邦将不过只是一种形式而已"[④]。季米特洛夫和铁托在会谈中审定了友好、合作和互助条约的最后文本，并在 11 月 28 日签署了为期 20 年的同盟条约。[⑤] 条约的签署增强了双方联合的信心。诚如来自保共领导层的科斯托夫所言：最近的事态发展表明"在不久的将来成立所有南部斯拉夫人的联盟并建立一个共同的南部斯拉夫国家"[⑥] 是可行的。这次访问结束后发表的公报宣称："由季米特洛夫和铁托签署的友好、合作和互助条约为保加利亚和南斯拉夫各族人民的历史揭开了新的光辉的一页，它必定是永恒的牢不可破的友谊、

---

① 参见沈志华主编《冷战时期苏联与东欧的关系》，北京大学出版社，2006，第 53 页。

② 参见〔英〕彼得·卡尔沃科雷西编著《国际事务概览 1947－1948 年》，第 234 页。

③ 同上。

④ 〔英〕艾伦·帕尔默：《夹缝中的六国——维也纳会议以来的中东欧历史》，第 383 页。

⑤ 参见〔保〕内·甘乔夫斯基《季米特洛夫的晚年——秘书的观察和纪实》，吴锡俊译，人民出版社，1991，第 188 页。

⑥ 〔英〕彼得·卡尔沃科雷西编著《国际事务概览 1947－1948 年》，第 235 页。

最紧密的全面合作和兄弟团结的篇章"①。

　　季米特洛夫带着欣喜的心情于 1948 年 1 月 14 日访问罗马尼亚。也许是想进一步推动实现南部斯拉夫人梦寐以求的大联合，也许是被保南布莱德会谈的成功所鼓舞，1 月 17 日季米特洛夫在一次记者招待会上竟讲出了关于将保南联邦扩大成巴尔干联邦或多瑙河联邦的设想。② "当建立这个联邦或邦联的时刻到来的时候，我们这些国家的人民将不会去问帝国主义者，不会理睬他们的反对，将会在我们本身利益的原则下，解决这个问题。"③ 其中，他还特别提到了这些国家将包括保加利亚、阿尔巴尼亚、罗马尼亚、南斯拉夫、波兰、匈牙利、捷克斯洛伐克和希腊。然而，季米特洛夫没有想到的是，他这个 "大胆的设想" 不久便遭到斯大林的指责，不只是不允许他再提巴尔干联邦设想，就连计划中的保南联邦也将面临失败。

三　从训斥季米特洛夫到攻击铁托

　　随着冷战帷幕的拉开，欧美国家日益担心东欧地区苏联化，开始对保南联邦计划进行批评并施加压力。与此同时，苏联日益对南保两国尤其是南斯拉夫的自主政策产生不满。季米特洛夫在罗马尼亚发表讲话后不久，一位美国学者就指出：第一，季米特洛夫意图把巴尔干联邦扩大到有 1 亿人口的东欧人民民主国家；第二，他把还不是人民民主国家的希腊也纳入这个联邦之内，这是够大胆的；第三，把整个东欧联合起来，他这一大胆计划几乎没有顾及苏联的意愿。④

　　事实上，在季米特洛夫发表讲话后不久，英国外交大臣欧内斯特·贝文（Ernest Bevin）就表示，希腊受到了共产主义的威胁，他呼吁西欧国家联合起来共同对付东欧的苏联化。⑤ 更为重要的是，季米特洛夫的行为越过

①　〔保〕内·甘乔夫斯基：《季米特洛夫的晚年——秘书的观察和纪实》，第 188 页。
②　参见马细谱《南斯拉夫兴亡》，第 212 页。
③　转引自王绳祖总主编《国际关系史》（第七卷），世界知识出版社，1995，第 220 页。
④　转引自姜琦《关于苏南冲突》，《国际共运史研究资料》1982 年第 2 期。
⑤　〔美〕沃捷特克·马斯特尼：《斯大林时期的冷战与苏联的安全观》，郭懋安译，广西师范大学出版社，2002，第 37 页。

了斯大林可能容忍的限度。① 于是，继西方发出警告后，斯大林、主管苏共意识形态工作的米哈伊尔·苏斯洛夫（Mihail Suslov）以及《真理报》均对季米特洛夫进行了公开批评。② 斯大林亲自写信给季米特洛夫让他收回那篇唐突的讲话："我们觉得有义务提醒您注意。您在罗马尼亚记者招待会上讲到建立人民民主国家联邦或者邦联，其中包括希腊、波兰、捷克斯洛伐克和其他国家。在莫斯科的朋友们认为这是有害的，因为它对新民主主义国家有害，而有助于英美同这些国家做斗争……很难理解是什么迫使您在记者招待会上做出如此匆忙和轻率的讲话。"③ 遭受批评的季米特洛夫选择了公开认错。1 月 30 日，季米特洛夫给斯大林去电，表示以后一定会"吸取教训"，绝不"重复类似的疏忽与轻率"④。

与其说斯大林的批评是针对季米特洛夫和保加利亚，不如说也是针对铁托和南斯拉夫。批评了季米特洛夫之后，斯大林又把保南两国领导人叫到莫斯科，于 1948 年 2 月 10 日举行领导人会晤。铁托称病没有前往莫斯科，由卡德尔、米洛万·吉拉斯（Milovan Djilas）和弗拉迪米尔·巴卡里奇（Vladimir Bakarić）组团参加。保方代表团包括季米特洛夫、科拉罗夫和科斯托夫。苏方参加会谈的有斯大林、莫洛托夫、安德烈·日丹诺夫（Andrei Zhdanov）和格奥尔基·马林科夫（Georgii Malenkov）。莫洛托夫首先就保南同盟条约、季米特洛夫在罗马尼亚的讲话以及南斯拉夫军队进驻阿尔巴尼亚等事情表明苏联的态度。在布莱德会谈及保南缔约的问题上，他指出："两国政府的草率行为帮助了英美反动派，给了他们加速武装干涉以及反对保加利亚和南斯拉夫的借口……本来跟我们已经协商一致。然而，在我们不知道的情况下却背道而驰。这种两国和两党之间发展相互关系以及决定问题的方式是不正确的，也是不允许的。发生这种错误有必要进行纠正。"⑤ 可见，苏联领导人对南保两国在布莱德会谈上的自主行为尤其是季米特洛

---

① 〔美〕沃捷特克·马斯特尼：《斯大林时期的冷战与苏联的安全观》，第 37 页。

② 关于这些批评，参见〔英〕彼得·卡尔沃科雷西编著《国际事务概览 1947－1948 年》，第 235 页；沈志华主编《冷战时期苏联与东欧的关系》，第 54 页；〔南斯拉夫〕弗拉吉米尔·杰吉耶尔《铁托传》（下册），叶周等译，三联书店，1977，第 110～111 页。

③ 转引自〔保〕季米特洛夫《季米特洛夫日记选编》，第 445 页。

④ 同上，第 446 页。

⑤ 同上。

夫关于建立东欧联邦的讲话耿耿于怀。

接下来主要是斯大林、莫洛托夫、季米特洛夫和卡德尔四个人之间的会谈。据卡德尔回忆说，斯大林在会谈中斥责季米特洛夫的粗暴态度出乎他的意料。斯大林说："季米特洛夫的建议（关于建立东欧联邦的建议——引者注）是愚蠢的，简直是可笑的：一个老共产党人竟然会有这样的想法……这个建议原则上是不正确的，反马克思主义的，因为，没有苏联参加，就不可能建立任何广泛的联邦。"他还说："要是有朝一日建立联邦的话，我想，是会建立的，那么，我们就把俄罗斯联邦与保加利亚和南斯拉夫合并，把乌克兰与罗马尼亚和匈牙利合并，把白俄罗斯与捷克斯洛伐克和波兰合并。""不错，联邦我们要建立，但是，季米特洛夫同志，不是您设想的那种联邦，而是另外一种联邦。我们首先要建立的联邦是保加利亚—南斯拉夫联邦，而且要尽快建立。"[①] 有学者分析，斯大林实际上"计划建立三个联邦，一个是保加利亚和南斯拉夫（包括阿尔巴尼亚）联邦，另一个是波兰和捷克斯洛伐克联邦，第三个是罗马尼亚和匈牙利联邦，这可能是俄国人要最终把这些联邦并入自己版图的预备阶段"[②]。斯大林的联邦计划显然与季米特洛夫和铁托主张的东欧联邦或巴尔干联邦并不是一回事。前者希望通过建立一系列联邦并最终纳入苏联的版图，后者突出了自己在巴尔干甚至东欧地区的地位和自主权。

其实，斯大林主要是在试探南斯拉夫的态度。卡德尔是这样回复斯大林的："一九四四年，南保还没有建立适当的新政权形式时，他们便想建立联邦；如果那时建立了，面前的道路可能已扫清。但是，由于外界的压力，一九四四年南斯拉夫人的愿望没有能实现。现在两国已建立了新政权，由于国际和国内的因素，不必忙着去建立联邦。"[③] 当卡德尔强调即使建立联邦也应该是七个平等成员的联邦而非两个国家的联邦后，斯大林站在了南斯拉夫一边，他强调说："南斯拉夫人是对的。联邦必须是七个成员，而不

---

① 〔南斯拉夫〕爱德华·卡德尔：《卡德尔回忆录：1944–1957》，第124~125页。
② 〔英〕斯蒂芬·克利索德编《南苏关系（1939~1973年）文件与评注》，河南师范大学外语系英语翻译组译，人民出版社，1980，第108页。
③ 〔南斯拉夫〕弗拉吉米尔·杰吉耶尔：《铁托传》（下册），第117页。

是两个成员。"① 而当卡德尔强调问题并不在于是建立两个成员的联邦，还是建立七个成员的联邦，而在于联邦本身，即建立联邦的速度、方式和形式问题，并且认为这将是一个漫长的过程时②，斯大林打断卡德尔的话说道："不，必须立即宣布成立联邦，愈快愈好。条件已成熟。首先，保加利亚和南斯拉夫必须联合起来，然后阿尔巴尼亚必须合并进去。"③ 甚至说，"不行，不能拖延，联邦应该建立，最好明天就建立。"④ 卡德尔没有正面回答斯大林的意见，而是以代表团无法做出最后决定作为回答。也就是从这时起，斯大林一转之前的态度和话题，开始对南斯拉夫的外交政策进行批评，尤其对南斯拉夫在阿尔巴尼亚和希腊革命问题上的做法进行指责。⑤ 总之，莫斯科会谈没有就建立保南联邦特别是建立的时间上达成共识。

南斯拉夫代表团回国后，南共中央于1948年3月开会讨论代表团从莫斯科带回来的报告，最终决定拒绝苏联关于立即建立保南联邦的意见，认为"目前建立联邦为时过早，应当就这个问题进一步研究，并为今后建立联邦创造条件"⑥。然而，在斯大林看来，这是对他的公然挑战，该是对南斯拉夫采取打压行动的时候了。于是，苏联接二连三地向南斯拉夫发去信件，猛烈批评和攻击铁托，攻击南共的领导及其整个政策，这一切以苏南国家关系、两党的关系以及在意识形态方面的彻底决裂而告终。⑦ 同时，季米特洛夫也对保南联邦的前景产生了怀疑。随着同年6月共产党情报局（Cominform）将南共开除，保共与南共的关系也发生破裂，保南联邦计划宣告失败，巴尔干联邦计划再也没有被提出。

四　保南联邦计划失败的原因

从1944年底到1948年中，在不到四年的时间里，保南联邦计划便从轰

---

①　〔南斯拉夫〕爱德华·卡德尔：《卡德尔回忆录：1944－1957》，第127页。

②　同上，第128页。

③　〔南斯拉夫〕弗拉吉米尔·杰吉耶尔：《铁托传》（下册），第117页。

④　〔南斯拉夫〕爱德华·卡德尔：《卡德尔回忆录：1944－1957》，第128页。

⑤　关于斯大林对南斯拉夫在阿尔巴尼亚和希腊革命问题上的指责，参见〔南斯拉夫〕米洛凡·杰拉斯《同斯大林的谈话》，赵洵、林英译，吉林人民出版社，1983，第112页；沈志华编著《斯大林与铁托——苏南冲突的起因及其结果》，第27页。

⑥　〔南斯拉夫〕爱德华·卡德尔：《卡德尔回忆录：1944－1957》，第134页。

⑦　同上，第135页。

轰烈烈出台到急转直下夭折。失败的原因是多方面的，其中主要是南斯拉夫和保加利亚之间的分歧，特别是两极格局的对立以及大国政治下的南斯拉夫与苏联的冲突。

首先，从保南联邦的参与主体来看，两个国家的主要民族均是南部斯拉夫民族，拥有相似的社会结构和共同的历史命运，但历史的恩怨特别是在马其顿问题上的争执使建立联邦失去了现实基础。看上去，南斯拉夫对保南联邦计划的态度出现过反复，经历了一个从最早提出到消极观望到积极推进再到否定苏联催促的过程，但不变的主线是南斯拉夫人一直很谨慎，并主张逐步、分阶段地来实现保南联邦。南斯拉夫希望建立的联邦旨在实现南部斯拉夫人的联合和统一，同时发挥其自身在巴尔干地区的影响。保加利亚领导人的想法既来自对社会主义的理想信念，也来自对南斯拉夫在第二次世界大战中卓越表现的赞誉，更多的是听从苏联的指示，而这更容易使南斯拉夫对保加利亚产生猜疑。卡德尔在回忆录中这样解释他在 1948年莫斯科会晤上否定立刻建立保南联邦的理由：保加利亚共产党政治局显然是完全依附于斯大林的，我们不愿意建立这样的联邦，我们感到，斯大林想把某种 "特洛伊木马" 强加给我们，如果他得逞，就意味着社会主义的、人民解放的南斯拉夫的独立将会完蛋；此外，在这样的联邦里，必然会产生导致严重冲突的内部矛盾，那样就只有靠苏联施加压力，才有可能平息这种冲突。[1] 所以，在南共看来，建立保南联邦不仅会使保加利亚，而且连南斯拉夫也将被苏联牢牢控制。

在具体如何建构保南联邦的问题上，或者说保加利亚以怎样的地位或身份加入联邦的问题上，保南双方也一直存有分歧和争议。双方虽然试图通过分阶段、分步骤的方式逐渐消除差异，特别是双方采取了以签订互助条约为过渡形式的措施，但是，就保加利亚加入联邦的身份问题一直没有达成一致意见。有学者进一步指出：在 1947 年签订的布莱德条约的一些未公开的条款中，季米特洛夫甚至愿意放弃皮林马其顿使其并入南斯拉夫的马其顿共和国，但为何保南联邦计划在后来没有取得积极的进展呢？原因之一就是受到保加利亚内部分歧的影响。以科斯托夫为代表的反对派不赞

---

① 参见〔南斯拉夫〕爱德华·卡德尔《卡德尔回忆录：1944－1957》，第 126 页。

成"季米特洛夫路线"（Dimitrov line），他们希望建立的联邦是二元联邦而不是将保加利亚作为南斯拉夫的第七个联邦成员。①

然而，保南联邦计划最终破产的主要因素还是来自外部，即两大集团的对抗与苏联的干预。冷战期间，"要使一个小地区的国际形势发生变化并不需要很久，只要一定的政治因素的政治表现有了实质性的变化就可以了"②。保南联邦问题"不仅是两国之间的问题，而且是和东欧国家在联邦或者邦联基础上实行更广泛的联合相联系的"③，更是与二战结束初期形成的世界格局相联系的，尤其是与苏南关系的变化直接相关的问题。

在反法西斯战争期间，斯大林与西方盟国采取合作的政策，临近战争结束时在被解放的欧洲国家推行联合政府政策，具体到"对南斯拉夫和南斯拉夫政府的政策是尽量不去创造条件和机会，避免同西方列强发生冲突"④。战争结束初期，苏联的"主导思想和战略是保持大国合作态势，维持与西方盟国在战时结成的伙伴关系，通过与西方国家，特别是与美国的合作，巩固和发展苏联在雅尔塔—波茨坦体系中所获得的政治权益"⑤，"迫使华盛顿承认两个超级大国在世界范围内达成的妥协以保证苏美平分天下而划分的'势力范围'"⑥。所以，苏联不希望南斯拉夫的行为会影响甚至冲击其与大国合作的框架，也不希望保南联邦计划突破这一框架。

1947年马歇尔计划的提出和冷战的开始使苏联战后的对外政策发生了根本性转变，即从大国合作走向集团对抗。英美集团也加强了攻势。在巴尔干问题上，英国甚至认为不应该再受英苏协议的约束，因为"雅尔塔协定已在更大程度上使早些时候和斯大林达成的关于巴尔干的百分比的协定失去了效力……"⑦所以，英国密切注视保南联邦计划的进展，特别是在苏联极力推动该计划以作

---

① 参见 Adam B. Ulam，"The Background of the Soviet–Yugoslav Dispute," *The Review of Politics*, Vol. 13, No. 1, 1951, p. 62。

② 〔南斯拉夫〕兰科·佩特科维奇：《巴尔干既非"火药桶"又非"和平区"》，第123页。

③ 《战后世界历史长编》编委会主编《战后世界历史长编 1948年》（第一编第四分册），第307页。

④ 〔南斯拉夫〕爱德华·卡德尔：《卡德尔回忆录：1944–1957》，第32页。

⑤ 沈志华编著《斯大林与铁托——苏南冲突的起因及其结果》，第7页。

⑥ 〔西班牙〕费尔南多·克劳丁：《共产主义运动——从共产国际到共产党情报局》，方光明译，求实出版社，1982，第165页。

⑦ 转引自金重远《百年风云巴尔干》，第177页。

为其加强在巴尔干的存在的一个重要手段后，英美国家的反对声音越来越大。

在苏联方面，随着集团对抗思维的日益加剧，它推动建立了共产党情报局以加强与东欧国家的联系。在对抗马歇尔计划和建立情报局"两个问题上，南共都是积极和主动向莫斯科靠拢的，在某种程度上甚至可以说参与了共同谋划"①。但是，在保南联邦问题上两个国家尤其是南斯拉夫日益显现出"不理会"甚至"不听从"苏联的立场，这种自主的表现使苏南的对立情绪日益加剧。有学者指出："斯大林之所以反对建成全巴尔干或泛巴尔干联邦，是因为这些人民民主国家推行相似的独立外交政策，这既会脱离苏联的控制而与其分庭抗礼，又会引起欧美大国的干预和打乱苏联的外交部署。更令斯大林不能容忍的是，这些国家在采取如此重大的步骤时不事先同苏联商量。"② 因此，在苏联与西方大国保持合作的时候，苏联不允许南斯拉夫的行为突破合作的框架。同样，在世界形成两大集团对峙格局后，苏联更不会容许南斯拉夫的"自大"和"自作主张"。

卡德尔的论述较为清楚地解释了苏联的行为逻辑："自然，斯大林也必须考虑国际局势和西方国家政府的态度，西方国家对建立保南联邦无疑是不悦的，尤其是因为当时世界已处于冷战的边缘。我们以前也奇怪：斯大林为什么非要建立保南联邦，因为在战争中和战争刚结束时，他在处理凡是可能导致苏联和西方关系激化的事情上，向来是谨慎的。显然，他此时十分关心的是，如何调整新建立的东欧社会主义国家的关系和地位，好让这些国家听命于他。而使他感到不安的首先是南斯拉夫，南斯拉夫进行了广泛的民族解放的人民民主革命，自己解放了自己，因而独立和自信的精神异常强烈。"③ 所以，苏联一直表现出倾向保加利亚的立场，这种支持的潜台词是苏联绝不允许保加利亚有任何异于苏联的想法。"保加利亚共产党领导人季米特洛夫临死前在苏联失宠，可能就是因为他赞同在经济基础上建立巴尔干联邦。"④ 苏联最不愿意看到的是在苏联的势力范围内出现一个南

---

① 沈志华编著《斯大林与铁托——苏南冲突的起因及其结果》，第11页。

② 马细谱：《南斯拉夫兴亡》，第213页。

③ 〔南斯拉夫〕爱德华·卡德尔：《卡德尔回忆录：1944－1957》，第115页。

④ 〔法〕让－巴蒂斯特·迪罗塞尔：《外交史1919－1984年》（下册），汪绍麟等译，上海译文出版社，1992，第100页。

斯拉夫中心。而南斯拉夫试图建立一个以贝尔格莱德为中心的巴尔干联邦，这与苏联试图通过"连锁式联邦"把整个东欧地区纳入其版图的"一体化"计划之间存在矛盾，是属于国家政治利益内涵中对外扩张能力的碰撞。① 概言之，建立保南联邦甚至巴尔干联邦不仅关系到巴尔干有关国家的利益，也与大国在该地区的争夺密切相关。保南联邦计划的失败在很大程度上与苏联和英美集团逐渐走向对抗以及苏南关系的恶化相关。它的失败不仅是冷战时期两大集团对立的表现，也是社会主义内部独立与反独立、控制与反控制的结果。事实上，铁托还计划实现南斯拉夫和阿尔巴尼亚的合并甚至与希腊的联合。② 显然，保南联邦的失败意味着所有的联合方案都失去了可能。

最后，虽然保南联邦计划的失败表明共产党人力量增强特别是取得执政地位前后倡导的巴尔干联邦计划，即建立所有南部斯拉夫人的联邦国家设想未能实现，但是南部斯拉夫人或者说巴尔干人追求联合、自主的精神和愿望仍然值得肯定。在数百年来南部斯拉夫人追求联合的历史进程中，这次尝试具有重要的转折性意义。一方面，这次尝试得到倡导方内部的支持（尽管也有不同意见）是绝无仅有的，联合涉及的南部斯拉夫民族是历次联合实践中最多的。从一定程度上说，以保南联邦为基石的巴尔干联邦计划是巴尔干联合史上的一次实践高地。另一方面，这也成为此后半个多世纪关于建立巴尔干联邦思想和实践的"绝唱"。冷战期间，巴尔干地区不仅出现了两大集团成员的分化，而且在同一阵营内部各个国家所执行的外交政策也不一样，这使巴尔干联合的实践难上加难。③ 冷战结束后，"巴尔干联邦的思想已经过时，不再符合当今的现实。这种思想在今天可能成为

---

① 郝承敦：《苏南冲突与东方阵营内部关系的演变》，前言第 3 页。

② 有关研究，参见郝承敦《苏南冲突与东方阵营内部关系的演变》，第 58~64 页；Branko Petranović, *Balkanska Federacija 1943–1948*, Beograd：IKP Zaslon, 1991；Mariyana Stamova, "The Albanian Factor in Serbia/Yugoslavia in 19th and 20th Centuries," Studia Środkowoeuropejskie i Bałkanistyczne, TOM XXV, 2017, pp. 231–232。

③ 需要提到的是，南斯拉夫、希腊和土耳其三国在 1953 年至 1955 年通过签订《安卡拉友好合作条约》《布莱德同盟、政治合作和三国相互援助的条约》《成立巴尔干协商议会的协定》开启了巴尔干地区不同集团国家、不同社会制度国家开展合作的尝试。显然，这种尝试没有超出以保南联邦为基石的巴尔干联邦的高度。同时，这种努力仍旧没能逃离失败的命运，特别是因为有巴尔干以外的因素和进程在发生作用。参见〔南斯拉夫〕兰科·佩特科维奇《巴尔干既非"火药桶"又非"和平区"》，第 118~124 页。

整个地区发展的障碍……在全球化和欧洲一体化进程条件下解决巴尔干问题（包括'巴尔干化'问题）的途径不是要建立巴尔干联邦，而是要建立欧洲联邦，以使巴尔干国家加入欧洲联盟。"① 从很大程度上讲，保南联邦计划的出台及其失败为考察冷战的起源以及冷战期间两大阵营的互动提供了极好的案例，也为探讨巴尔干国家外交政策及相互关系的走向厘清了源头。

第三节　南斯拉夫联邦的建立及其意义

保南联邦计划的失败表明南共领导人倡导的巴尔干联邦计划失去了可能，建立所有南部斯拉夫人联邦国家的目标未能实现，但是，二战结束后部分南斯拉夫民族在第一南斯拉夫王国的基础上建立起了统一的联邦制国家。不过，这个无论在南部斯拉夫联合还是社会主义发展史上均具有重要影响的国家最终也没有逃脱解体的命运。

一　南斯拉夫联邦的建立

新的联邦国家的建立是南共努力争取的结果，也得益于有利的国际形势。1941年4月南斯拉夫王国政府被推翻后，力量迅速上升的南共开始思索在组建新政府中取得主导权。南共的做法是一方面加强自身在南斯拉夫人民反法西斯战争中的领导作用；另一方面尽快建立一个政治机构来实现与巩固其领导权。在1942年11月召开的全南斯拉夫反法西斯代表大会上，南斯拉夫反法西斯人民解放委员会（AVNOJ，以下简称阿夫诺伊）成立，成为当时全南境内最高政治代表机构。在当时组建一个新政府还很困难："我们没有可能建立一个合法的政府，因为国际关系和条件还不允许我们这样做。但是，我们拥有这样的权利，即在当前的艰苦环境下建立一个政治机构，一个将团结全体人民群众并组织和领导我国人民的政治机构。"② 大会同时还成立了由共产党和其他反法西斯组织代表组成的执行委员会，作为它的执行机构。执行委员会下设内务、经济、文化、宣传等职能部门，

---

① 〔保〕亚历山大·利洛夫：《文明的对话：世界地缘政治大趋势》，第187页。
② 转引自马细谱《南斯拉夫兴亡》，第136页。

它的成立标志着新的南斯拉夫人民的政治机构正式出现。

除了建立政治机构，南共领导人还认识到要建立一个新的政府必须改变此前王国政府忽视民族问题、实行中央集权的做法，特别是要注意承认塞尔维亚、克罗地亚、斯洛文尼亚、马其顿和黑山等民族的特点，以及它们平等的民族权利和自决权。这个问题如果处理不当，即使建立了新的政府其基础仍然不牢固。5月，南共中央指出："二十多年来，大塞尔维亚执政集团奉行罪恶的民族政策，奉行对马其顿人、克罗地亚人、黑山人、斯洛文尼亚人和其他少数民族进行令人发指的压迫与剥削的政策，他们打着南斯拉夫统一的旗号，企图保住自己的强盗式的霸权……在南斯拉夫内部，人民最有觉悟的部分——以共产党为首的南斯拉夫工人阶级却为把南斯拉夫变成自由的、平等的南斯拉夫各族人民真正的兄弟般的共同体进行了英勇的斗争……"① 在阿夫诺伊成立大会上，南共再次强调："南斯拉夫各族人民要继续团结奋斗，去争取最终的解放，并在获得解放的兄弟共同体中为实现完全的自由和平等创造条件。"②

在南共的帮助与推动下，斯洛文尼亚、克罗地亚、黑山、桑贾克（Sanjak）、波斯尼亚—黑塞哥维那反法西斯人民解放委员会相继成立。马其顿虽然没有建立这个机构，仅仅成立了一个筹备委员会，也没有参加阿夫诺伊第一次代表大会，但是马其顿人民解放运动的所有政治机关和军事机关后来均接受了南斯拉夫反法西斯人民解放委员会的各项决定。③ 这样，南共已经在组建新政府中获得了较好的组织基础和民意基础。

在当时的背景下，要取得组建新政府的主导权还需要得到盟国的支持。南斯拉夫究竟往哪个方向去，并不取决于南斯拉夫统治者的自由意志，而是取决于帝国主义者在巴尔干力量的对比和巴尔干全部局势的变化。④ 英国政府一直承认南斯拉夫王国及其政府是南斯拉夫唯一的合法代表。出于共同对付法西斯以及盟国立场一致的需要，苏联起初对南斯拉夫人民解放运

---

① 〔南斯拉夫〕杜尚·比兰吉奇：《南斯拉夫社会主义联邦共和国史纲》，第79～80页。
② 参见马细谱《南斯拉夫解体和民族问题》，《世界历史》1995年第5期。
③ 参见〔南斯拉夫〕杜尚·比兰吉奇《南斯拉夫社会主义联邦共和国史纲》，第111～113页。
④ 参见马细谱《南斯拉夫兴亡》，第96页。

动持观望态度。1943 年 11 月，南共召开阿夫诺伊第二次会议，做出了"关于在联邦的基础上建设南斯拉夫的决定"，通过了"关于剥夺流亡在国外的所谓南斯拉夫政府的南斯拉夫合法政府的权利和禁止国王佩塔尔·卡拉乔尔杰维奇二世回国的决定"，同时成立了称为南斯拉夫全国解放委员会的新的革命政府。然而，当时没有一个大国——无论是苏联、英国，还是美国——愿意在法律上承认南斯拉夫革命政府，尽管在德黑兰会议上，它们承认了南斯拉夫人民解放军是盟国的参战友军这一地位。[①]

这次会议结束后，铁托向斯大林报告了会议的内容。斯大林听取汇报后愤怒地说："这是对苏联和德黑兰决定背后捅了一刀。"[②] 但是，斯大林压制了自己的情绪。因为"斯大林害怕因此惹恼盟国，妨害他同他们进行谈判。然而，在德黑兰会议结束时，他却发现盟国决意承认铁托并给以援助，也不反对铁托所做出的各项决定。他们希冀这将有助于推行其政策，即说服铁托同意与一个经过改革、基础较为广泛的王国政府合作"[③]。西方盟国可能对斯大林发火一事一无所知，它们深信铁托采取的行动是受到这位苏联领导人的鼓励。但当时它们正忙于为诺曼底登陆进行准备，美国还在专心致志地为太平洋战争的最后阶段做出战略部署，因此，英美两国都急于同俄国人保持良好关系。苏联和西方盟国都不想在赢得主要胜利前在次要区域发生利害冲突，这就使铁托在一段时间内获益匪浅，同时他的有利地位也由于盟国之间缺乏了解而得到加强。[④]

英、苏双方都出于盟国的立场以及反法西斯的大局对阿夫诺伊第二次会议的相关决定表示默许，逐渐在南斯拉夫问题上达成了妥协，主张南共与流亡政府加强对话与合作，未来南斯拉夫国家的体制问题必须到战后由南斯拉夫人民决定。南共利用了这种局势，同时借助反法西斯战场上的胜利不断壮大自己的力量，为在组建新政府问题上取得主导权奠定了基础。

1944 年 4 月，革命政府与流亡政府签署了铁托—舒巴希奇协议，双方

---

① 参见〔南斯拉夫〕伊万·博日奇等《南斯拉夫史》（下册），第 760 页。
② 同上，第 758 页。
③ 〔英〕菲利斯·奥蒂：《铁托传》，黑龙江大学英语系翻译组译，黑龙江人民出版社，1979，第 269~270 页。
④ 同上，第 270 页。

同意"在彻底解放之前不提出国家体制问题，解放后由人民自己决定政体"①。随着战争临近结束，双方决定组成联合政府，选举立宪议会。1945年3月，南斯拉夫联邦民主共和国临时政府成立。虽然成立了联合政府，但革命政府已经牢牢地掌握了国家的权力。南共领导的人民解放军也日益壮大，到5月已经解放了南斯拉夫全境。这样，举行立宪议会选举的条件已经具备。

1945年8月，阿夫诺伊会议召开，根据盟国的建议，决定该委员会改称"民主联邦南斯拉夫临时国民议会"，增加了118名来自各党派和无党派的代表。② 虽然回到南斯拉夫的流亡者"可以用执政党联盟一分子的身份讲话，可以把自己说成是他们一度领导过的党的成员，也可以从他们党的纲领里提出一些符合人民阵线正式纲领的极广泛的民主原则的要点来。但是，他们不能重新建立他们的党组织或单独召开群众集会……受到由共产党牢牢控制着的、无所不在的保安警察的盯梢"③。流亡回来的人士对临时政府非常失望，于是辞去了政府职务。到议会选举时，候选人名单中几乎只有共产党人。当时，在全国838.3万名登记的选举人中，有743.2万人参加了投票，占选民总数的88.66%。人民阵线④获得了全部选票中的672.6万张，约占90.5%。⑤ 这样，南共不仅取得了国内政治生活的领导权，而且成为国内唯一有影响力的政党。

11月29日，南斯拉夫国民议会通过了废除君主制的宣言，宣布成立南斯拉夫联邦人民共和国，即第二南斯拉夫。重建后的南斯拉夫包括六个联邦单位：塞尔维亚共和国（包括伏伊伏丁那和科索沃—梅托希亚两个自治区）、克罗地亚共和国、斯洛文尼亚共和国、波斯尼亚和黑塞哥维那共和国、马其顿共和国以及黑山共和国。南斯拉夫的联邦原则在1946年的国家宪法以及后来各共和国通过的宪法中获得了法律依据。

---

① 〔南斯拉夫〕杜尚·比兰吉奇：《南斯拉夫社会主义联邦共和国史纲》，第125页。
② 参见章永勇编著《列国志·塞尔维亚和黑山》，第66页。
③ 〔英〕阿诺德·托因比、维罗尼卡·M.托因比编著《欧洲的重组》，劳景素译，上海译文出版社，1981，第413页。
④ 1945年8月成立，1953年2月改称为南斯拉夫劳动人民社会主义联盟。
⑤ 马细谱：《南斯拉夫兴亡》，第202页。

二　建立南斯拉夫联邦的意义

在近代民族解放进程中，南部斯拉夫各民族一直存在建立所有南斯拉夫人联合国家的梦想与尝试。第一南斯拉夫的建立首次实现了数个南部斯拉夫人的联合，但是，它充满了大塞尔维亚主义的色彩，还有不少民族没有被联合进来。二战临近结束时，"两种旧的思想——联邦制和中央集权制，南斯拉夫各民族联邦的思想和'大塞尔维亚'的思想在新的历史阶段以新的形式再度碰撞"①。不过，这次联邦的主张战胜了集权的主张。与此前不同的是，主张联邦的代表者为共产党人。在当时，只有"南斯拉夫共产党才能把国家的不同民族联结在一起；南斯拉夫共产党也是遍及整个南斯拉夫的唯一组织；只有它才具有把南斯拉夫看作是各民族的南斯拉夫思想"，与"把南斯拉夫只看作是'塞尔维亚人的南斯拉夫'、'克罗地亚人的南斯拉夫'或'斯洛文尼亚人的南斯拉夫'等"形形色色的大民族主义思想形成鲜明对立。② 总之，共产党人领导和促成了南部斯拉夫人联合成为一个共同国家的第二次尝试，实现了组建南斯拉夫联邦国家的梦想，甚至在一定程度上也实现了巴尔干各民族联合的夙愿。

与南斯拉夫王国相比，第二南斯拉夫的建立过程以及建国原则都充分体现了南共对民族平等与民族权利的重视。阿夫诺伊第二次会议通过了以联邦制组建新的国家的决定："为了实现南斯拉夫人民的主权原则，使南斯拉夫成为各族人民的真正祖国，并在任何时候都不做任何霸权主义集团的领地，南斯拉夫要根据联邦原则来进行建设，而这一原则将保证塞尔维亚人、克罗地亚人、斯洛文尼亚人、马其顿人和黑山人的宣传平等，即保证塞尔维亚人民、克罗地亚人民、斯洛文尼亚人民、马其顿人民、黑山人民及波斯尼亚和黑塞哥维那人民的完全平等。"③ 该项决定还强调新的南斯拉夫国家将保证各个少数民族的所有民族权利。第二南斯拉夫建立后，铁托发表文章指出：新成立的国家"具有和旧南斯拉夫完全不同的社会制度，

---

① 〔俄〕А. Г. 扎多欣、А. Ю. 尼佐夫斯基：《欧洲的火药桶——20 世纪的巴尔干战争》，第188 页。
② 〔英〕本·福斯凯：《东欧共产主义的兴衰》，张金鉴译，中央编译出版社，1998，第 65 页。
③ 〔南斯拉夫〕杜尚·比兰吉奇：《南斯拉夫社会主义联邦共和国史纲》，第 114 页。

它对广大人民群众来说，是个好得多和公正得多的制度。南斯拉夫联邦人民共和国成立了。共和国代替了旧的无能的君主专制。新的国家在新的民主原则的基础上正确地解决了民族问题，具有新的社会经济结构"①。

同样，1946 年南斯拉夫联邦国家建立后出台的宪法还明确规定各民族拥有自决权包括分立权，联邦国家是各平等民族自愿联合的共同体。对比1921 年的《维夫多丹宪法》，1946 年宪法在民族平等、公民权利等方面制定了更加具体的规定。其中，宪法第二十一条、第二十三条和第二十四条分别规定，南斯拉夫联邦人民共和国公民，不分民族、种族及宗教，在法律上一律平等，并享有平等之权利；凡是满十八岁的公民，不分性别、民族、宗教、受教育程度、居住地区，皆享有选举权和被选举权；妇女在政治、经济、社会等生活的各方面享有相同于男子的权利。② 另外，根据 1946年的宪法规定，南斯拉夫联邦国家还设立了由联邦院和民族院构成的人民议会，同时各联邦单位拥有独立制定宪法的权利。总之，各民族在政治上、经济上以及在发展本民族的文化和语言上都享有平等的权利。共和、联邦的性质使得南斯拉夫联邦国家完全不同于历史上的南部斯拉夫联合国家或更早的王国，其进步意义非常明显。

除了宪法层面的意义，二战后建立的南斯拉夫联邦在国家实力上也有了很大改变。二战和新的国家建立使第二南斯拉夫把它的领土面积扩大了8000 多平方公里。南斯拉夫王国建立时斯洛文尼亚民族和克罗地亚民族的一些历史居住区仍被意大利占领，斯洛文尼亚北部的部分卡林西亚（Carinthia）地区仍处于奥地利管辖。南联邦建立后，克罗地亚的全部失地和斯洛文尼亚的部分失地收回。③ 同时，与南斯拉夫王国期间只有塞尔维亚民族、克罗地亚民族、斯洛文尼亚民族作为国家的主体不同，第二南斯拉夫不仅包括这些民族还有黑山民族、波黑穆斯林以及马其顿民族，同时科索沃和伏伊伏丁那地区也成为联邦的主体。第二南斯拉夫实现了各民族

---

① 《铁托选集（1926-1951 年）》，第 276～277 页。
② 参见世界政治家网，http://www.worldstatesmen.org/Yugoslavia_1946.txt；James K. Pollock ed., *Change and Crisis in European Government*，Appendix Ⅲ，New York：Rinehart，1947，pp. 215-245。
③ 参见赵乃斌、汪丽敏《南斯拉夫的变迁》，第 39～40 页。

"兄弟友爱、团结与统一"的追求，使历史上遗留的民族问题在一段时期里得到了缓解。在各民族的共同努力下，第二南斯拉夫很快就恢复了国内生产，实现了经济的快速增长，成为巴尔干地区乃至对世界来说都很有影响力的国家。

虽然第二南斯拉夫不是所有南部斯拉夫人的联合国家，至少保加利亚人没有被包括在内，但它无疑是历史上南部斯拉夫人的最大联合。虽然这个联邦国家并没有真正实现各民族平等的原则，存在非斯拉夫民族与斯拉夫民族之间的不平等以及共和国与自治省之间的不平等，但是，这个联邦国家在宪法上赋予了各民族平等的权利。南联邦在半个世纪后解体，不少人从其源头上来寻找原因，从联邦制设计的原则上来寻找缺陷。尽管如此，第二南斯拉夫的建立在南部斯拉夫人历史上的意义是不容置疑的。

颇具讽刺意味的是，1979 年，就在铁托去世头一年，南斯拉夫学者杜尚·比兰吉奇（Dušan Bilandžić）指出：第一南斯拉夫民族间冲突激化的根本原因之一就在于大国霸权思想刺激并加速了各民族强调和强化自身发展的进程；把一个中央集权式的国家强加给多民族的共同体，这是南斯拉夫王国政治制度，特别是国家体制出现危机的原因，而那些被压迫的民族则把中央集权式的国家视为异己力量并与之进行斗争。[①] 比兰吉奇本人没有预想到其对于第一南斯拉夫的评论即将于 10 多年后在第二南斯拉夫上演，更万万没有料到离心的大民族主义对联邦国家所产生的强大破坏力。克罗地亚之春、科索沃冲突以及斯洛文尼亚的分歧表明，掌握持久力量的是构成联邦的各个民族，而非超民族的机构或任何对南斯拉夫的情感。[②] "如果大家继续留在船（南斯拉夫国家——引者注）上，后果很可能是船毁人亡；于是，大家便采取了最危险也是最后的解救办法——每个人穿着自己的救生衣，跳进风浪中'走自己的路'。"[③] 三个南斯拉夫的解体或灭亡都延续了相似的逻辑。

---

① 〔南斯拉夫〕杜尚·比兰吉奇：《南斯拉夫社会主义联邦共和国史纲》，第 25～26 页。

② Geogre Schopflin, "Nationality in the Fabric of Yugoslav Polities," *Survey*, Vol. 25, 1980, p. 1.

③ 王继鑫、孙长久：《南斯拉夫民族危机根源探析》，《史学集刊》1993 年第 2 期。

长期以来东欧各族人民把死的历史当作现时的政治。

——〔英〕艾伦·帕尔默：《夹缝中的六国——维也纳会议以来的中东欧历史》（1997），第 26 页。

由于许多世纪以来的相互争斗，巴尔干各民族只对本民族忠诚，相互之间充满了怨恨、摩擦、不信任和猜疑。

——〔美〕约翰·多恩伯格：《东欧——共产主义的万花筒》（1984），第 26 页。

那些历史上的消极面不是巴尔干的专利，甚至大多是非巴尔干国家造成的，并留在了巴尔干。

——〔保〕亚历山大·利洛夫：《文明的对话：世界地缘政治大趋势》（2007），第 182 页。

第六章
影响巴尔干联合的因素分析

从 18 世纪末到二战结束初期的巴尔干联合尝试均没有成功，部分南部斯拉夫民族联合建立的国家最终也走向了解体。造成这种现象的原因有许多，在不同的时期表现也不尽相同。前面各章对不同阶段巴尔干联合尝试未能成功的原因做出了分析，本章重点从宏观的层面结合巴尔干历史发展进程来分析影响巴尔干联合的内外因素。

第一节　影响巴尔干联合的内部因素

从地区内部来看，巴尔干是一个光怪陆离的国家和民族集合体，不是一致性而是多样性影响着该地区的过去，在历史上决定它政治命运的更多是国际政治，它只是被摆弄的对象，而不是一个主体，无论是对个别民族还是对集体而言都是如此。[①] 在漫长历史演变与民族迁徙过程中，内部异质性和排斥性不断增强，大民族主义随着国际政治的变动起伏变化，区域整合的内部动力总体显得较弱。

一　文明的多样性与差异性

巴尔干地区内部的多样性与差异性主要表现为民族繁杂、宗教多样以及各种文明并存。历史上，这里的原住民主要有伊利里亚人、色雷斯人。

---

① 参见〔美〕特里萨·拉科夫斯卡 – 哈姆斯通、〔美〕安德鲁·捷尔吉主编《东欧共产主义》，林穗芳译，黑龙江人民出版社，1984，第 5 页。

随着外族的不断入侵，这个地区出现了多次民族大迁徙，产生了民族混居现象。侵入巴尔干的民族主要有凯尔特人、日耳曼人、阿瓦尔人、斯拉夫人、突厥人、马扎尔人，他们或与当地居民混居，或被同化；有的形成新的民族，有的又演化成几个分支民族。

6～7世纪斯拉夫人和其他"蛮族"的大规模入侵，使巴尔干半岛的民族成分和文化发生重大变化。在斯拉夫人到来之前，因罗马帝国的分裂，巴尔干分为泾渭分明的东西两部分，大致以科托尔（Kotor）和贝尔格莱德为分界线，原住民色雷斯人和伊利里亚人分别受到希腊化和罗马化影响。斯拉夫人入侵后，巴尔干地区斯拉夫化代替了希腊化、罗马化和原住民文化，原住民锐减，一部分伊利里亚人直接改称为阿尔巴尼亚人。[1] 其他游牧民族或消失，或被同化。

到7世纪时，巴尔干半岛上的民族分布已经形成现在的格局：希腊人在南部，阿尔巴尼亚人在西部，罗马尼亚人在东北部，斯拉夫人则居住在从亚得里亚海到黑海的广阔地带，[2] 土耳其人在一战结束后建立土耳其国家分布在半岛的东南部。[3] 这些民族可以分为斯拉夫民族与非斯拉夫民族，前者主要有南部斯拉夫人，包括塞尔维亚人、克罗地亚人、斯洛文尼亚人、黑山人、波斯尼亚—黑塞哥维那人、马其顿人和保加利亚人；后者则有希腊人、阿尔巴尼亚人、罗马尼亚人和土耳其人。这些只是巴尔干地区大体上的民族分类，具体到各个区域民族混杂的现象非常严重。因此，巴尔干地区有"民族马赛克""民族大拼盘""民族大熔炉"等多种称谓。

民族本身不是区分文明的核心和唯一要素，语言、习俗、历史、体制、主观认同以及宗教等因素同样是文明不可分割的组成部分。在这些因素中，不少西方学者突出强调了宗教在界定文明中的地位。有学者认为，在所有

---

[1] 参见刘祖熙主编、朱晓中副主编《多元与冲突：俄罗斯中东欧文明之路》，人民出版社，2011，第13页。

[2] 参见〔美〕斯塔夫里阿诺斯《全球通史：1500年以前的世界》，第320页。

[3] 此外，在巴尔干半岛北部和西部还有匈牙利人、奥地利人和意大利人居住区，以及分散在各地的犹太人、吉卜赛人，但他们不仅不是当地的古代居民，而且也不是巴尔干国家的主体民族，因此不被论及。

界定文明的客观因素中，最重要的通常是宗教。人类历史上的各主要文明在很大程度上被基本等同于世界上的各个伟大宗教。[①] 还有学者指出，伟大的宗教是伟大的文明赖以建立的基础。[②] 不过，巴尔干各民族之间具有的相似性（特别是南部斯拉夫人）以及各民族之间的混居，使得人们很难从外貌和习俗上而需要借助语言和宗教来区别它们。除五个民族国家[③]拥有各自统一的语言外，巴尔干地区的语言分布还呈现非常复杂的特征。第一，一种语言不只是在一个民族国家的疆域内存在。希腊语流行的主要区域在半岛南部，使用这种语言的居民分布范围包括保加利亚、原南斯拉夫地区和阿尔巴尼亚中部。阿尔巴尼亚语的使用范围更大些，包括原南斯拉夫南部和希腊北部的阿尔巴尼亚族。塞尔维亚语、克罗地亚语在巴尔干半岛中西部地区都存在。第二，一个国家内存在多种语言并存的现象。例如，罗马尼亚既有不少人使用的拉丁语，又有匈牙利族人使用的乌拉尔语。最为明显的是在南部斯拉夫地区，既有斯拉夫语，也有阿尔巴尼亚语，同时在斯拉夫语中又分塞尔维亚语、克罗地亚语、斯洛文尼亚语以及马其顿语。第三，有些民族的语言本身还混杂着其他的语言。例如，阿尔巴尼亚语是色雷斯语、伊利里亚语、拉丁语、斯拉夫语和土耳其语的混合。[④] 此外，在巴尔干半岛还有许多散居的少数族群如罗姆人和犹太人，他们的语言中夹杂着其所在地的方言。所以，巴尔干半岛的"每一个小小地区，甚而一个偏僻的村庄，都必然要发展自己的语言特点"[⑤]。

巴尔干半岛相继受古希腊、罗马、拜占庭、奥斯曼帝国和奥匈帝国的统治与影响，各民族的发展进程被打上了不同文明的深深烙印。从宗教的角度来审视，"就会发现穿越巴尔干半岛的西方基督教文明和东方伊斯兰教

---

① 〔美〕塞缪尔·亨廷顿：《文明的冲突与世界秩序的重建》，周琪等译，新华出版社，2010，第21页。

② Christopher Dawson, *Dynamics of World History*, LaSalle, IL: Sherwood Sugden Co., 1956, p. 132.

③ 在不同的历史时期，巴尔干地区民族国家的数目也是不同的。这里所指的五个民族国家是指一战结束前后出现的阿尔巴尼亚、保加利亚、希腊、罗马尼亚和南斯拉夫。

④ Martin E. Huld, *Basic Albanian Etymologies*, Columbus, Ohio: Slavica Publishers, 1984, pp. 36 – 38.

⑤ 〔美〕乔治·霍夫曼、〔美〕弗雷德·华纳·尼尔：《南斯拉夫和新共产主义》，张造勋等译，商务印书馆，1963，第42页。

文明实际上就是原来奥斯曼帝国和奥匈帝国的历史界线"①。这条历史分界线将巴尔干半岛的宗教格局绘成了这样一幅图谱：半岛西北部的克罗地亚、斯洛文尼亚和伏伊伏丁那属西方天主教拉丁文明；东南部的希腊、马其顿、塞尔维亚、黑山、保加利亚、罗马尼亚属于东正教东方文明；阿尔巴尼亚和科索沃属于伊斯兰教文明；波黑则是三种宗教、三种文明共存的地区。

这种分界的方法比较模糊，因为巴尔干各民族在自身的定位与归属上是矛盾和不确定的。比如，斯洛文尼亚、克罗地亚等国的主要民族信仰天主教，但他们是斯拉夫人。罗马尼亚的主要宗教是东正教，但其主要民族与西欧人相近，自称是罗马人的后裔。塞尔维亚、黑山和保加利亚等国的主要宗教是东正教，但在这里占主导地位的民族是南部斯拉夫人。阿尔巴尼亚的主要民族是巴尔干半岛上的伊利里亚人，占主导地位的宗教却是伊斯兰教。土耳其人带有亚洲血统，主要信仰伊斯兰教，但他们在历史上或者与西方对抗，或者向西方靠拢。

多种宗教的并存与文明归属的模糊与不确定性使巴尔干各民族之间的关系更为复杂，彼此缺乏一种共同的文明认同，缺少联合成统一国家的"软纽带"。南部斯拉夫人的联合表明斯拉夫文明的认同仍然存在，但是，这种认同比较脆弱，各民族间存在较多差异。一旦广泛的、更高层面的国家认同被破坏，"各民族的宗教认同便具有了新的意义，在斗争开始后又得到了加强。多元社会群体主义消失之后，各集团便越来越认同于各自的更广泛的文化共同体，并根据宗教来自我界定"②。在近现代历史进程中，以宗教为主要内容的文明差异侵蚀了巴尔干联合的基础。族群或民族认同与国家认同并不是总能处于兼容、和谐的状态，再加上外部势力的干预，在实现国家重组时族群认同往往会消解国家认同的力量。

二 大民族主义的泛滥

民族国家是在资产阶级革命以后出现的概念和普遍的国家形态。但是，

---

① 马细谱：《巴尔干纷争》，第 30 页。
② 参见〔美〕塞缪尔·亨廷顿《文明的冲突与世界秩序的重建》，第 244～245 页。

近代以来建立的国家很少纯粹是由一个民族组成的。巴尔干地区的各个国家更是如此。它们在寻求民族解放和国家统一的过程中仍然梦想着建立由一个民族构成的国家，或者使这个国家恢复其历史上的最大疆域。然而，由于战争以及大国的安排，巴尔干各国都形成了多个民族共存的现象，没有一个国家是单纯由一个民族构成的。事实上，民族自决权不可能在每一个民族内得到实现。

由于许多世纪以来的相互争斗，巴尔干各民族只对本民族忠诚，相互之间充满了怨恨、摩擦、不信任和猜疑。[①] 随着民族解放和独立进程的推进，巴尔干各民族间的排斥心理也与日俱增。从 1804 年的塞尔维亚人起义开始，希腊人、罗马尼亚人、保加利亚人、黑山人、马其顿人以及阿尔巴尼亚人相继投入反抗奥斯曼帝国的统治中，争取民族的解放。到 19 世纪中期，巴尔干地区进入了民族觉醒时期，一些民族提出了"祖国和进步"的口号，开始具有独立和现代化的意识。[②] 1878 年签订的《柏林条约》确认了原属奥斯曼帝国的罗马尼亚、塞尔维亚、黑山的独立，保加利亚虽然有地域上的分割但也实现了独立。到这时，巴尔干大部分领土获得了解放。

然而，《柏林条约》签订后，巴尔干地区"产生了一连串的民族问题，如马其顿问题，这不仅在保加利亚而且在其他巴尔干地区都制造了民族矛盾。另外，该条约还引发了在此之前业已存在的巴尔干其他有争议的问题，并使它们尖锐化"[③]。有南斯拉夫学者指出：大国对巴尔干半岛的这次大瓜分结束了 19 世纪 50 年代以来"为在巴尔干半岛建立南斯拉夫开展的秘密的和公开的运动，以及关于巴尔干合作和联邦的协议；开创了各种民族利己主义的时代，因为这些民族利己主义是在巴尔干半岛划分为势力范围这种后果的基础上产生的"[④]。

这种民族利己主义即大民族主义，几乎在巴尔干每一个国家都存在。

---

① 参见〔美〕约翰·多恩伯格《东欧——共产主义的万花筒》，楼小燕、柯国淳译，浙江人民出版社，1984，第 26 页。

② 参见李丹琳编著《列国志·匈牙利》，社会科学文献出版社，2006，第 53 页。

③ 马细谱：《巴尔干纷争》，第 12 页。

④ 〔南斯拉夫〕伊万·博日奇等：《南斯拉夫史》（上册），第 456 页。

巴尔干大民族主义的思想基础是：怀念本民族在中世纪的辉煌，渴望在巴尔干建立更强大的本民族国家，把矛头指向那些尚未获得独立的国家和地区，追求得到更多的土地和居民，试图把同宗同族同一文化和风俗习惯的民族统一到自己的疆界之内。他们都梦想在摧毁奥斯曼帝国大厦的同时，恢复本民族在某一个历史时期的大国范围，实现地区霸权地位。① 比如，希腊幻想恢复拜占庭帝国的疆界，实现"大希腊"或"伟大思想"；塞尔维亚向往昔日斯特芬·杜尚王国时期的"大塞尔维亚"；保加利亚竭力要再建横跨巴尔干东西半岛的"大保加利亚"，至少要恢复圣斯特法诺规定的保加利亚领土；克罗地亚主张实现将受奥匈帝国统治的南部斯拉夫国家置于其保护之下的"大克罗地亚"；罗马尼亚、阿尔巴尼亚甚至面积较小和人口较少的黑山都有实现其国家领土最大化的大民族主义及其方案。② 巴尔干大民族主义的情绪在《柏林条约》签订后日益膨胀，到 20 世纪初在奥斯曼帝国境内还出现了"大土耳其主义"或"泛突厥主义"③。

在这种大民族主义思想指导下的巴尔干各国将"死的历史当作现时的政治"。没有获得独立的民族希望实现民族的解放和统一，实现独立后的民族又不满足于现实的领土状况，竭力把自己的统治扩张到相似的民族或有关的民族中去，而不管后者是否同意。这样，原来求解放的民族主义堕落成了侵略、排外类型的大民族主义。④ 从大民族主义中滋生的对立与排斥情绪在 20 世纪初的数场战争得到了释放，但战争结束后新的对立情绪又产生了。20 世纪 30 年代巴尔干联盟运动期间，少数民族问题成为争执焦点。所以，有学者这样总结道："东欧，特别是其南部，是多个民族不可救药地混合在一起的地区，把它们安排进一个单独的实体实际上是不可能的。在巴

---

① 马细谱：《巴尔干纷争》，第 24 页。
② 关于巴尔干各国大民族主义的具体内容，参见马细谱《巴尔干纷争》，第 24～28 页；金重远《巴尔干：历史与现实》，《复旦学报》（社会科学学报）1996 年第 6 期，第 3～5 页；〔南斯拉夫〕兰科·佩特科维奇《巴尔干既非"火药桶"又非"和平区"》，第 6～7 页；Vladimir Ortakovski, *Minorities in the Balkans*, pp. 36–40.
③ 由 20 世纪初青年土耳其党人提出。他们一方面想在制度上摧毁病入膏肓的奥斯曼帝国；另一方面又谋求恢复帝国的疆界，统治土耳其境内外一切操突厥语系和非突厥语系语言的民族，重建土耳其大帝国。参见马细谱《巴尔干纷争》，第 27 页。
④ 参见〔美〕爱·麦·伯恩斯《当代世界政治理论》，曾炳钧译，商务印书馆，1983，第 424 页。

尔干地区，土耳其人撤走后便不断爆发剧烈的冲突。第一次世界大战在那里开始，二战期间克罗地亚人和塞尔维亚人相互残酷地屠杀。现在这些仇恨再一次表面化了。"①

在大民族主义思想笼罩下的巴尔干地区，很难实现各民族的联合。在民族解放运动时期，巴尔干革命民主主义者和资产阶级政治家提出巴尔干联合的初衷主要是反对外族压迫、实现民族解放。然而，他们都充满大民族主义思维，都试图通过巴尔干联合恢复本民族历史上的最大疆域，所以他们的主张不可能获得最广泛的民众支持。民族国家独立后，它们又因民族问题或领土争端冲突不断，领土维持与收复的张力消解了联合的基础。南斯拉夫王国和南联邦的建立体现了各民族向往统一的愿望，但它们最终走向解体也与大民族主义的泛滥密不可分。

三　主导力量与民众基础的缺乏

由于巴尔干地区认同的缺乏和大民族主义的泛滥，各民族的精英缺乏消除差异的共识与能力，特别是缺乏对巴尔干联合事业的一种共同担当。同样，巴尔干内部缺少具有领导能力和权威的国家，无论塞尔维亚还是希腊，它们与西欧列强相比都是"小国寡民"，区域的构建受制于外部强国。② 在历史上，巴尔干地区没有一个或多个国家有能力或得到其他国家的信任来推动联合的实现，自始至终没有出现一个主导力量。此外，由于长期遭受帝国或王国的统治，巴尔干民众对于半岛命运以及巴尔干整体的观念也非常薄弱。这就是使得巴尔干联合运动缺乏推动力和民众基础。

18 世纪末以来各种各样的巴尔干联合思想和主张均很难在巴尔干地区的精英中形成共识和强大的力量。巴尔干联合的思想，即社会民主党人、共产党人以及农民党人提出的巴尔干联邦主张获得较多民众的支持是在一战前后。两次世界大战期间，巴尔干会议的召开使巴尔干联盟的理念在半岛广泛传播，但是，各国精英缺乏一种历史的责任感。各个国家都希望自

---

① Regina Cowen Karp ed., *Central and Eastern Europe: The Challenge of Transition*, London: Oxford University Press Inc, 1993, p. 34.

② 孙兴杰：《"东方问题"与巴尔干化的历史根源》，第 294 页。

己在联盟运动中获得主导权。1929 年希腊代表团提出将"巴尔干协约研究所"总部设在雅典的建议引起了争论。同样，1934 年巴尔干会议第十次理事会将伊斯坦布尔确立为巴尔干会议的总部所在地后，南斯拉夫代表团宣布拒绝举办下次会议。在四届巴尔干会议上，各国代表团的主张往往是以本国利益的最大化或者本国最为关切的问题为基点。当历史问题尤其是少数民族问题被提出来时，他们并没有采取循序渐进解决问题的策略和求同存异的态度来协商，反而将问题扩大化，要么选择退会，要么坚持不妥协，缺乏一种对共同命运的担当精神。

另外，在推动巴尔干联合的过程中，精英们的策略运用不当，既缺乏统一的路线图，又急于求成。社会主义者尤其是社会民主党人提出建立巴尔干联邦的主张，但没有任何具体的设计与构想，所要建立的联邦目标也非常含糊。尽管 20 世纪 30 年代在推进巴尔干联盟运动过程中出现了经济、社会以及其他领域的"溢出效应"，但是，各国代表团一直在是先推动经济联合还是先实现政治联合的问题上争论不休，缺乏统一的目标设计。保南联邦计划亦是如此，保南双方一直就保加利亚在拟建立的联邦中的身份地位问题争论不止，而没有从整个南部斯拉夫民族联合的立场来推动计划的落地。保南双方没有就未来的联邦进行过长远的构想与设计，双方的出发点主要在于让自己争得组建联邦的主导地位。

民众的意愿对于能否实现巴尔干国家的联合也很重要。对民众的意愿很难进行量化和观察，只能借助各个国家的政治环境来衡量。从巴尔干的历史来看，各民族国家建立的次序并不是完全同步的。从第一个获得独立地位的希腊算起，到一战结束后多数民族国家获得独立和统一，前前后后经历了近百年。这种非同步性使巴尔干各民族很难形成整体利益和共同关切，从而失去了联合的机会。另外，一些巴尔干国家虽然不同程度地拥有民主的传统，但是，真正全部实行西方民主体制是在冷战结束之后。在王朝统治或独裁统治下的民众没有民主选择的意愿及观念，"巴尔干人的巴尔干"观念也很难在整个半岛传播并形成共识。这种整体利益和共同观念的缺失不利于巴尔干联合的实现。

总之，巴尔干各国最大的特点就是领土面积小、民族众多，在历史演进过程中，巴尔干文明的多样性与差异性①、大民族主义的泛滥以及主导力量与民众基础的缺乏共同阻碍了巴尔干各民族的联合。这并不是说巴尔干地区的多样性和差异性使得巴尔干联合寸步难行，关键是这种多样性中难以产生同一性，差异性中没有产生包容性。大民族主义使各民族产生了互斥性，消解了联合的基础。这种差异与互斥还削弱了巴尔干联合的推力和民众基础。尤其到了近代，这些特征随着国家主权原则的出现以及大国势力的介入日益显现。

第二节　影响巴尔干联合的外部因素

对立的另一面是联合，冲突的发展则是战争。在巴尔干地区，引发战争和冲突的因素在很大程度上可以从外部来寻找，② 破坏巴尔干联合的因素亦是如此。外部环境对巴尔干联合的影响主要表现为大国通过战争及其安排来实现对巴尔干内部的强制组合。从一定程度上讲，巴尔干各国独立后均对自己的边界线表示不满意，它们的边界线多半是各方妥协或其中一方无法选择而由大国强加的结果。西方学者也毫不隐讳地指明了这一点：划定边界"历来是欧洲各大国首都老练的政治家们自许的特权；边界是相互嫉妒对方利益的外交官们达成妥协的结果；绝少符合当地人民的心愿"③。甚至可以说，作为一个独立的区域，巴尔干的边界尤其是认同的边界是在

---

① 上文只是从民族、语言以及宗教角度分析了巴尔干地区文明的多样性与差异性。这里仍需要补充一点的是，大国对该地区的介入使巴尔干的文明差异更加明显。巴尔干地处十字路口，自古希腊、罗马时期以来，各种文明不断在这里交汇。这里不仅有大国文明的对抗，而且巴尔干各民族的文化中也深深打上了大国文明的烙印。拜占庭帝国的统治使斯拉夫东正教文明逐渐得到发展，奥斯曼帝国的入侵以及奥匈帝国的统治使得伊斯兰文明和天主教文明在这里扎根。俄国（苏联）、德国、英国和美国的介入使巴尔干文明的差异性充分显露，该地区时常"飘移不定"。因此，从历史演进的过程来看，巴尔干地区尤其是南部斯拉夫各民族的族群认同在推动民族联合与国家建立过程中既发挥过积极作用，也起到过消极影响。

② 有学者认为，巴尔干半岛的冲突来源显然在这个区域之外，大国的介入以及对本区域实情的忽视导致了冲突与战争。参见 Arnold J. Toynbee, *The Western Question in Greece and Turkey: a study in the contact of civilisations*, Boston and New York: Houghton Mifflin Co., 1922, pp. 16 – 18。

③ 〔英〕艾伦·帕尔默：《夹缝中的六国——维也纳会议以来的中东欧历史》，第 53 页。

与外部"他者"的互动过程中形成的。①

19 世纪初,巴尔干地区掀起的民族解放和国家统一的浪潮大体经历了这样的历程。从 1821 年希腊宣布独立起,罗马尼亚于 1877 年宣布独立,于 1918 年形成统一的民族国家,保加利亚于 1878 年获得解放,塞尔维亚、黑山在 1878 年被承认独立并于 1918 年联合组成塞尔维亚人—克罗地亚人—斯洛文尼亚人王国,阿尔巴尼亚于 1912 年宣布独立,土耳其于 1923 年成为奥斯曼帝国的继承国。可见,巴尔干各国获得独立具有较强的非同步性。出现这样的非同步性与欧洲大国的争夺密切相关,因为"在这里没有欧洲列强的参与,任何解决都不可能作出,即便是作出了,接踵而来的必定是在欧洲列强之间划分势力范围和瓜分领土"②。

在这些瓜分浪潮中,1878 年是一个重要的分水岭,也是巴尔干各民族形成积怨的重要开端。正是同年出台的《柏林条约》大体规定了此后该地区各主要民族之间的交往方式。早在 1861 年,摩尔多瓦公国和瓦拉几亚公国联合成为统一的罗马尼亚国家,但直到签订《柏林条约》,它才得到欧洲各大国的正式承认,但代价是将比萨拉比亚划归俄国。塞尔维亚和黑山对奥匈帝国的占领愤怒不已。最为不幸的是保加利亚,根据《圣斯特法诺条约》建立起的大保加利亚国家只在三个月内便遭《柏林条约》的肢解。《柏林条约》使保加利亚一分为三:藩属自治的保加利亚公国、行政自治的东鲁米利亚省以及依旧在土耳其直接统治之下的马其顿地区。③《柏林条约》对巴尔干各民族的自身利益视而不见,留下了许多影响后来巴尔干地区稳定与和平的民族问题。其中,马其顿问题就是一个显著例子。所以,"许多研究巴尔干问题的专家认为,巴尔干地区的民族问题正是从 1878 年开始的。在此之前,巴尔干半岛并没有人称它为'欧洲的火药桶',只是在《柏林条约》签订后,它才成为欧洲的多事之地区"。④

20 世纪初,阿尔巴尼亚在六大国的控制下于 1912 年获得了独立,但独立后的领土与人口均不符合其期望。一战结束后巴尔干多国获得独立,但

---

① 孙兴杰:《"东方问题"与巴尔干化的历史根源》,第 292 页。
② 〔南斯拉夫〕伊万·博日奇等:《南斯拉夫史》(上册),第 367 页。
③ 王绳祖总主编《国际关系史》(第三卷),世界知识出版社,1995,第 47 页。
④ 马细谱:《南斯拉夫兴亡》,第 41 页。

欧洲各大国给巴尔干国家开具的"出生证"都带有各种限制条件。拿着这些"出生证"面世的巴尔干国家都是或有"内伤"或"肢体不全"的"残疾国家"。①　其中，以对保加利亚马其顿地区分割产生的后遗症最重。1919年的和平安排只不过是"重新确认了保加利亚的损失……把保加利亚同塞尔维亚和希腊的边界做了进一步不利于保加利亚的修改，并原封不动地保留了1913年的明显不公平的与罗马尼亚的边界"②。

两次世界大战期间，获得独立后的巴尔干各国为维持或修正领土现状追随不同的大国。南斯拉夫和罗马尼亚跟随法国并和捷克斯洛伐克成立了小协约国，阿尔巴尼亚成为意大利的保护国，保加利亚致力于修正《凡尔赛和约》并在二战爆发后加入了德意阵营。二战结束后，尽管一系列条约对巴尔干各国边界进行了调整，但仍依然留下了许多有争议的问题，如希保南间的马其顿问题、希阿间的北伊庇鲁斯问题、保加利亚的土耳其人问题、保罗间的多布罗加问题。同时，巴尔干国家与域外国家也存在不少有争议的问题，如罗匈间的特兰西瓦尼亚问题和罗俄间的比萨拉比亚问题。③上述问题有的后来获得了解决，有的被掩盖了起来，有的时常甚至到今天还在发酵。

可见，巴尔干各"民族先后建立的国家此起彼伏、兴衰交替，但是其命运却始终脱离不了拜占庭帝国和其他帝国势力交相争霸的影响。而且这种影响使巴尔干半岛各民族在反抗帝国统治的同时也纷纷效仿帝国的模式来构建国家，竞相扩张称霸，结果演出了一幕幕'你方唱罢我登场'的国家演进历史剧。在这种相互征服的建国历史中，斯拉夫人的各民族乃至巴尔干半岛的各民族之间，都不同程度地结下了征服与被征服的历史积怨"④。

因此，1878年之前，巴尔干革命民主主义者的巴尔干联合思想在奥斯曼帝国以及奥匈帝国的严密控制下是很难实现的。同样，以摆脱帝国统治

---

① 参见孔寒冰《多种文明视角下的中东欧社会发展》，《国际政治研究》2010年第4期，第9页。
② 参见〔英〕E. H. 卡尔《两次世界大战之间的国际关系 1919 - 1939》，第8页。
③ 关于这些问题的来龙去脉及其对巴尔干国家间关系的影响，参见马细谱《巴尔干纷争》，第 329～367、159～238 页。
④ 郝时远：《帝国霸权与巴尔干"火药桶"》，第 18～19 页。

谋求南部斯拉夫人联合的计划也缺乏可行性。1878 年以后，随着少数巴尔干国家获得独立或自治权利，特别是社会主义政党相继出现，巴尔干联邦的主张逐渐获得了民众的支持。但是，大国对巴尔干争夺的白热化以及这些国家自身仍处于王国统治中，使得这些主张仍然难以实现。两次世界大战期间的和平环境使实现巴尔干联盟的方式发生了改变，但是巴尔干各国残留的问题以及摇摆于大国之间的政策使得政府当局将注意力主要集中于领土的维护或收复以及国内的稳定上。随着欧洲形势趋于紧张，半官方的巴尔干联盟运动难免遭到失败的厄运。尽管保南联邦计划的两个主体国家间存在诸多分歧，但使计划未能实现的致命因素是冷战格局的形成特别是苏南关系的恶化。同样，在南联邦的解体过程中，西方大国的和平演变也起到了推波助澜的作用。

在以大国为主导的国际关系体系中，弱小国家或地区的命运是很难自主的。对于那些实力非常弱小的民族来说，如果没有外界强有力的支援，民族独立之路肯定会更加艰难，或者根本就是一个不可能实现的梦想。或者即便暂时取得了成功，也可能会重新回到原点。[①] 进入近代以来的巴尔干各主要民族之间实力相当，在它们基础上形成的国家也都是小国。处于大国夹缝中的地位使它们在选择发展道路的关键时刻，往往仰仗大国或大国集团的保护，因而极易受到国际关系变动的影响。然而，大国不希望也不允许出现一个联合的、强大的巴尔干联合国家。对于南部斯拉夫人的联合来说同样如此，它们的命运似乎只能在分分合合的梦想与现实中挣扎。

另外，由于大国的介入与利用，巴尔干地区内部的差异性不断被放大，联合的基础不断被侵蚀。长期的异族统治与大国介入使得巴尔干地区的疆界不断发生变化，民族混杂性极高，文明的多样性与复杂性不断加深。在这种生存环境下演进的巴尔干各种文明夹杂着强烈的排外性与暴力色彩，这也是独裁政权在巴尔干地区频频得势和各国产生冲突的重要诱因。

如果说在民族解放运动时期，巴尔干联合和南部斯拉夫联合的主张与计划在内部大民族主义的冲突与外部大国的拉扯中流于破产，那么，民族

---

① 汪树民：《论外部力量与民族国家的建立及演变》，《西南科技大学学报》（哲学社会科学版）2011 年第 1 期，第 20 页。

国家独立后，巴尔干联合尝试的失败以及南斯拉夫国家的解体在很大程度上是外部大国或大国集团干预的结果。诚如有学者指出的，巴尔干各国的"生"、"死"和"怎样活着"等重大问题一般是由大国决定的。[①] 未来巴尔干各个国家"怎样活着"在很大程度上仍不是其自己说了算。在这样的外部环境中，无论何种形态的巴尔干联邦或巴尔干联盟都是很难实现的。

---

① 参见孔寒冰《多种文明视角下的中东欧社会发展》，第 8 页。

何谓民族？为什么荷兰是民族，而汉诺威（Hanover）和帕尔玛大公国（the great duchy of Parma）却不是？

——〔法〕厄内斯特·勒南：《民族是什么？》（1882），第 4 页。

密纳发的猫头鹰要等黄昏到来，才会起飞。

——〔德〕黑格尔：《法哲学原理》（1821），序言

在巴尔干，历史并不像在西方那样，被认为是沿着纪年的顺序前行。相反，历史转着圈儿跳跃，以圆圈的形式运动。

——〔美〕罗伯特·卡普兰：《巴尔干两千年：穿越历史的幽灵》（2018），第 80 页。

代结束语

实际上，无论从巴尔干联合还是从南部斯拉夫联合的角度看，本书在上一章就应该画上句号了。然而，就像马克·吐温所讲的："历史不会重演细节，过程却会重复相似。"人类发生的已知历史与未来的长河相比，仍然显得短小许多。我们无法预知未来，同样也难以断言历史相似的一幕定将再现。但可以说，在我们熟悉的现代民族国家知识范畴内，历史重演并非没有可能。美国学者罗伯特·卡普兰更是一针见血地指出："在巴尔干，历史并不像在西方那样，被认为是沿着纪年的顺序前行。相反，历史转着圈儿跳跃，以圆圈的形式运动。"①

民族与国家之间的关系既非常密切又极其复杂。事实上，对于国家的构成要素，仁者见仁，智者见智。自20世纪末以来，历史思考中一个很有影响的理论是对国家进行重新界定，把国家看作一个现代现象，认为国家是18世纪启蒙运动和工业革命的产物。根据这一观点，如果没有现代意义上自治政府和多数公民的自愿参与，那么国家是不可能出现的。也有人不断重提与此不同的观点，即在人类社会的发展中，称得上"种族"的人类群落是始终存在的。那么，为什么有许多这样的群落不可以被称为"国家"呢？②

因此，基于"何以为国"的视角，对当下的巴尔干，严格地说是西巴尔干，仍然有一些值得讨论的话题需要加以展开。

在本书开篇，笔者提出了"科索沃是主权国家吗？""波黑会解体吗？"

---

① 〔美〕罗伯特·卡普兰：《巴尔干两千年：穿越历史的幽灵》，第80页。

② 〔英〕罗德里克·比顿：《希腊三百年》，第Ⅷ页。

"西巴尔干一词必将消失吗？""'开放巴尔干'的提出和南斯拉夫有何关联？"等一系列问题。当下，这些问题似乎没有一个能够给出确切的答案。同时，它们又或许在未来的某个时期变成一种现象或趋势。更为重要的是，这些问题彼此既不完全相关，又不能彻底分离，但都是理解当前巴尔干的根本所在。

关于科索沃主权，迄今仍是一个悬而未决而且短期内也看不到走向的问题。2008年2月，科索沃单方面宣布脱离塞尔维亚"独立"。表面上看，"科索沃最终地位问题"获得了解决，实则使塞科关系变得愈加紧张与复杂。目前，虽然全世界有100多个国家承认其独立地位①，但是对加入联合国等国际组织它仍是望尘莫及。也就是说，国际社会对此看法不一，没有承认科索沃独立的国家仍有很多。所谓的"科索沃主权"只不过是一些美西方国家的"霸权衍生品"和"民主实验场"罢了。在欧洲，如果说西班牙、希腊、罗马尼亚、斯洛伐克以及塞浦路斯五个欧盟成员国乃是由于本国同样存在可能的分离问题一直没有承认科索沃独立，那么，波黑的不承认既有自身的原因也有塞尔维亚的因素。与其说波黑及其他五个欧盟成员国对塞尔维亚给予了法律和道义的支持，不如说它们担心自己会成为"下一个塞尔维亚"，国将不国。事实上，科索沃单方面独立的先例是十分有害的。至少在巴尔干，社会主义时期与科索沃具有同样自治省地位的塞尔维亚伊伏伊丁那地区、罗马尼亚匈牙利族人聚居的特兰西尼瓦亚地区

---

① 据科索沃方面统计，截至2021年12月1日，世界上共有117个国家承认科索沃独立。117个国家列表和承认时间，请参见 https://www.kosovothanksyou.com/，访问日期：2021年12月3日。有意思的是，该网站"只做加法，不做减法"。事实上，过去几年，在塞尔维亚的外交攻势下，有不少国家撤销了对科索沃的承认。比如，2018年2月，马达加斯加在承认不到半年后又撤销承认科索沃独立，参见 "Madagascar revokes its recognition of Kosovo," December 7, 2018, http://www.tanjug.rs/mobile/full－view_en.aspx？izb＝447062，访问日期：2021年12月1日。2018年11月，格林纳达、多米尼加、苏里南、利比里亚、圣多美和普林西比、几内亚比绍、布隆迪、巴布亚新几内亚、莱索托和科摩罗等10个国家宣布撤销承认。参见 "Confirmed：10th country revokes recognition of Kosovo," November 7, 2018, https://www.b92.net/eng/news/politics.php？yyyy＝2018&mm＝11&dd＝07&nav_id＝105462，访问日期：2021年12月1日。2019年8月，随着多哥撤销承认，塞尔维亚宣布已经有15个国家撤销承认科索沃独立。"15 countries, and counting, revoke recognition of Kosovo, Serbia says," August 27, 2019, https://www.euractiv.com/section/enlargement/news/15－countries－and－counting－revoke－recognition－of－kosovo－serbia－says/，访问日期：2021年12月1日。

以及波黑塞族共和国都隐藏着相似的风险。这就解释了当塞尔维亚和科索沃在 2013 年宣布签署一项关系正常化协定时，波黑内部异常躁动，塞尔维亚族政治家要么表示协定有悖塞尔维亚族的利益，要么表示波黑塞族共和国同样有权获得独立。① 同时，由于科索沃北部存在大量塞尔维亚族人，如果对他们的权力和利益处理不当，又或可能出现一个"科索沃的'科索沃'"。可以说，"科索沃模式"的演进似乎伴随着这样一对矛盾，即"巴尔干属于巴尔干人民"的权利与欧美强调的民主自由在发生冲突。诚如有学者警示：科索沃的趋势很危险，因为美国和北约为保护多民族的科索沃（multi – ethnic Kosovo）实际上却创造了一个单一民族的科索沃（mono – ethnic Kosovo）。② 一言以蔽之，科索沃地位问题不仅深刻影响西巴尔干多国的国家构建进程，也给人们思考西方民主自由与主权独立的虚假提供了空间。

关于波黑前景的问题，的确既令人着迷又让人担心。2015 年至 2017 年的近三年的时间里，笔者有幸在波黑从事外交工作，深深感受了这里人们诉说往事时的唏嘘叹息，切身体会了历史对于现实生活的巨大投射，理解了人们对于未来的躁动不安。当在波黑大地行走并真实看到波什尼亚克族、塞尔维亚族和克罗地亚族三大主体民族的自我标注时，当读到只有 9% 的波黑人满意而有高达 86% 的人不满意国家发展的现状时③，当听到有关"塞族共和国或并入塞尔维亚，或实现独立"的言论④频出时，笔者不免浮想联翩，更加迷惑于西方学界对于"波黑究竟是不是小南斯拉夫的讨论"。单纯从民族构成形态上看，波黑和南斯拉夫极为相似。然而，从国家的形成与

① 参见徐刚《塞尔维亚和科索沃谈判：背景、进程与展望》，《俄罗斯研究》2013 年第 5 期，第 183 页。

② Damian Popolo, *A New Science of International Relations：Modernity，Complexity and the Kosovo Conflict*, Farnham：Ashgate, 2011, p. 207.

③ "New Bosnia and Herzegovina Poll：Citizens Pessimistic About Future；Vulnerable to Outside Influence," June 19, 2018, https：//www. iri. org/resource/new – bosnia – and – herzegovina – poll – citizens – pessimistic – about – future – vulnerable – outside，访问日期：2021 年 11 月 20 日。

④ 2021 年 11 月以来，波黑塞族领导人有关"塞尔维亚族从所有国家机构撤离、塞族共和国将于 2030 年独立"的言论加剧了波黑的局势紧张。参见徐刚《波黑会再爆发冲突吗》，《世界知识》2022 年第 3 期，第 42 ~ 43 页。

维系的角度看，为什么南斯拉夫解体了而波黑作为独立主权国家存在了下来？为什么不少波黑民众怀念南斯拉夫而对波黑缺乏认同？为什么西方多数国家推动并承认科索沃独立而最大限度地打压有关波黑塞族共和国的分离言行？深入回答这些问题恐怕需要了解更多更深的国际政治背景。然而，讨论波黑的国家形态特别是将其与南斯拉夫相比较的目的在于揭示现代民族国家的规模和边界是较为模糊的。更加令人深思的是，一个单方面宣布独立的"国家"——科索沃和一个与南斯拉夫似曾相识的国家——波黑缘何彼此敌视。虽然人们无从知晓这究竟是对南斯拉夫国家解体产生的惋惜①，还是对南斯拉夫解体不够彻底的鞭挞，但有一点是确凿无疑的，那就是所谓边界并不是这个地区的国家能自己说了算的。

前面提到，所谓西巴尔干概念的提出，是欧盟确定吸收这些国家融入欧洲一体化后使用的一个政治地理词语，是欧盟的一项发明创造。要不然，为何没有"东巴尔干"之说呢？在实践中，随着克罗地亚 2013 年入盟，该国被排除在欧盟的西巴尔干语义之外。循此逻辑，而且在欧洲一体化不会出现逆转的情况下，在六个成员加入欧盟后西巴尔干一词也将自动消亡，成为历史。对于六个成员来说，西巴尔干一词在很大程度上更是一种荣誉的象征，即欧盟的大门对它们是敞开的，尽管自身加入的步伐有些慢，但是与同欧盟维持一种较为紧密关系但并没有入盟前景的东部伙伴关系、地中海联盟的成员相比，西巴尔干成员被欧盟当作"自家人"看待。因此，虽然欧盟特别是一些成员国时常对六个成员另眼相看，西巴尔干成员也心怀怨言，但并没有也不大可能脱离欧洲一体化的轨道。近些年来，欧盟以及德国等成员国对西巴尔干出台了各种新政策，加大了与西巴尔干成员互动的频率。② 从西巴尔干成员的角度看，所谓的"西巴尔干"身份并不具有

---

① 从另一层面我们可以看到，南斯拉夫怀旧（Yugonostalgia）已经成为一个研究领域。此外，还有纪念南斯拉夫的网站，如 https：//rememberingyugoslavia.com/，在后南斯拉夫国家不时会有关于南斯拉夫看法的调查。

② 2018 年 2 月 6 日，欧盟委员会通过新的西巴尔干扩大战略《西巴尔干地区可信的入盟前景与欧盟加大同该地区的联系》。参见 European Commission，"A Credible Enlargement Perspective for and Enhanced EU Engagement with the Western Balkans," February 06, 2018, https：//ec. europa. eu/commission/sites/beta - political/files/communication - credible - enlargement - perspective - western - balkans_ en. pdf，访问日期：2021 年 11 月 11 日。（接下页注）

内在的、共同的属性。换言之，"西巴尔干"只不过是这些成员为了融入欧洲一体化的战术诉求，它们也期望同克罗地亚一样尽早摆脱或者摘掉这个"荣誉"。

那么，除了融入欧洲的共同追求外，西巴尔干地区成员是否存有共同的内在动力和目标呢？如果说自2003年起西巴尔干成员将增进地区合作作为融入欧洲一体化的应有之义，那么，近几年在入盟进展明显停滞的背景下地区内部自主的倾向显著增强。一个突出的例子是"开放巴尔干"倡议的提出。从内容上看，由"迷你申根"倡议更名的"开放巴尔干"倡议主要致力于实现成员国家间基础设施互联互通，实现人员、商品、资本和服务自由流通。然而，从本质上讲，这个倡议表明，西巴尔干几个成员"以一个集团而非单独的状态同欧盟发生联系"的姿态，是这些成员向欧盟呼喊责任的突出表达。人们对于"开放巴尔干"倡议的看法不一。有评论赞许"开放巴尔干"倡议是个"划时代的想法"，是"21世纪以来西巴尔干地区最重要的合作倡议"，堪比1944年建立的"比荷卢经济联盟"和1991年成立的"维谢格拉德集团"倡议。也有分析指出，"开放巴尔干"倡议旨在组建"新南斯拉夫"。持这个观点的人认为，塞尔维亚是该倡议的主导国和发源地，其目标是复兴"大塞尔维亚主义"，以重现某种形式的南斯拉夫。

从目前趋势看，"开放巴尔干"倡议更多是一项经济倡议，并没有过多关于政治以及理想的诉求。更为重要的是，在波黑、黑山以及科索沃地区迟迟没有加入该倡议的情况下，谈论南斯拉夫的再现在很大程度上显得名不副实。饶有趣味的是，推动倡议的政治家并不热衷于看上去更具"荣誉

2020年2月5日，欧盟委员会出台"新的扩大程序"提案。3月26日，该提案获得欧洲理事会的批准。提案的一个重点内容是未来的入盟谈判将实行"章节打包"。所有33个章节分为六组，包括基本制度，内部市场，竞争力和包容性增长，绿色议程和可持续性互联互通，资源、农业和凝聚力，以及对外关系。参见徐凤江《欧盟"改进的扩大程序"新在哪儿》，《世界知识》2020年第8期。此外，继2003年之后，2018年、2020年和2021年先后举办三届欧盟—西巴尔干首脑峰会，以拉住并稳住西巴尔干地区。具体分析，参见徐刚《欧盟—西巴尔干索非亚峰会：变与不变》，《世界知识》2018年第12期；徐凤江《欧盟—西巴尔干峰会传递的政治信号》，《世界知识》2020年第12期；徐刚《欧盟—西巴尔干峰会新意不多》，《工人日报》2021年10月15日。

感"、入盟进程中标识最为清晰的"西巴尔干"之名，而是追求更加具有浓厚历史感的"巴尔干"，并且赋予"开放"的限定词，着实耐人寻味。作为域外研究者，任何妄自揣测都会显得偏颇。或许，相对历史上的封闭和边缘，开放正代表了巴尔干人的内心追求。本书试图以一个另样的视角来还原和丰富巴尔干地区的真实历史版图。同样，对于巴尔干地区的未来，我们不妨也以开放的心态去观察吧！

附录

附录一　里加斯的《革命宣言》

附录二　加拉沙宁的《略图》节选

附录三　《科孚宣言》

附录四　巴尔干会议章程

附录五　《南斯拉夫联邦人民共和国宪法》节选

附录一　里加斯的《革命宣言》①

希腊人的后裔，鲁米利亚、小亚细亚、地中海岛屿、摩尔达维亚和瓦拉几亚的居民，以及所有在令人厌恶的、可憎的奥斯曼专制下呻吟的人们，被迫逃亡并努力打破残酷的枷锁。所有的基督徒和土耳其人不带任何宗教歧视地（因为他们都是上帝的创造物和最初的孩子）认为，奥斯曼帝国苏丹颓废至极，宠信那些怪异的、嗜血的侍臣。他忘记、淡化了同情心，对无辜者施加迫害，让一度被智者们赞誉为世界上最美丽的王国沦为无序状态。

不管你属于哪个阶级、信奉哪个宗教，都难以保障生命、荣誉和财产的安全。最爱好和平的、无辜的、忠诚的公民时刻处于这样的危险境地，要么成为苏丹专制幻想的可耻牺牲者，要么成为其野蛮帮凶和无能领主，要么最终沦为（大多数情况下如此）像苏丹一样道德败坏和残忍的暴力模仿者。他们对不受惩罚但极其残酷的非人道的屠杀行为乐此不疲，而这些行径既毫无根据，又缺少审判。

——苍天！你是这种罪行的公证者。

——太阳！你每天都能看到这些残酷无情的行为。

——大地！无辜者的血液浸染了你。

谁来伸张命运的不公呢？谁会是那只洗尽这些罪孽的老虎呢？让他出现吧！他将作为迫害的敌人和证人赢得整个世界，因为流淌着人类血液的大地已无力呻吟。

直到今天，由于管理的糟糕和粗劣，以及公平法律的缺失，人们正日夜遭受着悲伤和痛楚。因此，这一次，他们要勇敢地凝望，挺起筋疲力尽的脊梁，在全世界面前武装起来，带着复仇的武器，以无所畏惧的勇气发出雷鸣般的呐喊，去赢得上帝赋予的在地球上平静生活的神圣和纯洁的权利。

因此，所有民族都应该始终坚定地以清醒的眼光审视政府，关心立法，

---

① 根据 Vassilis K. Zervoulakos 从希腊语英译的 *Revolutionary Scripts* 翻译。

并能够勇敢地与卑鄙的专制主义做斗争，拥抱先人勇夺的宝贵自由。未来任何时刻，都不允许让自己沦为暴政者的奴隶。每个人都应该有一面闪亮的镜子，照亮自己的自由、安全和幸福。法官们应该明确知道他们对守法公民的职责。立法者和行政部门的主要官员应该遵循这些准则，因为他们有着相同的职业操守，均以公民的幸福为目标。只有这样，人们追求的尊重人权和信奉自由的共和国才能得到保障。

附录二　加拉沙宁的《略图》节选[①]

塞尔维亚必须挤入欧洲大国行列，为自己的未来制定一个规划，或者说为自己制定一个国内政策，作为其在一段时期内坚定执行的原则。

斯拉夫民族的运动和激情已经显露，且永远不会停止。塞尔维亚必须了解这场运动及自己在其中的角色。

如果考虑塞尔维亚现在是什么角色、处于怎样的环境、周围有哪些民族，它就必须接受自身弱小的事实。而这种情况不能延续下去。只有与周围的其他民族联合起来才能完成塞尔维亚的未来任务。

鉴于此，塞尔维亚的规划不能只限于其当前的边界，而应努力寻求与周边其他塞尔维亚族的联合。

如果塞尔维亚不坚决执行这项政策，或者更糟糕地抛弃这一经过深思熟虑的规划，那么它会始终如一艘小船般在暴风骤雨中摇曳，直到撞上巨大的礁石，最终毁灭。

这里所期望展现的是塞尔维亚政策的内在主张。

塞尔维亚的政策

奥斯曼土耳其帝国必将解体，而这种解体可能以两种方式发生：

1. 或者帝国被瓜分；
2. 或者重建基督教的国家。

奥斯曼土耳其帝国的分裂

……

塞尔维亚必须扩张并变得强大。这一理念深植于 13～14 世纪塞尔维亚帝国的辉煌历史。历史上，塞尔维亚皇帝曾一度占领希腊帝国并几

---

① 根据 Paul N. Hehn 的论文《The Origins of Modern Pan‑Serbism‑The 1844 Nacertanije of IlijaGarašanin：An Analysis and Translation》收录的《略图》［The Načertanje (Program) of Ilije Garašanin］英文翻译。

乎将其终结，在已经毁灭的东罗马帝国基础上建立起塞尔维亚—斯拉夫帝国。杜尚皇帝已经强势接过希腊帝国的荣耀。在很长时间内土耳其人来到巴尔干打断了这一进程，但现在，土耳其的力量正在被摧毁。被打断的进程应该得到重启，塞尔维亚应重新争取自己的权利，继续被中断的事业。

……

如果就此来看待塞尔维亚帝国的复兴，那么其他的南部斯拉夫民族就能很轻易理解这种渴望并乐于接受，因为可能没有一个欧洲国家的民族有过刚才提到的奥斯曼土耳其治下的斯拉夫人的经历……

塞尔维亚人是奥斯曼土耳其统治下所有斯拉夫民族中第一个发起反抗和斗争的民族。因此，他们也首先拥有继续从事复兴事业的权利……

首先要确定与保加利亚的关系

保加利亚在所有斯拉夫国家中距离奥斯曼土耳其帝国都城最近。它在历史上也有过莫大的荣耀，拥有如今土耳其人最重要的军事阵地和一半以上的军队。

……

1. 保加利亚人缺乏教育和学习机构，所以塞尔维亚应该向保加利亚人开放学校，特别是对保加利亚年轻人，让他们到塞尔维亚来接受教育。

2. 保加利亚的神职人员多是希腊人，而非保加利亚族；因此如果能有一定数量的保加利亚年轻神职人员在塞尔维亚完成学习回到祖国，将是非常有益的。

3. 应当让保加利亚的祷告书和宗教书籍在塞尔维亚印刷。俄国已走在前面，塞尔维亚必须超过俄国。

4. 应该派遣一些可靠的和有能力的人前往保加利亚，吸引保加利亚人关注塞尔维亚，唤起他们对塞尔维亚和塞尔维亚政府的好感，让他们寄希望于塞尔维亚将为保加利亚人的解放提供帮助，为他们的幸福而努力。

塞尔维亚对波斯尼亚、黑塞哥维那、黑山和阿尔巴尼亚北部的政策

……

1. 当两个相邻的民族建立紧密的联盟时，首先需要尽可能地敞开边界，以确保交通便利和活力。但塞尔维亚与这些奥斯曼土耳其治下的民族间就像是隔着一道长城……

2. 应该让信仰东正教和罗马天主教的民族之间达成相互谅解与和谐，因为只有这样才能带来成功……

3. 同样，不仅所有的塞尔维亚法律应适用于波斯尼亚和黑塞哥维那，还应当接纳一些波斯尼亚年轻人到塞尔维亚的国家机构中工作，以便他们在政治、财政、法律、司法领域得到培训，然后返回去能运用这些才能。应当注意的是，这些年轻人应当处于特别的监控和教育之中，使他们的工作符合大一统和联合的理念。这个前提再怎样强调都不为过。

4. 应给予奥地利影响下信奉罗马天主教的民族充分注意，唤起他们对塞尔维亚的同情……

5. 整个塞尔维亚的对外贸易都掌握在奥地利的手中，这是塞尔维亚的梦魇。仅仅通过泽蒙与其他地区进行直接贸易仍旧令塞尔维亚备受折磨。因此，塞尔维亚必须找到新的安全路线，以便塞尔维亚能抵达沿海，在那里建设港口……

6. 向东部的波斯尼亚东正教徒施加更大的影响对塞尔维亚来说并不困难。需要小心谨慎的是要赢得波斯尼亚天主教徒……

斯雷姆、巴奇卡和巴纳特

打开地图一看就会觉得塞尔维亚应该与这些地域结成最友好的联盟。因为这些地域民族的起源、语言、信仰、法律和习俗都与塞尔维亚族十分相近。如果没有这样做，塞尔维亚就会饱受责备，因为它没有付出足够的努力与这些地域的民族建立友谊……

目前如果没有其他特别显要的事情，至少应该去结识这些地域的重要人物，并创立一份重要的报纸推广塞尔维亚的利益……

与捷克斯拉夫人的联盟

关于这一地域的斯拉夫人在此就不赘言了，不只因为他们不属于这份规划的范畴，还因为这不具有现实意义。所以我们将一笔带过，把这个联盟可能的利益问题放在一边，我们首先应执行前述规划。我们现在只是这样建议，如果塞尔维亚要理解捷克、摩拉维亚和斯洛伐克的斯拉夫人，也必须以不引起奥地利警觉的方式进行。

附录三 《科孚宣言》①

建设新南斯拉夫国家的第一步

1. 塞尔维亚人、克罗地亚人和斯洛文尼亚人，或称为南部斯拉夫人，将组成一个自由独立、领土不可分割、团结的王国。它将是一个宪政、民主和议会君主制国家，接受卡拉乔杰维奇王朝领导，将共同的国家理念与民族情感置于首位。

2. 这个国家的名称将是塞尔维亚人—克罗地亚人—斯洛文尼亚人王国，塞尔维亚人、克罗地亚人和斯洛文尼亚人的国王是主权最高代表。

3. 这个国家拥有一个国徽和一面国旗。

4. 塞尔维亚人、克罗地亚人和斯洛文尼亚人的旗帜将享有平等权利，并可在任何地方自由悬挂，各自的徽章也有所不同。

5. 塞尔维亚人、克罗地亚人和斯洛文尼亚人所属宗教派别的法律地位平等。各个宗教都有权在公共场合开展活动。

6. 西里尔字母和拉丁字母的地位平等，每个人都可以在王国所有领土上自由地使用两种字母。王室和地方自治当局有权并应该根据公民的意愿使用两种字母。

7. 所有宗教都得到承认，并且可以自由和公开信奉。东正教、罗马天主教和伊斯兰教信奉人数多，地位平等。鉴于这些原则，立法机关将根据整个国家的文化和传统，谨慎地维护宗教和平。

8. 格里高利历将尽快得到采用。

9. 塞尔维亚人—克罗地亚人—斯洛文尼亚人王国的领土将包括各民族无间断地生活的所有领土，在不损害共同国家利益的情况下，它不能被肢解。这个国家不对其他领土有要求，只对自己的领土声张权利。它渴望自由与团结。这就是为什么它坚决拒绝只是部分地从奥匈帝国统治摆脱出来

---

① 根据第一次世界大战网（https：//www.firstworldwar.com/source/greaterserbia_corfudeclaration.htm）收录的《科孚宣言》（*Corfu Declaration*）英文文本翻译。

的解决办法。

10. 为了所有国家的自由和平等权利，亚得里亚海应该自由地对所有人开放。

11. 王国境内所有公民一律平等，在国家和法律方面享有同等权利。

12. 全国代表的选举通过普选进行，普选是平等、直接的。这同样适用于社区和其他行政机构的选举。

13. 直接普选产生的制宪会议通过的宪法是国家生活的基础。它是整个国民生活一切权利的起源与归宿。宪法将使人民有机会在地方自治中发挥作用，而地方自治受自然、社会以及经济条件的规范。宪法必须由制宪议会的多数通过，其他法律在制宪议会通过后由国王批准生效。塞尔维亚人、克罗地亚人和斯洛文尼亚人的联合国家拥有 1200 万名居民。这个国家将是他们民族独立、进步和文明的保障，是抵御德国压力的强大堡垒，是所有文明民族和国家不可分割的盟友。在宣布权利和自由以及国际正义的原则之后，它将成为国际社会新的重要一员。

1917 年 7 月 20 日，科孚岛，由塞尔维亚王国首相兼外交部部长尼古拉·帕希奇和南斯拉夫委员会主席安特·特鲁比奇博士签署。

附录四 巴尔干会议章程^①

1930 年 10 月 5～12 日，第一届巴尔干会议在希腊雅典举行。会议决定成立一个称为"巴尔干会议"的固定组织。其章程如下。

会 议 目 标
第一条

巴尔干会议的目标是促进巴尔干各民族在经济、社会、文化和政治领域的和解与合作，并最终建立包括所有国家（阿尔巴尼亚、保加利亚、希腊、罗马尼亚、土耳其和南斯拉夫）在内的巴尔干联盟。

会 议 地 点
第二条

巴尔干会议轮流在每个巴尔干国家举行。

会 议 机 构
第三条

会议机构包括：（a）全体大会；（b）理事会；（c）大会主席团和秘书处；（d）各国工作小组。

本会各国工作小组
第四条

1. 巴尔干会议的各国工作小组由出席第一届巴尔干会议和此后历届会议的代表们组成。工作小组致力于与追求相同理念或和平思想的组织、政界（议会除外）的代表以及地方行政当局加强联系。同时，各工作小组还致力于与新闻界代表以及商业、工业、农业、劳工、知识界与妇女团体的

---

① 根据 Robert J. Kerner 和 Harry N. Howard 合著的 *The Balkan Conferences and the Balkan Entente 1930 – 1935* 收录的《巴尔干会议章程》（The Statutes of the Balkan Conference）英文翻译。

代表加强合作。

2. 各国参加全体大会的代表团团长在新的全体大会召开前担任本国工作小组组长。他们通过主席团进行沟通。

3. 各工作小组选举产生副组长。

4. 各国工作小组须与其政府以及本国驻所在国的外交代表保持联系。

全体大会

第五条

1. 每年 10 月举行全体大会，具体日期由理事会确定。

2. 在具体日期确定的三个月前，各国工作小组应与其政府协商产生一个组织委员会，任命参加全体大会的代表和代表团团长。

3. 除专家、秘书以外，每个代表团的成员应该仅为 30 名。代表们主要从政界、大学、其他教育中心、新闻界以及和平机构、职业团体和妇女团体中选出。

4. 巴尔干各国驻所在国的外交代表有权以观察员身份出席全体大会并参与辩论。

5. 国联和国际劳工局经常被邀请向大会派出观察员。

第六条

全体大会由秘书处召集。它同时向各国工作小组和巴尔干各国政府分发大会议程、报告以及其他相关文件。

第七条

1. 理事会主席在大会主席团成立前担任全体大会的主席。主席团由一个主席和五个副主席组成。

2. 大会主席经理事会提名、由全体大会的绝对多数选票产生。如果第一轮投票过后，没有一个候选人获得绝对多数，在第二轮投票两位得票靠前的候选人中得票多者当选。

3. 各代表团团长如没有当选为主席，将自动成为副主席。

4. 六个代表团向大会主席团各派去一名会议秘书，会议举办国的秘书担任大会秘书长。

5. 大会主席和秘书长的任期到第二年 1 月 31 日。他们的职务由下一次全体大会举办国的相应人员担任。

第八条

1. 巴尔干会议下设六个委员会：组织委员会、政治关系委员会、文化合作委员会、经济关系委员会、交通运输委员会和社会政策委员会。

2. 根据理事会的提议，全体大会可以增设其他委员会。

3. 各代表团从其代表和专家中在每个委员会中至少任命两名成员任职。

4. 理事会可以在任何时候召开任何委员会的会议，包括休会期间。

第九条

1. 在全体大会以及各委员会上的讨论用法语来进行。有意使用本国语言的代表，需要将他们的演讲稿译成法语。

2. 全体大会公开进行。

第十条

1. 全体大会和各委员会的召开须达到 2/5 的法定票数。

2. 全体大会的决定应获得绝对多数才能通过。一项提议须达到 3/5 法定人数的赞同才可提交讨论。

3. 在一个代表团集体缺席的情况下，全体大会的决定将推迟做出。

第十一条

1. 一名代表拥有一个投票权。如果一个代表团的组成少于 30 名成员，代表团团长可在成员中授权投票，但一名代表的投票权不能超过三个。相反，如果一个代表团的组成超过了 30 名成员，代表团团长只能选择其中的成员进行投票。

2. 各代表团的投票权不超过 30 个。

第十二条

1. 各代表团在各个委员会中至多拥有五个投票权。

2. 在一个代表团集体缺席的情况下，该委员会的决定应推迟做出。

第十三条

全体大会和各委员会的议程与规则有特别的规定。

第十四条

根据理事会的提议，本次全体大会确定下一次大会的举办地。

会议理事会
第十五条

1. 理事会由各代表团的团长和其他两名成员组成。

2. 全体大会的主席将在下一年 1 月 31 日前担任理事会主席。之后其职位由下一届全体大会举办国的工作小组组长担任。

3. 各代表团团长担任理事会的副主席。

4. 理事会的其他成员由各代表团在全体大会闭会前各推选两名成员组成。

5. 理事会成员每年都要更换。

第十六条

理事会是全体大会的最高权力机构。休会期间，理事会是巴尔干会议的代表机关。其职责是在全体大会上递交年度报告，批准预算和控制开支，确定下一次全体大会的具体日期和议程。

第十七条

理事会在主席或其他七名成员的要求下举行。理事会负责制定活动准则。

第十八条

主席负责理事会决定的执行。可以任命其他工作人员，指导秘书处的工作并加以监督。

第十九条

巴尔干国家在全体大会举办国的外交代表以及观察员发挥咨询委员会的功能，向理事会主席就巴尔干会议的相关工作提出建议。

第二十条

在紧急情况下，大会主席团可不经过理事会通过有关决定。

秘书处
第二十一条

1. 秘书处由一位秘书长和五位秘书组成。职责是负责联络、发布大会信息、归档以及准备会议的年度预算。公告用法语发表。

2. 根据工作的需要，秘书处分设数个部门。这些部门的规章制度由理事会制定。

第二十二条

秘书处设在理事会所在地。

资金来源
第二十三条

1. 常驻代表团每年的会费在全体大会上根据预算支出的比例来确定。

2. 理事会可以随时召开会议确定当年的预算与会费。

3. 秘书处负责会议的账目。大会主席批准所有支出，同时任命一名秘书作为出纳员。

最后条款
第二十四条

会议工作语言是法语。

第二十五条

各代表团有责任尽可能地促使各国政府执行巴尔干会议的决定，实现巴尔干会议的理念。同时还有责任在全体大会上递交一份年度工作报告，汇报有关工作进展。

第二十六条

巴尔干会议的标志由一个 20×13 的平行四边形组成，颜色为白色、蓝色、绿色、黄色和白色，中心镶有一个由六颗黄星环绕的白星。两个白色的条纹比其他四种颜色的大出 20%。

（1930 年 10 月 12 日通过）

附录五　《南斯拉夫联邦人民共和国宪法》节选[①]

第一编　基本原则
第一章　南斯拉夫联邦人民共和国

第一条　南斯拉夫联邦人民共和国是共和国形式的联邦人民国家，是享有平等权利的各民族联合体，各民族根据民族自决的权利自愿参加联邦或退出联邦。

第二条　南斯拉夫联邦人民共和国由塞尔维亚人民共和国、克罗地亚人民共和国、斯洛文尼亚人民共和国、波黑人民共和国、马其顿人民共和国和黑山人民共和国组成。

伏伊伏丁那自治省和科索沃—梅托希亚自治区属于塞尔维亚人民共和国。

……

第二章　人民的权力

第六条　南斯拉夫联邦人民共和国的一切权力来自人民，属于人民。

人民通过自由选举产生国家权力机关即人民委员会来行使权力。这些国家权力机关包括地方人民委员会、各共和国人民议会和南斯拉夫联邦人民共和国人民议会。它们都是在同法西斯和反动派进行解放斗争中建立和发展起来的。

第七条　一切国家权力机关由公民基于普遍、平等、直接选举的原则经秘密投票的方式产生。

……

第三章　各民族和各共和国的基本权利

第九条　在南斯拉夫联邦人民共和国的体制内，各共和国的主权受联邦宪法制约。

南斯拉夫联邦人民共和国保卫和维护各共和国的主权。

---

① 根据塞尔维亚的南斯拉夫档案馆收藏的《南斯拉夫联邦人民共和国宪法》英文本翻译。http：//www. arhivyu. gov. rs/active/en/home/glavna_ navigacija/leksikon _ jugoslavije/konstitutivni _ akti _ jugoslavije/ustav_fnrj. html#。

南斯拉夫联邦人民共和国保障各共和国的安全和社会政治秩序。

第十条 任何侵犯南斯拉夫联邦人民共和国主权、平等和各民族与共和国自由的行为都是违背宪法的。

第十一条 每个共和国都有自己的宪法。

每个共和国独立制定自己的宪法。

每个共和国的宪法反映该共和国的特点，但不允许与南斯拉夫联邦人民共和国宪法相抵触。

第十二条 南斯拉夫联邦人民共和国人民议会决定各共和国的疆界。

未经联邦人民议会的批准不得变更某一共和国的疆界。

第十三条 南斯拉夫联邦人民共和国的少数民族享有发展本民族文化和自由使用本民族语言的权利。

……

第五章 公民的权利和义务

第二十一条 南斯拉夫联邦人民共和国的所有公民不分民族、人种、宗教信仰，在法律面前一律平等。

任何人不享有出身、地位、财产、受教育程度的特权。

任何授予公民特权或根据民族、人种、宗教信仰限制公民权利以及宣传民族、人种和宗教仇恨与不和的行为都是违宪的，应予以惩处。

……

第二十三条 所有年满十八岁的公民不分性别、民族、人种、宗教信仰、受教育程度、居住地点都有参加一切国家权力机关选举和被选举的权利。

在军队服役的公民与其他公民享有同等的选举权和被选举权。

……

第二十四条 妇女在经济生活与社会政治生活等各领域中享有与男子平等的权利。

……

(1946 年 1 月 30 日通过)

参考文献

一　中文著作

〔俄〕А. Г. 扎多欣、А. Ю. 尼佐夫斯基：《欧洲的火药桶——20 世纪的巴尔干战争》，徐锦栋等译，东方出版社，2004。

〔英〕E. H. 卡尔：《两次世界大战之间的国际关系 1919—1939》，徐蓝译，商务印书馆，2009。

〔法〕E. 迪尔凯姆：《社会学方法的准则》，狄玉明译，商务印书馆，2002。

〔英〕R. J. 克兰普顿：《保加利亚史》，周旭东译，中国大百科全书出版社，2009。

〔英〕阿诺德·托因比、维罗尼卡·M. 托因比编著《欧洲的重组》，劳景素译，上海译文出版社，1981。

〔美〕爱·麦·伯恩斯：《当代世界政治理论》，曾炳钧译，商务印书馆，1983。

〔南斯拉夫〕爱德华·卡德尔：《卡德尔回忆录：1944－1957》，李代军等译，新华出版社，1981。

〔英〕艾伦·帕尔默：《夹缝中的六国——维也纳会议以来的中东欧历史》，于亚伦等译，商务印书馆，1997。

〔英〕艾伦·帕尔默编著《二十世纪历史词典》，郭健等译，社会科学文献出版社，1988。

〔英〕艾瑞克·霍布斯鲍姆：《资本的年代：1848～1875》，张晓华等译，江苏人民出版社，1999。

〔英〕艾瑞克·霍布斯鲍姆：《极端的年代》（上下），郑明萱译，江苏人民出版社，1999。

〔英〕安东尼·D. 史密斯：《民族认同》，王娟译，译林出版社，2018。

〔英〕本·福斯凯：《东欧共产主义的兴衰》，张金鉴译，中央编译出版社，1998。

〔美〕本尼迪克特·安德森：《想象的共同体：民族主义的起源与散布》，吴叡人译，上海人民出版社，2003。

〔英〕彼得·卡尔沃科雷西编著《国际事务概览 1947－1948 年》，徐先麟等译，上海译文出版社，1990。

〔美〕彼得·N. 斯特恩斯：《世界历史上的西方文明》，李月译，商务印书馆，2015。

〔保〕布拉戈耶夫：《马克思主义还是伯恩施坦主义?》，魏城、冯维静译，三联书店，1964。

陈乐民、周弘：《欧洲文明的进程》，三联书店，2003。

陈玉刚：《国家与超国家——欧洲一体化理论比较研究》，上海人民出版社，2001。

陈志强：《巴尔干古代史》，中华书局，2007。

陈志强：《科索沃通史》，中国社会科学出版社，2016。

〔美〕丹尼尔·J. 伊拉扎：《联邦主义探索》，彭利平译，上海三联书店，2004。

〔美〕丹尼森·拉西诺：《南斯拉夫的实验：1948－1974》，瞿霭堂等译，上海译文出版社，1980。

〔法〕德尼兹·加亚尔等：《欧洲史》，蔡鸿滨、桂裕芳译，海南出版社，2000。

〔南斯拉夫〕杜尚·比兰吉奇：《南斯拉夫社会主义联邦共和国史纲》，阿丹等译，天津人民出版社，1985。

〔印度〕杜赞奇：《历史意识与国族认同：杜赞奇读本》，上海人民出版社，2013。

〔英〕厄内斯特·盖尔纳：《民族与民族主义》，韩红译，中央编译出版社，2002。

〔西班牙〕费尔南多·克劳丁：《共产主义运动——从共产国际到共产党情报局》，方光明译，求实出版社，1982。

〔英〕菲利斯·奥蒂：《铁托传》，黑龙江大学英语系翻译组译，黑龙江人民出版社，1979。

〔南斯拉夫〕弗拉吉米尔·杰吉耶尔：《铁托传》（上下册），叶周等译，三联书店，1977。

〔美〕佛雷德·格林斯坦等主编《政府制度与程序》，幼狮文化事业公司编译部译，台湾幼狮文化事业公司，1983。

〔英〕弗雷德·辛格尔顿：《二十世纪的南斯拉夫》，何伟文译，中国财政经济出版社，1980。

郭华榕、徐天新主编《欧洲的分与合》，人民出版社，2015。

郭小聪：《守夜人与夜莺：国际关系领域的文化思考》，北京大学出版社，2014。

〔英〕哈罗德·坦珀利：《塞尔维亚史：困扰巴尔干半岛一千五百年的火药桶》，张浩译，华文出版社，2020。

〔德〕哈特穆特·凯博：《历史比较研究导论》，赵进中译，北京大学出版社，2009。

〔美〕海斯：《现代民族主义演进史》，帕米尔等译，华东师范大学出版社，2005。

郝承敦：《苏南冲突研究》，学林出版社，2007。

郝承敦：《苏南冲突与东方阵营内部关系的演变》，社会科学文献出版社，2015。

郝时远：《帝国霸权与巴尔干“火药桶”》，社会科学文献出版社，1999。

郝时远：《旷日持久的波黑战争》，中央民族大学出版社，1995。

弘杉：《巴尔干百年风云》，知识出版社，2000。

黄安森主编《国际共运名人传》，北京出版社，1988。

黄正柏：《欧洲一体化进程中的国家主权问题研究》，湖北人民出版社，2011。

黄宗良、林勋健主编《共产党和社会党百年关系史》，北京大学出版社，2002。

〔保〕季米特洛夫：《季米特洛夫日记选编》，马细谱等译，广西师范大学出版社，2002。

金重远：《百年风云巴尔干》，复旦大学出版社，2010。

〔罗〕康·康·朱雷斯库：《统一的罗马尼亚民族国家的形成》，陆象淦译，人民出版社，1978。

〔阿尔巴尼亚〕克·弗拉舍里：《阿尔巴尼亚史纲》，樊集译，三联书店，1964。

〔英〕克劳利编《新编剑桥世界近代史》（第9卷），中国社会科学院世界历史研究所组译，中国社会科学出版社，1992。

〔保〕科谢夫等：《保加利亚简史》，黑龙江大学英语系翻译组译，黑龙江人民出版社，1974。

孔寒冰：《东欧政治与外交》，北京大学出版社，2009。

孔寒冰：《东欧史》，上海人民出版社，2010。

孔寒冰：《科索沃危机的历史根源及大国背景》，四川人民出版社，1999。

〔南斯拉夫〕兰科·佩特科维奇：《巴尔干既非"火药桶"又非"和平区"》，石继成等译，商务印书馆，1982。

〔英〕丽贝卡·韦斯特：《黑羊与灰鹰：巴尔干六百年，一次苦难与希望的探索之旅》（上下册），向洪全、夏娟、陈丹杰译，中信出版集团股份有限公司，2019。

李丹琳编著《列国志·匈牙利》，社会科学文献出版社，2006。

李满长：《多党制与南斯拉夫分裂》，人民出版社，2013。

李小圣：《欧洲一体化起源与发展研究》，世界知识出版社，2007。

李秀环、徐刚编著《列国志·罗马尼亚》，社会科学文献出版社，2016。

刘明翰主编《世界史》，人民出版社，1986。

刘祖熙主编《斯拉夫文化》，浙江人民出版社，1993。

刘祖熙主编、朱晓中副主编《多元与冲突：俄罗斯中东欧文明之路》，人民出版社，2011。

刘作奎：《国家构建的"欧洲方式"：欧盟对西巴尔干政策研究（1991－2014）》，社会科学文献出版社，2015。

〔英〕罗伯特·拜德勒克斯、〔英〕伊恩·杰弗里斯：《东欧史》（上册），韩炯等译，东方出版中心，2018。

〔美〕罗伯特·卡普兰：《巴尔干两千年：穿越历史的幽灵》，赵秀福译，北京大学出版社，2018。

〔英〕罗德里克·比顿：《希腊三百年》，姜智芹、王佳存译，中信出版集团股份有限公司，2021。

〔罗〕米隆·康斯坦丁内斯库等主编《罗马尼亚通史简编》，陆象淦等译，商务印书馆，1976。

〔法〕马克·布洛克：《历史学家的技艺》，黄艳红译，中国人民大学出版社，2011。

〔英〕马克·马佐尔：《巴尔干：被误解的"欧洲火药库"》，刘会梁译，天津人民出版社，2007。

〔英〕马克·马佐尔：《巴尔干五百年：从拜占庭帝国灭亡到21世纪》，刘会梁译，中信出版集团股份有限公司，2017。

〔美〕玛莉亚·托多洛娃：《想象巴尔干》，李建军译，世界知识出版社，2020。

马细谱：《巴尔干纷争》，北京大学出版社，1999。

马细谱：《南斯拉夫兴亡》，社会科学文献出版社，2010。

马细谱：《保加利亚史》，中国社会科学出版社，2011。

马细谱：《南斯拉夫通史》，上海社会科学院出版社，2020。

马细谱：《巴尔干近现代史》（上下卷），中国社会科学出版社，2021。

马细谱：《三个南斯拉夫》，当代中国出版社，2021。

马细谱、辛田编著《古代斯拉夫人》，商务印书馆，1986。

马细谱、郑恩波编著《列国志·阿尔巴尼亚》，社会科学文献出版社，2004。

〔南斯拉夫〕米洛凡·杰拉斯：《同斯大林的谈话》，赵洵、林英译，吉林人民出版社，1983。

〔保〕内·甘乔夫斯基：《季米特洛夫的晚年：秘书的观察和纪实（1945－1949）》，吴锡俊译，人民出版社，1991。

〔南斯拉夫〕佩·达姆扬诺维奇等编《铁托自述》，达洲译，新华出版社，1984。

〔美〕乔治·霍夫曼、〔美〕弗雷德·华纳·尼尔：《南斯拉夫和新共产主义》，张造勋等译，商务印书馆，1963。

〔法〕让－巴蒂斯特·迪罗塞尔：《外交史 1919－1984 年》（下册），汪绍麟等译，上海译文出版社，1992。

〔美〕塞缪尔·亨廷顿：《文明的冲突与世界秩序的重建》，周琪等译，新华出版社，2010。

余太山：《古代地中海和中国关系史研究》，商务印书馆，2012。

沈志华主编《冷战时期苏联与东欧的关系》，北京大学出版社，2006。

沈志华编著《斯大林与铁托：苏南冲突的起因及其结果》，广西师范大学出版社，2002。

沈志华总主编《苏联历史档案选编》（第 22 卷），社会科学文献出版社，2002。

邵献图等编《外国地名语源词典》，上海辞书出版社，1983。

〔南斯拉夫〕斯·斯托扬诺维奇主编《南斯拉夫共产主义者联盟历史》，杨元恪等译，人民出版社，1989。

〔英〕斯蒂芬·克利索德主编《南斯拉夫简史》，黑龙江大学英语系翻译组译，黑龙江人民出版社，1976。

〔英〕斯蒂芬·克利索德编《南苏关系（1939－1973 年）文件与评注》，河南师范大学外语系英语翻译组译，人民出版社，1980。

〔美〕斯塔夫里阿诺斯：《全球通史：1500 年以前的世界》，吴象婴、梁赤民译，上海社会科学院出版社，1988。

〔美〕斯塔夫里阿诺斯：《全球通史：1500 年以后的世界》，吴象婴、梁赤民译，上海社会科学院出版社，1992。

孙兴杰：《"东方问题"与巴尔干化的历史根源》，中央编译出版社，2021。

孙云编著《世纪末的热战——聚焦科索沃》，当代世界出版社，1999。

〔美〕特里萨·拉科夫斯卡－哈姆斯通、〔美〕安德鲁·捷尔吉主编《东欧共产主义》，林穗芳译，黑龙江人民出版社，1984。

童之伟：《国家结构形式论》，武汉大学出版社，1997。

童建挺：《德国联邦制的演变：1949－2009》，中央编译出版社，2010。

汪丽敏编著《列国志·斯洛文尼亚》，社会科学文献出版社，2006。

王绳祖总主编《国际关系史》（第三卷）世界知识出版社，1995。

王绳祖总主编《国际关系史》（第七卷），世界知识出版社，1995。

王世杰、钱端升：《比较宪法》，中国政法大学出版社，1997。

王逸舟主编《单极世界的阴霾——科索沃危机的警示》，社会科学文献出版社，1999。

魏坤：《喋血巴尔干：南联邦解体与波黑冲突》，世界知识出版社，1997。

〔美〕沃捷特克·马斯特尼：《斯大林时期的冷战与苏联的安全观》，郭懋安译，广西师范大学出版社，2002。

〔美〕西达·斯考切波：《国家与社会革命：对法国、俄国和中国的比较分析》，何俊志、王学东译，上海世纪出版集团，2007。

〔日〕星野昭吉：《全球社会和平学》，梁云祥等译，北京师范大学出版社，2007。

〔英〕休特利等：《希腊简史》，中国科学院世界历史研究所翻译小组译，商务印书馆，1974。

徐刚：《巴尔干地区合作与欧洲一体化》，社会科学文献出版社，2016。

〔保〕亚历山大·利洛夫：《文明的对话：世界地缘政治大趋势》，马细谱等译，社会科学文献出版社，2007。

〔南斯拉夫〕伊万·博日奇等：《南斯拉夫史》（上、下册），赵乃斌译，商务印书馆，1984。

余建华：《民族主义、国家结构与国际化：南斯拉夫民族问题研究》，民族出版社，2004。

〔美〕约翰·多恩伯格：《东欧——共产主义的万花筒》，楼小燕、柯国淳译，浙江人民出版社，1984。

昝涛：《现代国家与民族建构：20世纪前期土耳其民族主义研究》，生活·读书·新知三联书店，2011。

张光明：《布尔什维克主义与社会民主主义的历史分野》，中央编译出版社，1999。

张立淇、曹其宁：《欧洲火药桶——巴尔干史话》，四川人民出版社，1993。

章永勇编著《列国志·塞尔维亚和黑山》，社会科学文献出版社，2005。

赵乃斌、汪丽敏主编《南斯拉夫的变迁》，广东人民出版社，2002。

赵庆波、张世文：《巴尔干：走过铁血时代》，内蒙古人民出版社，1997。

中共中央编译局国际共运史研究所编《共产国际大事记》，黑龙江人民出版社，1989。

周旭东：《夹缝中的罗马尼亚：二十世纪三十年代罗马尼亚外交政策研究》，中国社会科学出版社，2003。

朱庭光主编《外国历史名人传：近代部分　上册》，中国社会科学出版社、重庆出版社，1981。

朱庭光主编《外国历史名人传：近代部分　中册》，中国社会科学出版社、重庆出版社，1982。

朱庭光主编《外国历史名人传：近代部分　下册》，中国社会科学出版社、重庆出版社，1982。

朱晓中：《中东欧与欧洲一体化》，社会科学文献出版社，2002。

朱瀛泉：《近东危机与柏林会议》，南京大学出版社，1995。

〔美〕兹比格纽·布热津斯基：《大棋局——美国的首要地位及其地缘战略》，中国国际问题研究所译，上海人民出版社，1998。

资中筠主编《冷眼向洋：百年风云启示录》（上卷），三联书店，2001。

左娅编著《克罗地亚》，社会科学文献出版社，2007。

《不列颠百科全书（国际中文版）》（第2卷），中国大百科全书出版社，1999。

《不列颠百科全书（国际中文版）》（第6卷），中国大百科全书出版社，1999。

《不列颠百科全书（国际中文版）》（第8卷），中国大百科全书出版社，1999。

《国际共产主义运动史文献》编辑委员会编《社会党国际局文件1900－1907》，周克明等译，中国人民大学出版社，1990。

王学东主编、崔海智本卷主编《国际共产主义运动历史文献（第59卷）》，中央编译出版社，2017。

《国际条约集》（1934～1944），世界知识出版社，1961。

《列宁全集》第22卷，人民出版社，1990。

《马克思恩格斯全集》第 2 卷，人民出版社，1957。

《马克思恩格斯选集》第 3 卷，人民出版社，2012。

《铁托选集（1926－1951 年）》，人民出版社，1984。

《战后世界历史长编》编委会主编《战后世界历史长编 1948 年》（第一编第四分册），上海人民出版社，1978。

二 中文文章

〔南斯拉夫〕多布里察·乔西奇：《南斯拉夫民族矛盾的历史与现状》，许万明译，《民族译丛》1991 年第 5 期。

方毓强：《匈牙利人与匈奴关系的历史之谜》，《上海采风》2006 年第 10 期。

郝承敦：《从巴尔干联邦计划看战后初期南斯拉夫的扩张性》，《滨州师专学报》1998 年第 3 期。

郝承敦：《从巴尔干联邦计划看苏南在冷战初期的战略分歧》，《聊城大学学报》（哲学社会科学版）2002 年第 6 期。

姜琦：《关于苏南冲突》，《国际共运史研究资料》1982 年第 2 期。

金重远：《巴尔干：历史与现实》，《复旦学报》（社会科学学报）1999 年第 6 期。

柯静：《西巴尔干入欧盟前景分析》，《国际论坛》2007 年第 6 期。

孔寒冰：《多种文明视角下的中东欧社会发展》，《国际政治研究》2010 年第 4 期。

孔田平：《对东南欧"巴尔干化"的历史解读》，《欧洲研究》2006 年第 4 期。

〔保〕利·斯比利多诺夫：《季米特尔·布拉戈耶夫的事业》，《世界知识》1954 年第 10 期。

李明：《巴尔干风云——简析科索沃问题的由来》，《地图》1999 年第 3 期。

李延长：《巴尔干联邦问题与 1948 年苏南冲突》，《西北第二民族学院学报》（哲学社会科学版）1990 年第 1 期。

刘祖熙：《中东欧国家"回归欧洲"的历史思考》，《西伯利亚研究》

1999 年第 1 期。

　　马细谱：《南斯拉夫解体和民族问题》，《世界历史》1995 年第 5 期。

　　潘志平：《民族平等：理想、空想和现实——从前南斯拉夫解体谈起》，《世界民族》1999 年第 3 期。

　　〔俄〕皮萨列夫：《1918 年南斯拉夫国家的建立：历史教训（上）》，董进泉译，《现代外国哲学社会科学文摘》1993 年第 1 期。

　　〔俄〕皮萨列夫：《1918 年南斯拉夫国家的建立：历史教训（下）》，董进泉译，《现代外国哲学社会科学文摘》1993 年第 2 期。

　　蒲彩军：《匈奴与匈牙利人的渊源》，《中学历史教学参考》1999 年第 4 期。

　　沈坚：《古代巴尔干伊利里亚人述论》，《世界历史》2001 年第 3 期。

　　沈坚：《伊利里亚人与外部世界的关系》，《华东师范大学学报》（哲学社会科学版）2000 年第 5 期。

　　王福春：《以一国社会主义建设高潮推动国际共运的发展》，《国际政治研究》1992 年第 1 期。

　　王继鑫、孙长久：《南斯拉夫民族危机根源探析》，《史学集刊》1993 年第 2 期。

　　汪树民：《论外部力量与民族国家的建立及演变》，《西南科技大学学报》（哲学社会科学版）2011 年第 1 期。

　　汪丽敏：《前南斯拉夫的民族问题》，《东欧中亚研究》2000 年第 2 期。

　　汪尧生：《关于南斯拉夫国家的建立》，《历史教学》1992 年第 4 期。

　　徐凤江：《欧盟"改进的扩大程序"新在哪儿》，《世界知识》2020 年第 8 期。

　　徐凤江：《欧盟—西巴尔干峰会传递的政治信号》，《世界知识》2020 年第 12 期。

　　徐刚：《塞尔维亚和科索沃谈判：背景、进程与展望》，《俄罗斯研究》2013 年第 5 期。

　　徐刚：《巴尔干联合思想与实践的历史考察》，《俄罗斯学刊》2018 年第 4 期。

　　徐刚：《从第一南斯拉夫的兴亡看南部斯拉夫人的合与分——写在第一

南斯拉夫建立 100 周年之际》，《俄罗斯东欧中亚研究》2018 年第 4 期。

徐刚：《欧盟—西巴尔干索非亚峰会：变与不变》，《世界知识》2018 年第 12 期。

徐刚：《巴尔干联邦计划研究（1944~1948）：以保南联邦为中心》，《俄罗斯东欧中亚研究》2021 年第 4 期。

徐刚：《欧盟—西巴尔干峰会新意不多》，《工人日报》2021 年 10 月 15 日。

徐刚、马细谱：《"迷你申根"，西巴尔干国家在联合自强?》，《世界知识》2020 年第 5 期。

徐刚：《波黑会再爆发冲突吗》，《世界知识》2022 年第 3 期。

于海青：《希腊共产党的理论主张与发展现状》，《国外理论动态》，2003 年第 11 期。

张林初：《匈牙利人是匈奴后裔吗?》，《世界文化》2007 年第 10 期。

张世满：《试析克罗地亚走向独立的历史进程》，《世界历史》1997 年第 4 期。

朱晓中：《从巴尔干到东南欧——冷战后巴尔干地缘政治变迁》，《东欧中亚研究》1998 年第 3 期。

朱晓中：《欧洲一体化与巴尔干欧洲化》，《欧洲研究》2006 年第 4 期。

朱晓中：《入盟后中东欧国家的发展困境》，《国际政治研究》2010 年第 4 期。

〔苏〕Д. М. 叶列梅耶夫：《匈奴人、突厥人和土耳其人》，张云译，《民族译丛》1991 年第 4 期。

三 外文著作

Ahmet Ersoy, Maciej Gorny, and Vangelis Kechriotis, eds. , Discourses of *Collective Identity in Central and Southeast Europe* (1770 −1945), Vol. 2 *Modernism: Representations of National Culture*, Budapest: Central European University Press, 2010.

Alex Danchev and Thomas Halverson, *International Perspectives on the Yugoslav Conflict*, New York: Palgrave Macmillan, 1996.

Alex Dragnich, *The First Yugoslavia: Search for a Viable Political System*, Stanford: Hoover Institution Press, 1983.

Ana — TeodoraKurkina, *Intelligentsia in Exile. Bulgarian Revolutionary Emigration in the Second Half of the 19th Century and the Projects for a Balkan Federation*, Inaugural — Dissertation zur Erlangung der Doktorwürde der Fakultät für Philosophie, Kunst —, Geschichts — und Gesellschaftswissenschaften der Universität Regensburg, 2019.

Anna Procyk, *Giuseppe Mazzini's Young Europe and the Birth of Modern Nationalism in the Slavic World*, Toronto: University of Toronto Press, 2019.

Antun Barac, *A History of Yugoslav Literature*, Beograd: Committee for Foreign Cultural Relations of Yugoslavia, 1955.

Arnold J. Toynbee, *The Western Question in Greece and Turkey: a study in the contact of civilisations*, New York: Houghton Mifflin Co. , 1922.

Arnold J. Toynbee, *Survey of International Affairs* 1930, London: Oxford University Press, 1931.

Arnold J. Toynbee, *Survey of International Affairs* 1931, London: Oxford University Press, 1932.

Arnold J. Toynbee, *Survey of International Affairs* 1932, London: Oxford University Press, 1933.

Arnold J. Toynbee, *Survey of International Affairs* 1933, London: Oxford University Press, 1934.

August Zeune, *Goea. Versuch einer wissenschaftlichen Erdbeschreibung*, Berlin, 1808.

Balázs Trencsényi, et al. , *A History of Modern Political Thought in East Central Europe. Vol.* 1, *Negotiating Modernity in the " Long Nineteenth Century"*, Oxford: Oxford University Press, 2016.

Balázs Trencsényi and Michal Kopeček, eds. , *Discourses of Collective Identity in Central and Southeast Europe* (1770 —1945): *Texts and Commentaries*, Budapest and New York: Central European University Press, 2007.

Balázs Trencsényi and Michal Kopeček. , *Discourses of Collective Identity in Central and Southeast Europe* (1770 —1945), *Vol.* 2, *National Romanticism: Formation of*

National Movements, Budapest: Central European University Press, 2007.

Bezanis Crysanthe, *The Role of Greece in the Balkan Conferences*, M. A. Thesis, University of Illinois at Urbana – Champaign, 1946.

Branimir Anzulović, *Heavenly Serbia: From Myth to Genocide*, New York: New York University Press, 1999.

Branko Nadoveza, *Srpski socijaldemokrati i ideja Balkanske federacije do* 1918, Beograd: Institut za noviju istoriju Srbij, 2000.

Branko Petranović, *Balkanska Federacija* 1943 –1948, Beograd: IKP Zaslon, 1991.

Charles Jelavich and Barbara Jelavich, *The Establishment of the Balkan National States*, 1804 –1920, Seattle and London University of Washington Press, 1986.

Christopher Dawson, *Dynamics of World History*, LaSalle, IL: Sherwood Sugden Co. , 1956.

Christopher Hamilton and Donald T. Wells, *Federalism*, *Power*, *and Political Economy: A New Theory of Federalism's Impact on American Life*, Englewood Cliffs, N. J. : Prentice Hall, 1990.

Christopher Merrill, *The Old Bridge: The Third Balkan War and the Age of the Refugee*, Minneapolis: Milkweed Editions, 1995.

Christopher Woodhouse and Richard Clogg, *The Struggle for Greece*, 1941 – 1949, New York: Ivan R. Dee, 2002.

D. Tziovas, ed. , *Greece and the Balkans*, Aldershot and Burlington: Ashagte, 2003.

Damian Popolo, *A New Science of International Relations: Modernity*, *Complexity and the Kosovo Conflict*, Farnham: Ashgate, 2011.

David A. Nash, *Nazi Penetration into Southeastern Europe* 1933 –1941, Graduate Student Theses, Dissertations, & Professional Papers, The University of Montana, 1972.

David Bruce Macdonald, *Balkan Holocausts?: Serbian and Croatian Victim Centred Propaganda and the War in Yugoslavia*, Manchester: Manchester University Press, 2002.

David Close ed. , *The Greek Civil War*, 1943 −1950： *Studies of Polarization*, London： Routledge 1993.

David MacKenzie, *Ilija Garašanin*： *Balkan Bismarck*, New York： Columbia University Press, 1985.

David Sheperd, *Relations between Yugoslavia and Bulgaria*, 1918 − 1941, Durham theses, Durham University, 1968.

Dejan Djokić, *Yugoslavism*： *Histories of a Failed Idea*, 1918 −1992, Madison： University of Wisconsin Press, 2003.

Diana Mishkova and Balazs Trencsenyi, *European Regions and Boundaries*： *A Conceptual History*, New York： Berghahn Books, 2017.

Diana Mishkova, *Beyond Balkanism*： *The Scholarly Politics of Region − Making*, New York： Routledge, 2018.

Dimitri Obolensky, *The Byzantine Commonwealth*, *Eastern Europe* 500 −1453, Crestwood, NY： St Vladimir's Seminary Press, 1971.

Dimitrios Karamberopoulos, *Rigas Feraios the Hero*： *Hero of the Greek Revolutionary War*, Athens： Hellenic Publishing, 2015.

Dimitris Livanios, *The Macedonian Question*： *Britain and the Southern Balkans* 1939 −1949, Oxford： Oxford University Press, 2008.

Dusan I. Bjelic and Obrad Savic, eds. , *Balkan as Metaphor*： *Between Globalization and Fragmentation*, Cambridge： The MIT Press, 2005.

Edward C. Thaden, *Russia and the Balkan Alliance of* 1912, Pennsylvania： Pennsylvania State University Press, 1965.

Elinor M. Despalatović, *Ljudevit Gaj and the Illyrian Movement* (*to* 1843), Ph. D. dissertation, Columbia University, 1969.

Elisabeth Barker, *British Policy in South − East Europe in the Second World War*, London： Palgrove Macmillan, 1976.

Elliot R. Goodman, *The Soviet Design for a World State*, Ann Arbor, Mich. ： UMI, 1957.

Eugene Boia, *Romania's Diplomatic Relations with Yugoslavia in the Interwar Period*, 1919 −1941, New York： Columbia University Press, 1993.

Francesca Gori and Silvio Pons, eds. , *The Soviet Union and Europe in the Cold War*, 1943 −53, New York: Palgrave Macmillan, 1996.

Francis W. Carter ed. , *An Historical Geography of the Balkans*, London: Academic Press, 1977.

Fred Singletion, *A Short History of the Yugoslav Peoples*, Cambridge: Cambridge University Press, 1985.

George F. Kennan, *The Other Balkan Wars*, Washington, DC: Carnegie Endowment for International Peace, 1993.

George Thomas, *The Impact of the Illyrian Movement on the Croatian Lexicon*, Berlin: Peter Lang GmbH, 1988.

Gerhard Schacher, *Central Europe and the Western World*, London: George Allen and Unwin Ltd. , 1936.

Glen Tomlin Furnas, *Balkan Relations in the Era of the Balkan Conferences: A History of the Idea of Cooperation*, 1930 −1934, M. A. Thesis, University of Washington, 1985.

Gordana Vlajčić, *Jugoslavenska revolucija i nacionalno pitanje* (1919 − 1927), Zagreb: Centar za kulturnu djelatnost, 1984.

Howard L. McBain, *The New Constitutions of Europe*, New York: Doubleday, Page and Co. , 1922.

Howard Richard Krasnoff, *The Effort for Balkan Union*, 1929 −1935, M. A. Thesis, University of Nebraska (Lincoln Campus), 1951.

Ian Brown, *History as Theatrical Metaphor: History, Myth and National Identities in Modern Scottish Drama*, New York: Palgrave Macmillan, 2016.

Ivan Golub, *The Slavic Vision of Juraj Križanić*, Zagreb −Dubrovnik: Croatian P. EN. Centre 1991.

Ivo Banac, *The National Question in Yugoslavia: Origins, History, Politics*, Ithaca and London: Cornell University, 1984.

Ivo Vukcevich, *Croatia 4 Rise & Fall of the Illyrian Movement*, Pittsburg, CA: Authors Press, 2020.

James K. Pollock ed. , *Change and Crisis in European Government*, New York:

Rinehart, 1947.

Jean W. Sedlar, *East Central Europe in the Middle Ages*, 1000 −1500, Seattle and London: University of Washington Press, 1994.

John Bagnell Bury, *A History of the Later Roman Empire from Arcadius to Irene* (395 −800 *AD*), *Vol.* II, London and New York: Adamant Media Corporation, 2000.

John D. Bell, *The Bulgarian Communist Party from Blagoev to Zhivkov*, Stanford California: Hoover Institution Press, 2002.

John R. Lampe, *Yugoslavia as History: Twice There Was a Country*, Cambridge: Cambridge University Press, 2000.

Joseph Rothschild, *East Central Europe between the two World Wars*, Seattle: University of Washington Press, 1974.

Joseph Rothschild and Nancy M. Wingfield, *Return to Diversity: A Political History of East Central Europe Since World War* II, Oxford: Oxford University Press, 2007.

Joseph Rothschild, *The Communist Party of Bulgaria: Origins and Development* 1883 −1936, New York: Literary Licensing, LLC, 2011.

Joshua A. Fishman and Ofelia García eds. , *Handbook of Language and Ethnic Identity: The Success − Failure Continuum in Language Identity Efforts*, *Vol.* 2, Oxford: Oxford University Press, 2011.

Keith Langston and Anita Peti − Stantic, *Language Planning and National Identity in Croatia*, New York: Palgrave Macmillan, 2014.

Klen Barbara, *The Illyrian Movement and the Construction of the South Slav − Croatian Identity*, Master Thesis of University of Amsterdam, 2008.

L. S. Stavrianos, *Balkan Federation, A History of the Movement toward Balkan Unity in Modern Times*, Wisconsin: George Banta Publishing Co. , 1944.

L. S. Stavrianos, *The Balkans since* 1453, New York: Rinehart, 1958.

Ljudevit Jonke, *Hrvatski književni jezik − 19. i 20. stoljeće*, Zagreb: Matica Hrvatska, 1971.

Lucia Vesnic −Alujevic, *European Integration of Western Balkans: From Reconciliation*

To European Future, Brussels: Centre for European Studies, 2012.

Marcel Cornis － Pope and John Neubauer, eds. , *History of the Literary Cultures of East － Central Europe: Junctures and Disjunctures in the* 19*th and* 20*th centuries*, Amsterdam: John Benjamins Publishing Company, 2007.

Marcel van der Linden and Jürgen Rojahn, *The Formation of Labour Movements*, 1870 －1914: *An International Perspective*, Leiden: Brill Academic Pub, 1990.

Maria Todorova, *Balkan Identities: Nation and Memory*, New York: New York University Press, 2004.

Maria Todorova, *Imagining the Balkans*, New York: Oxford University Press, 2009.

Marie －Janine Calic, *The Great Cauldron: A History of Southeastern Europe*, Cambridge, MA, and London: Harvard University Press, 2019.

Marilyn J. Cvitanic, Culture and Customs of Croatia, Sante Barbara, CA: Greewood, 2010.

Marina Vujnović, *Forging the Bubikopf Nation: Journalism, Gender and Modernity in Interwar Yugoslavia*, New York: Peter Lang Inc. , 2009.

Martin E. Huld, *Basic Albanian Etymologies*, Columbus, Ohio: Slavica Publishers, 1984.

Mercia MacDermott, *The Apostle of Freedom: a portrait of Vasil Levsky against a background of nineteenth century Bulgaria*, G. London: Allen & Unwin, 1967.

Mercia MacDermott, *Lone Red Poppy: a biography of Dimiter Blagoev, founder of the first Marxist circle in Russia and of the Bulgarian Communist Party*, London: Manifesto Press, 2014.

Milena Savova －Mahon Borden, *The Politics of Nationalism under Communist in Bulgaria: Myths, Memories, and Minorities*, University of London, Doctoral thesis, 2001.

Misha Glenny, *The Fall of Yugoslavia: The Third Balkan War*, London: Penguin Books Ltd, 1996.

Nation R. Craig, *War in the Balkans*, 1991 －2002, Strategic Studies Institute,

US Army War College, August 2003.

Nicolae Iorga, *A History of Romania*, New York: AMS Press Inc. , 1925.

Nicholas V. Gianaris, *Geopolitical and Economic Changes in the Balkan Countries*, Westport, Conn. : Praeger, 1996.

Noel Buxton and C. R. Buxton, *The War and the Balkans*, London: G. Allen and Unwin. , 1915.

Noel Buxton and Charles Leese, *Balkan Problems and European Peace*, New York: Scribners, 1919.

Norman J. Padelford, *Peace in the Balkans: the Movement toward International Organization in the Balkan*, New York: Oxford University Press, 1935.

Paschalis M. Kitromilides, *An Orthodox Commonwealth: Symbolic Legacies and Cultural Encounters in Southeastern Europe*, London: Routledge, 2007.

Penelope Kissoudi, *The Balkan Games and Balkan Politics in the Interwar Years 1929 – 1939: Politicians in Pursuit of Peace*, New York: Routledge, 2013.

Peter J. Stavrakis, *Moscow and Greek Communism*, 1944 – 1949, Ithacm, N. Y. : Cornell University Press, 1989.

Pieter Troch, *Nationalism and Yugoslavia: Education, Yugoslavism and the Balkans Before World War 2*, London and New York: I. B. Tauris, 2015.

Regina Cowen Karp ed. , *Central and Eastern Europe: The Challenge of Transition*, London: Oxford University Press, 1993.

Rhigas Velestinlis, *Revolutionary Scripts*, trans. Vassilis K. Zervoulakos, Athens: Scientific Society of Studies Pheres – Velestino – Rhigas, 2002.

Richard Clogg ed. , *The Struggle for Greek Independence: Essays to Mark the 150th Anniversary of the Greek War of Independence*, Hamden, Connecticut: Archon Books, 1972.

Richard F. Staar, *Communist Regimes in Eastern Europe*, Stanford: Hoover Institution Press, 1988.

Robert Bideleux and Ian Jeffries, *A History of Eastern Europe: Crisis and Change*, New York: Routledge, 2007.

Robert Bideleux and Ian Jeffries, *The Balkans: A Post – Communist History*,

London and New York: Routledge, 2007.

Robert D. Kaplan, *Balkan Ghosts: A Journey Through History*, New York: Vintage Books, 1996.

Robert J. Kerner and Harry N. Howard, *The Balkan Conferences and the Balkan Entente* 1930 −1935, Berkeley: University of California press, 1936.

Robert Lee Wolff, *The Balkans in Our Time*, New York and London: W. W. Norton and Co. , 1978.

Robert Walsh, *Narrative of a Journey from Constantinople to England*, London: F. Westley and A. H. Davis, 1828.

Roderick Beaton, *Greece: Biography of a Modern Nation*, Chicago: University of Chicago Press, 2019.

Roumen Daskalov and Tchavdar Marinov eds. , *Entangled Histories of the Balkans, Volume One: National Ideologies and Language Policies*, Leiden: Brill, 2013.

Roumen Daskalov and Diana Mishkova eds. , *Entangled Histories of the Balkans − Volume Two: Transfers of Political Ideologies and Institutions*, Leiden: Brill, 2013.

Roumen Daskalov and Alexander Vezenkov eds. , *Entangled Histories of the Balkans − Volume Three: Shared Pasts, Disputed Legacies*, Leiden: Brill, 2015.

Roumen Dontchev Daskalov et al. , *Entangled Histories of the Balkans − Volume Four: Concepts, Approaches, and (self −) Representations*, Leiden: Brill, 2017.

Sabrina P. Ramet, *The Three Yugoslavias: State − Building and Legitimation*, 1918 −2005, Bloomington: Indiana University Press, 2006.

Schacher Gerhard, *Central Europe and the Western World*, London: G. Allen and Unwin, 1936.

Slavko Ježić, *Hrvatska književnost od početka do danas* 1100 −1941, Zagreb: Grafički zavod Hrvatske, 1993.

Stephen Clissold ed. , *A Short History of Yugoslavia: from Early Times to* 1966, New York: Cambridge University Press, 1966.

Stephen White, Judy Batt, Paul G. Lewis, *Developments in Central and East European Politics* 4, Durham, NC: Duke University Press, 2007.

Steven Bizic, *Idea of a Balkan Federation* 1930 −35, M. A. Thesis, Kent State University, 1957.

Stipe Mesić, *The Demise of Yugoslavia: A Political Memoir*, Badapest: Central European University Press, 2004.

Sugar and Ivo J. Lederer, eds. , *Nationalism in Eastern Europe*, Seattle: University of Washington Press, 1971.

Suzana Vuljevic, *The Crisis of Spirit: Pan − Balkan Idealism*, *Transnational Cultural − Diplomatic Networks and Intellectual Cooperation in Interwar Southeast Europe*, 1930 −1941, Submitted in partial fulfillment of the requirements for the degree of Doctor of Philosophy under the Executive Committee of the Graduate School of Arts and Sciences Columbia University, 2020.

Theodore I. Geshkoff, *Balkan Union: A Road to Peace in Southeastern Europe*, New York: Columbia University Press, 1940.

Timothy Snyder and Katherine Younger, eds. , *The Balkans as Europe*, 1821 −1914, Rochester: University of Rochester Press, 2018.

Vladimir Ortakovski, *Minorities in the Balkans*, New York: Transnational Publishers, Inc. , 2000.

Vangelis Kechriotis, Maciej Górny and Ahmet Ersoy, eds. , *Discourses of Collective Identity in Central and Southeast Europe* (1770 −1945), *Vol. 3 Modernism: The Creation of Nation − States*, Budapest Central European University Press, 2009.

Varban N. Todorov, *Greek Federalism during the Nineteenth Century*, New York: Columbia University Press, 1994.

Viktor Meier, *Yugoslavia: A History of its Demise*, London and New York: Routledge, 1999.

Vladimir Ortakovski, *Minorities in the Balkans*, New York: Transnational Publishers, Inc. , 2000.

Warren Treadgold, *A History of the Byzantine State and Society*, Stanford: Stanford University Press, 1997.

Wesley M. Gewehr, *The Rise of Nationalism in the Balkans*, 1800 − 1930, New York: Henry Holt, 1931.

William E. Walling, *The Socialists and the War*, New York: Henry Holt and Co. , 1915.

Woodford D. McClellan, *Svetozar Marković and the Origins of Balkan Socialism*, Princeton: Princeton University Press, 1964.

Yannis Kordatos, *Rigas Feraios and Balkan Federation*, Athens, 1974.

The New Encyclopaedia Britannica, Volume14, 15th Edition, Chicago: Encyclopaedia Britannica, Inc. , 1988.

IPM/IPB/382 Congresses and Conferences: I. Conférence Balkanique, 1914 −1951 (Sub − sub −series), United Nations archives (Geneva).

IPM/IPB/382/3 Ⅱ. Conférence Balkanique, Constantinople 1931 (file comprising bulletins, newspaper articles, report concerning Peace Congresses, Ⅱ. BalkanConference in Constantinople), 1930 − 1933 (File), United Nations archives (Geneva).

IPM/IPB/382/2 Ⅳ. Conférence Balkanique 1934, 1934. 09 −1934. 11 (File), United Nations archives (Geneva).

四 外文文章

A. D. Siders, "The Macedonian Question," *New Europe*, Vol. Ⅵ, 1918.

A. Živković and D. Plavšić, "*The Balkan Socialist Tradition: Balkan Socialism and the Balkan Federation*, 1871 −1915," *Revolutionary Review*, Vol. 8, No. 3, 2003.

Adam B. Ulam, "The Background of the Soviet − Yugoslav Dispute," *The Review of Politics*, Vol. 13, No. 1, 1951.

Albina Dranqoli, "Tito's Attempt to Integrate Albania into Yugoslavia, 1945 −1948," *History Studies*, Vol. 3, No. 2, 2011.

Aleksandar Ignjatović, "Byzantium's Apt Inheritors: Serbian Historiography, Nation −Building and ImperialImagination, 1882 −1941," *The Slavonic and East European Review*, Vol. 94, No. 1, 2016.

Alina Curticapean, "Bai Ganio and Other Men's Journeys to Europe: the Boundaries of Balkanism in Bulgarian EU − Accession Discourses," *Perspectives*,

Vol. 16, No. 1, 2008.

Andrew Hammond, "The Uses of Balkanism: Representation and Power in British Travel Writing, 1850 – 1914," *The Slavonic and East European Review*, Vol. 82, No. 3, 2004.

Andrew Sawyer, "National Museums in Southeast Europe: (En) countering Balkanism?," *International Journal of Politics, Culture, and Society*, Vol. 27, No. 1, 2014.

Ann Lubotskaya, "Greece and the Idea of the Balkan Union According to the Materials of the Magazine 'Les Balkans'," *Historia Actual Online*, Número 11, Otoño, 2006.

Anton Slodnjak, "Ivan Cankar in Slovene and World Literature," *The Slavonic and East European Review*, Vol. 59, No. 2, 1981.

Athanasia Glycofrydi Leontsini, "Enlightened Intellectuals in Modern Greek Society," *The European Legacy*, Vol. 2, No. 3, 1997.

Boban Batrićević, "The Red Njegoš: Petar II Petrović in Yugoslav and Communist Ideology and Propaganda of Montenegrin Communists," *Journal of Balkan and Black Sea Studies*, Vol. 1, No. 1, 2018.

Bogdan Raditsa, "Venizelos and the Struggle around the Balkan Pact," *Balkan Studies*, Vol. 6, No. 1, 1965.

Boyko Vassilev, "Balkan Eye: The Region No One Could Name," *Transitions Online*, April 27, 2010.

Branko Petranović, "Kosovo in Yugoslav – Albanian Relations and the Project of a Balkan Federation," *Academic Conference of the Serbian Academy of Sciences and Arts*, Vol. LXI, No. 20, 1991.

Braun Charlottee, "Balkan Federation – or Chaos," *Current History*, Vol. 6, No. 30, 1944.

Bulent Gokay, "The Turkish Communist Party: The Fate of the Founders," *Middle Eastern Studies*, Vol. 29, No. 2, 1993.

Bulent Gokay, "Communist Party of Turkey and Soviet Foreign Policy," *Journal of Global Faultlines*, Vol. 4, No. 2, 2018.

Christine Galitzi, "The Balkan Federation," *Annals of the American Academy of Political and Social Science*, Vol. CLXVIII, 1933.

D. Labelle, "Dmitrii Blagoev in Russia: An Autobiographical Letter," *International Review of Social History*, Vol. 9, No. 2, 1964.

Daniel P Payne, "Nationalism and the Local Church: The Source of Ecclesiastical Conflict in the Orthodox Commonwealth," *Nationalities Papers*, Vol. 35, No. 5, 2007.

David Mackenzie, "Ljuba Jovanović – Čupa and the Search for Yugoslav Unity," *The International History Review*, Vol. 1, No. 1, 1979.

David MacKenzie, "Serbia as Piedmont and the Yugoslav Idea, 1804 – 1914," *East European Quarterly*, Vol. 28, No. 2, 1994.

Diana Mishkova, "What is in Balkan History? Spaces and Scales in the Tradition of Southeast – European Studies," *Southeastern Europe*, Vol. 34, 2010.

Dusan T. Batakovic, "Ilija Garasanin's Nacertanije: A Reassessment," *Balkanica*, Vol. XXV –1, 1994.

Edislav Manetovic, "Ilija Garasanin: Nacertanije and Nationalism," *The Historical Review*, Vol. 3, 2006.

Eduard Beneš, "Toward Peace in Central and Eastern Europe," *Annals of the American Academy of Political and Social Science*, Vol. 232, 1944.

Edward Boyle, "Towards Balkan Unity," *Contemporary Review*, Apr. , 1937.

Elissa Helms, "East and West Kiss: Gender, Orientalism, and Balkanism in. Muslim –Majority Bosnia –Herzegovina," *Slavic Review*, Vol. 67, No. 1, 2008.

Emilian Kavalski, "The Balkan America? The Myth of America in the Creation of Bulgarian National Identity," *New Zealand Slavonic Journal*, Vol. 38, 2004.

Feliks Gross, "Peace Planning for Central and Eastern Europe," *Annals of the American Academy of Political and Social Science*, Vol. 232, 1944.

Gale Stokes, "Svetozar Marković in Russia," *Slavic Review*, Vol. 31, No. 3, 1972.

Geogre Schopflin, "Nationality in the Fabric of Yugoslav Polities," *Survey*, Vol. 25, 1980.

Guido Franzinetti, John Breuilly, Béatrice von Hirschhausen, Sabine Rutar and Diana Mishkova, "Reflecting on Diana Mishkova's Beyond Balkanism. The Scholarly Politics of Region Making," *Comparative Southeast European Studies*, Vol. 68, No. 3, 2020.

H. L., "The Balkan Pact," *Bulletin of International News*, Vol. 10, No. 16, 1934.

H. L., "The First Balkan Conference," *Bulletin of International News*, Vol. 7, No. 11, 1930.

Ioana Szeman, "'Gypsy Music' and Deejays: Orientalism, Balkanism, and Romani Musicians," *TDR*, Vol. 53, No. 3, 2009.

Ivo Banac, "The Confessional 'Rule' and the Dubrovnik Exception: The Origins of the 'Serb - Catholic' Circle in Nineteenth - Century Dalmatia," *Slavic Review*, Vol. 42, No. 3, 1983.

J. M. Scammell, "A Projected Federation of the Balkans," *Current History*, Feb., 1931.

James Robertson, "Imagining the Balkans as a Space of Revolution: The Federalist Vision of Serbian Socialism, 1870 - 1914," *East European Politics and Societies: and Cultures*, Vol. 31, No. 2, 2017.

Jasna Dragović - Soso, "Rethinking Yugoslavia: Serbian Intellectuals and the 'National Question' in Historical Perspective," *Contemporary European History*, Vol. 13, No. 2, 2004.

Jennifer Wallace, "A History of Illyria," *Greece and Rome*, Vol. 45, No. 2, 1998.

Joachim Remak, "1914 - The Third Balkan War: Origins Reconsidered," *The Journal of Modern History*, Vol. 43, No. 3, 1971.

John R. Lampe, "The Failure of the Yugoslav National Idea," *Nationalism and Social Science*, Vol. 46, No. 1/2, 1994.

John S. Koliopoulos, "Greece and the Balkans: A historical perspective," *Journal of Southeast European and Black Sea Studies*, Vol. 2. No. 3, 2002.

Josip Novakovich, "Shrapnel in the Liver: The Third Balkan War," *The Massachusetts Review*, Vol. 34, No. 1, 1993.

L. Barbar, "The Early History of the Balkan League," *International Review*,

Vol. 1, 1915.

L. S. Stavrianos, "The Balkan Federation Movement: A Neglected Aspect," *The American Historical Review*, Vol. 48, No. 1, 1942.

Lene Hansen, "Past as Preface: Civilizational Politics and the 'Third' Balkan War," *Journal of Peace Research*, Vol. 37, No. 3, 2000.

Lilly Marcou, "Le projet de fédération balkanique," *Dans Le Kominform*, 1977.

Lindstrom, Nicole, "Between Europe and the Balkans: Mapping Slovenia and Croatia's 'Return to Europe' in the 1990s," *Dialectical Anthropology*, Vol. 27, No. 3 - 4, 2003.

Loukianos Hassiotis, "The Ideal of Balkan Unity from a European Perspective (1789 - 1945)," *Balcanica*, Vol. 41, 2010.

Madame Nia Perivolaropoulou, "La fédération balkanique comme solution des problèmes nationaux: le projet social - démocrate (1909 - 1915)," *Matériaux pour l'histoire de notre temps*, n°35, 1994.

Maja Brkljačić, "What Past Is Present?," *International Journal of Politics, Culture, and Society*, Vol. 17, No. 1, 2003.

Marc L. Greenberg, "The Illyrian Movement: A Croatian Vision of South Slavic Unity," in Joshua A. Fishman and Ofelia García eds., *Handbook of Language and Ethnic Identity: The Success - Failure Continuum in Language Identity Efforts*, Vol. 2, Oxford: Oxford University Press, 2011.

Marcus Tanner, "Illyrianism and the Croatian Quest for Statehood," *Daedalus*, Vol. 126, No. 3, 1997.

Maria Todorova, "The Balkans: From Discovery to Invention," *Slavic Review*, Vol. 53, No. 2, 1994.

Marin Pundeff, "Marxism in Bulgaria before 1891," *Slavic Review*, Vol. 30, No. 3, 1971.

Mario Kolar and Gordana Tkalec, "A Visionary, a Victim and a Co - Traveller. Juraj Križanić in the Literary Writings of Ivan Golub," *Studi Slavistici*, Vol. XVII, 2020.

Mariyana Stamova, "The Albanian Factor in Serbia/Yugoslavia in 19th and

20th Centuries," *Studia Środkowoeuropejskie i Bałkanistyczne*, TOM XXV, 2017.

McCullum, E. P, "Recent Balkan Alignments," *Foreign Policy Reports*, Vol. VII, No. 1, 1931.

Mégalos A. Caloyanni, "The Balkan Union, the Balkan Conferences and the Balkan Pact," *Transactions of the Grotius Society*, Vol. 18, 1932.

Mégalos A. Caloyanni, "The Balkan Union, the Balkan Conferences and the Balkan Pact," *Transactions of the Grotius Society*, Vol. 19, 1933.

Michel Foucher, "The Geopolitics of Southeastern Europe," *EUROBALKANS*, summer, 1994.

Mojmir Križan, "New Serbian nationalism and the Third Balkan War," *Studies in East European Thought*, Vol. 46, No. 1 −2, 1994.

Monsieur Vladimir Claude Fišera, "Communisme et intégration supranationale: La Revue 《 La fédération balkanique 》 (1924 −1932)," *Revue d' histoire moderne et contemporaine*, tome 34 N°3, Juillet −septembre, 1987.

Mustafa Türkeş, "The Balkan Pact and Its Immediate Implications for the Balkan States, 1930 −34," *Middle Eastern Studies*, Vol. 30, No. 1, 1994.

Nicholas X. Rizopoulos, "A Third Balkan War?," *World Policy Journal*, Vol. 10, No. 2, 1993.

Nikola Zečević, "The Russian Revolution and Its Impact on the Idea of Balkan Union (1918 − 1933): National vs. International," *Trames Journal of the Humanities and Social Sciences*, Vol. 23, No. 3, 2019.

P. E. Drakoules, "Greece, the Balkans and the Federal Principle," *Asiatic Review*, Vol. VI, 1915.

P. M. Kitromilides, "Republican Aspirations in South −eastern Europe in the Age of the French Revolution," *Enlightenment*, Vol. V, 1980.

P. M. Matthieff, "Stephen Kyroff," *The World Unity*, Vol. IV, 1929.

Paschalis M. Kitromilides, "An Enlightenment Perspective on Balkan Cultural Pluralism: The Republic Vision of Rigas Velestinlis," *History of Political Thought*, Vol. XXIV, 2003.

Patrick Hyder Patterson, "On the Edge of Reason: The Boundaries of

Balkanism in Slovenian, Austrian, and Italian Discourse," *Slavic Review*, Vol. 62, No. 1, 2003.

Paul N. Hehn, "The Origins of Modern Pan – Serbism—The 1844 Nacertanije of Ilija Garašanin: An Analysis and Translation," *East European Quarterly*, Vol. IX, No. 2, 1975.

Petar Kozić, "Ideja jedinstva balkanskog proletarijata na prvoj zajednič koj konferenciji 1910. godine," U: *Zbornik radova Pravno – ekonomskog fakulteta u Nišu*, Niš: Pravno –ekonomski fakultet, 1964.

Piotr Mikietyński, "World War I in the Balkans, 1914 – 1918 – Third Balkan War?" *Journal of Social Science*, Special Issue on Balkans, No. 2, 2009.

Piotr Zurek, "Prince Adam Jerzy Czartoryski and the Plan of the Balkan Federation (1804 –1806)," *Izvorni ananstveni rad Primljeno*: 8. 7. 2002.

Polyxeni Papadaki, "The Idea of a Balkan Commonwealth or Confederation: A Realistic Perspective or a Utopia?" *Annales Universitatis Mariae Curie – Sklodowska sectio M*, Vol. 3, 2018.

Roumen Genov, "Federalism in the Balkans: Projects and Realities," *Codrul Cosminului*, Vol. 10, No. 2, 2014.

Sava N. Kosanovich, "Common Aspirations of the Nations of Eastern Europe," *New Europe*, Vol. II, 1941.

Slavoj Zizek, "The Spectre of Balkan," *The Journal of the International Institut*, Vol. 6. No. 2, 1999.

Slobodan Karamanić, "Balkan Socialist Confederation, 1910 –1948," *The International Encyclopedia of Revolution and Protest*, 2009.

T. Lenyel, "The Hungarian Exiles and the Danubian Confederation," *Hungarian Quarterly*, Vol. V, 1939.

Teoman Ertuǧrul Tulun, "1934 Pact of Balkan Entente: the Precursor of Balkan/Southeast Europe Cooperation," Center For Eurasian Studies, Analysis No. 21, 2020.

Theodor de Canziani Jaksic, "The Heritage of Dr Dimitrija Demeter in the MaZuranić – Brlić – RuZić Memorial Library and Collection," *Acta Med Hist*

Adriat, Vol. 6, No. 2, 2008.

Tim Judah, "The Serbs: The Sweet and Rotten Smell of History," *Daedalus*, Vol. 126, No. 3, 1997.

Tom Gallagher, "To Be or Not to Be Balkan: Romania's Quest for Self-Definition," *Daedalus*, Vol. 126, No. 3, 1997.

Traian Stoianovich, "The Pattern of Serbian Intellectual Evolution, 1830 - 1880," *Comparative Studies in Society and History*, Vol. 1, No. 3, 1959.

Tufan Turan, "The Rise of the Concept of a Balkan Pact and the First Balkan Conference," *International Journal of History*, Vol. 4, No. 4, 2012.

Vlasta Švoger, "Political Rights and Freedoms in the Croatian National Revival and the Croatian Political Movement of 1848 - 1849: Reestablishing Continuity," *The Hungarian Historical Review*, Vol. 5, No. 1, 2016.

Wayne S. Vucinich, "Modern Yugoslav Drama," *The American Slavic and East European Review*, Vol. 5, No. 1/2, 1946.

William L. Langer, "Russia, the Straits Question and the Origins of the Balkan League, 1908 -1912," *Political Science Quarterly*, Vol. 43, No. 3, 1928.

William Miller, "The First Balkan Conference," *Contemporary Review*, Vol. CXXXVIII, 1930.

William Miller, "Greece and Her Neighbors," *Foreign Affairs*, Vol. 9, No. 3, 1931.

"Greek -Yugoslav Pact," *Journal of Central European Affairs*, Vol. II, 1942.

"Sport, Politics and International Relations in the Balkans: the Balkan Games from 1929 to 1932," *The International Journal of the History of Sport*, Vol. 25, No. 13, 2008.

"The Balkan Pact," *World Affairs*, Vol. 97, No. 1, 1934.

致　谢

　　本书基于十年前完结的博士学位论文修改而成。人们常用"十年磨一剑"来形容著书。在过去的十年里，笔者深感打磨的功夫不全在文字上，更多是在写作之余。诚如笔者在博士学位论文所交代的："论文的不足之处在于，使用巴尔干国家语言的一手研究材料相对欠缺。"于是，笔者努力去掌握更多的相关材料并力图学习个别甚至更多巴尔干的小语种。这些年，材料的确收集了不少。由于在波黑的外交工作经历以及自学的努力，比起十年前笔者现在已能粗略使用塞尔维亚语或克罗地亚语，但本书涵盖的对象国语言丰富，希腊语、保加利亚语、罗马尼亚语、阿尔巴尼亚语、土耳其语以及德语和法语的欠缺使得大量相关材料即使拥有也遗憾地无法使用。鉴于自身语言天赋拙劣，估计再怎么等也难有质变，于是，一年多前笔者才决定回到文本上来。呈现在读者面前的这本书结构上虽然与博士学位论文相比变化不大，但是内容的改动，包括观点的完善还是挺大的。诚然，本书的质量当由同行和读者来评定。

　　在 2008 年进入北京大学国际关系学院攻读博士学位之前，巴尔干地区在笔者的知识图谱中较为边缘。究竟这个地区有何特质、研究的魅力在哪儿更不知晓。进入"孔门"，犹如在沙漠中行走的笔者顿然感受到了大海的沐浴和甘露的润泽，不仅慢慢被巴尔干地区所吸引，而且渐渐找到了一把打开巴尔干寻宝图的钥匙。记得商讨博士论文选题时，导师孔凡君（笔名孔寒冰）教授的建议是围绕巴尔干民族主义来写。无论是过去十年来的研究生涯还是数年在巴尔干国家驻外工作经历都使笔者深感民族主义之于理解该地区的重要性。当笔者尝试以联合的另一种视角来解读巴尔干的时候，孔老师给予了坚定的支持。此后，从开题到写作、修改、完善及至本书的定稿和作序修改，都倾注了孔老师大量的指导和关怀。在预答辩前孔老师数个周末为笔者放弃休息，在论文中留下的无数个蜘蛛网式的批注，都使笔者终生难忘。除了知识和学术的教导外，孔老师治学的精神更加令笔者受益。这个精神即孔老师常言并实践的"走得很慢，但总在走"。它和伟大的西方哲学家笛卡尔的名言如出一辙："杰出的人才固然能够做出最大的好事，也同样可以做出最大的坏事；行动十分缓慢的人只要始终循着正道前进，就可以比离开正道飞奔的人走在前面很多。"另外，与师母孙丽老师的接触并不多，但"孔门"弟子都深知她对我们每一个人的默默关心和支持。在此，请允许我郑重地向两位老师道一声：谢谢！

北京大学名师云集、兼容并包，能够在燕园象牙塔下向自己敬仰的老师求教并得到他们的指导与教诲实乃人生幸事。唐士其老师、关贵海老师、张光明老师、张世鹏老师、许振洲老师、王联老师、郭洁老师、项佐涛老师在笔者博士论文的写作与完善过程中提出了许多宝贵的意见，王缉思老师、贾庆国老师、王逸舟老师、李寒梅老师、张清敏老师、于铁军老师、宋伟老师等在笔者的学习与工作中给予了不少关心与帮助，在此一并表示笔者最真诚的谢意。他们高尚的师德、渊博的学识、严谨的治学精神使笔者终身受益。

中国社会科学院俄罗斯东欧中亚研究所接纳了笔者，并为笔者提供了十分温馨的工作环境。朱晓中老师、高歌老师既是笔者博士论文的指导专家，也是笔者研究工作的引路人。两位老师与研究室各位同事（姜琍、左娅、李丽娜、贺婷、曲岩、鞠豪及王效云）对笔者的家庭与生活给予了特别关照。李永全所长、孙壮志所长、李进峰书记、赵芮书记、孙力副所长、庞大鹏副所长、金哲副所长、李振利副所长、董文柱副所长以及诸多同事给予了笔者诸多关心、指导和帮助，在此致以深深的谢意！

特别感谢知名巴尔干研究专家马细谱老师。在学术界，马细谱老师的大名几乎与巴尔干研究画等号。自进入学术研究的大门以来，笔者一直沐浴在马老师的学术引领及关怀中。成为马老师的"忘年交"是笔者坚守巴尔干研究的重要动力！

对家人的感谢无以言表，只能在书的字里行间来回报。妻子梁嘉真默默无闻地付出和善解人意的品德，两个儿子徐望舒和徐茂哲的活泼可爱为笔者的工作与研究带来了无限的动力与激情。父母徐清泉、徐冬荣和岳父母梁溢、张雁山的支持与宽容为笔者安心研究学问提供了坚强后盾。兄嫂徐凤海、徐聪颖对父母的关照也使笔者少了许多后顾之忧。与结义兄长朱中博及家人的相互帮助与关心成为我们彼此前进的力量！

特别要感谢社会科学文献出版社祝得彬老师对本书出版的全程指导与帮助。也要感谢责任编辑张苏琴老师和仇扬老师的辛勤付出和无私帮助，本书同样是他们的成果！

这些年来，笔者深深爱上了巴尔干地区，与其说本书是一个总结，不如说它只是一个新的开始，笔者愿意用更多的时间去探讨更具魅力和意义的巴尔干问题。虽然行动十分缓慢，但笔者认为这是正道！

北京市东城区寓所

徐刚　2021 年 12 月 25 日

作者简介

原名徐凤江，1984 年 12 月出生于江西省鄱阳县。2012 年 7 月毕业于北京大学国际关系学院，获法学博士学位。2012 年 10 月至 2014 年 7 月在中国社会科学院俄罗斯东欧中亚研究所博士后流动站从事博士后研究工作。2015 年至 2017 年在中国驻波斯尼亚和黑塞哥维那使馆政治处工作。现为中国社会科学院俄罗斯东欧中亚研究所副研究员，中国社会科学院"一带一路"研究中心副秘书长。主要研究领域是巴尔干问题、中国与中东欧关系、欧盟外交。主持完成国家社科基金项目 1 项，主持完成省部级项目 3 项，参与省部级及以上项目数项。著有《巴尔干地区合作与欧洲一体化》（独著，2016 年版）、《列国志·罗马尼亚》（合著，2016 年版）、《曲折的历程：中东欧卷》（合著，2015 年版）。在《欧洲研究》《现代国际关系》《俄罗斯东欧中亚研究》《俄罗斯研究》《俄罗斯学刊》等期刊发表核心期刊论文 20 余篇。曾于 2020 年至 2021 年担任《世界知识》"大江东去"专栏作者，发表学术时评文章 30 余篇，多次获得中国社会科学院优秀荣誉称号和中国社会科学院优秀对策信息对策研究奖。

图书在版编目（CIP）数据

巴尔干联合思想与实践：1797～1948 / 徐刚著 . --
北京：社会科学文献出版社，2022.3
ISBN 978 - 7 - 5201 - 9858 - 5

Ⅰ . ①巴…　Ⅱ . ①徐…　Ⅲ . ①巴尔干半岛 - 历史 - 研
究 - 1797 - 1948　Ⅳ . ①K540.51

中国版本图书馆 CIP 数据核字（2022）第 039179 号

巴尔干联合思想与实践：1797～1948

著　　者 / 徐　刚

出 版 人 / 王利民
组稿编辑 / 祝得彬
责任编辑 / 张苏琴　仇　扬
责任印制 / 王京美

出　　版 / 社会科学文献出版社·当代世界出版分社（010）59367004
　　　　　　地址：北京市北三环中路甲 29 号院华龙大厦　邮编：100029
　　　　　　网址：www. ssap. com. cn
发　　行 / 社会科学文献出版社（010）59367028
印　　装 / 天津千鹤文化传播有限公司

规　　格 / 开　本：787mm × 1092mm　1/16
　　　　　　印　张：18　字　数：293 千字
版　　次 / 2022 年 3 月第 1 版　2022 年 3 月第 1 次印刷
书　　号 / ISBN 978 - 7 - 5201 - 9858 - 5
定　　价 / 98.00 元

读者服务电话：4008918866